JN208601

攻めの「管理標準」の作り方

戦略的省エネルギー推進のための管理規程！
省エネ法判断基準を読み解く！

エネルギー管理必携！

ENERGY SAVING ACTIVITY BY UTILIZING MANAGEMENT STANDARD

省エネルギーセンター編

一般財団法人 省エネルギーセンター

まえがき

　これまでわが国では、産業界を中心に様々な省エネ取組みが行われ大きな省エネ成果を上げてきたが、今後社会全体として「低炭素、脱炭素化」を目指すには、これまで以上の更なる徹底したエネルギー使用の効率的が、産業、民生を問わずあらゆる分野で求められているといえる。国では 2016 年に発効したパリ協定において、2013年度から 2030 年年度までに 26% の温室効果ガス排出量削減を表明しており、このためには 35% のエネルギーの効率改善が必要とされているところである。言うまでもなくエネルギーは経済活動や生活に不可欠であるがその効率的な使用や合理化はエネルギー価格にかかわらず必ず事業者にメリットをもたらすことから、省エネ活動を経営指標の一つとして捉え、これをいかに習慣化し継続するかを今一度考えなおすことが必要といえる。

　本書は、事業者が省エネルギーに取組むにあたって認識しておかなければならないエネルギー管理の基本的な考え方と整備すべきエネルギー管理規程（管理標準）の作り方をできるだけ例を示しながらわかりやすく解説したものである。エネルギーを効率的に使うには業務に携わるすべての人の意識と知識並びに実行がその成否を左右することもあるため、とりわけエネルギー管理に係る基準あるいは規程といったマニュアルの整備が重要となる。このためには、昭和 54 年に制定されその後時代の趨勢により改正が重ねられてきた省エネ法における “ エネルギー使用の合理化に関する事業者の判断の基準 ” の内容を十分に理解したうえで、エネルギー管理規程を作成しこれに基づきエネルギー管理を実践することがもっとも効率的といえる。

■本書の使い方

　本書の構成は、第1章でエネルギー管理に必要な基本的事項を述べ、第2章ではPDCAを回すために不可欠な管理規程の作成に関する事項を判断基準と照らし解説し、第3章では具体的な作成例として、全体のマネージメントに係る規程と代表的な個別設備・機器に関する規程を掲載している。また第4章では、平成30年3月30日の省エネ法告示改正内容を含め、判断基準のポイントを述べ、最後に判断基準に関するよくある疑問をQ&A形式で整理した。

　すでに判断基準の内容などは理解されている場合は、第4章は読み飛ばし第1章、2章、3章を参考としていただきたい。また巻末には参考資料として「工場等におけるエネルギーの使用の合理化に関する事業者の判断の基準」（平成30年3月30日経済産業省告示第59号）と判断基準の項目番号記載例を載せた。

　なお設備ごとの規程には各管理項目が判断基準のどこの部分に該当するかを示すために該当告示番号（平成30年3月30日時点）を載せているが、今後の判断基準の改正によっては該当番号が変更になる場合があるため管理規程の定期的なチェック、見直しは必要である。

2018年7月

一般財団法人　省エネルギーセンター（ECCJ）

上席統括役・技監・省エネ支援サービス本部長

判　治　洋　一

新版　攻めの『管理標準』の作り方

主執筆者	判治　洋一	（ECCJ 上席統括役）
	黒田　栄之助	（ECCJ 合理化専門員）

（執筆協力者）	秋山　俊一	（ECCJ 理事）
	佐々木　健人	（ECCJ 上級技術専任職）
	斉藤　博	（ECCJ 上級技術専任職）

一般財団法人 省エネルギーセンター 編

新版 攻めの『管理標準』の作り方
目次

第1章　エネルギー管理の基本

第2章　エネルギー管理規程の作成

第3章　管理規程の具体的作成例

第4章　判断基準の内容を理解する

参考資料

第1章

第1章　エネルギー管理の基本

1．エネルギー管理の基本的なフローを理解する！

(1) エネルギー管理の流れ

　省エネの推進とは特定の部署や従業員が行うのではなく、その事業にかかわるすべての人の意識と実行がなければ成り立たない。省エネ型機器への転換や最新設備導入が主たる省エネ対策であると勘違いされていることが多いが、適切な管理運用がなければ逆に増エネルギーとなることもある。いわばハードとソフトといった両輪が必要であり、この両輪をうまく回すための仕組みを組織の全員が理解し、実践することがポイントといえる（**図-1**）。このために必要なものがエネルギー管理のためのマニュアルであり、これが管理規程あるいは管理標準と称されるものである。

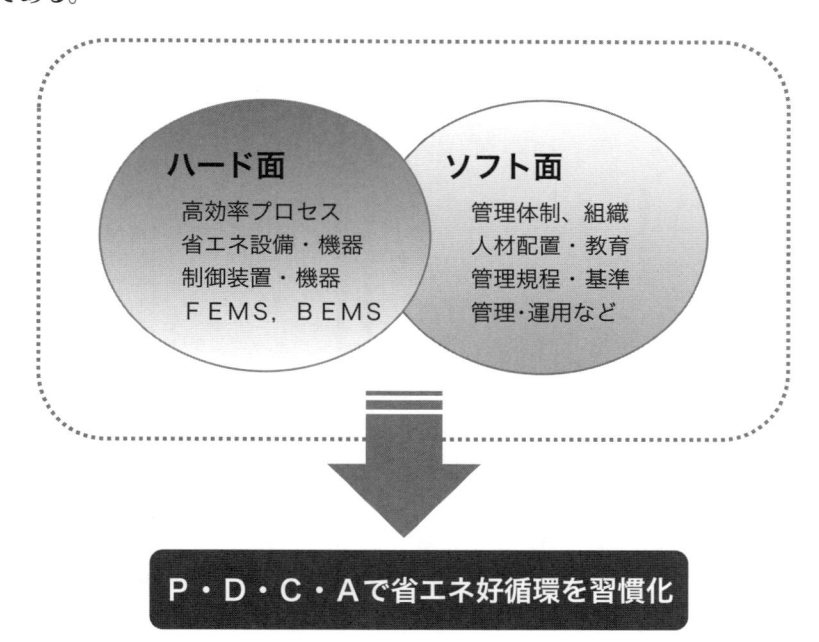

図-1　ハードとソフトの両面で習慣化

　管理規程の作成方法など詳細は次章で述べるが、この規定を作成するにあたり、まず理解しておかなければならないのはエネルギー管理の基本的な流れであり、この中で管理規程（管理標準）の位置づけを理解しておくことが大切である。

　省エネ推進には奇策はなく、地道に管理フロー（ＰＤＣＡ）に基づく取り組みを習慣化することであり、エネルギーマネージメントシステムの国際規格でもあるISO50001においても、

　　　　　まず、　　　　　　"**計画を立て（Plan）**"

　　　　　これに基づき　"**管理を実行（Do）**"　　　　　　しつつ、

　　　　　活動の　　　　　"**監視・チェック（Check）**"　を行い、

　　　　　次に　　　　　　"**改善やレビュー（Action）**"　を実施し、

再び計画につなげるといった一連の取り組み（ステップ）を求めている。

　このエネルギー管理の好循環を継続的に回すには、すべてのステップにおいてエネルギー使用実態の把握が不可欠であることから、**図-2** の管理フローでは、まずＰの計画策定の前提条件から、自らのエネルギーの使用実態の把握を組み入れている。また、エネルギー管理には現場における日常の管理から経営的視点での管理まで幅広く含まれるため、これらの連係した一体管理が不可欠である。参考までに本フローの右サイドにはわが国の省エネ法において規定されている義務などを記述した。

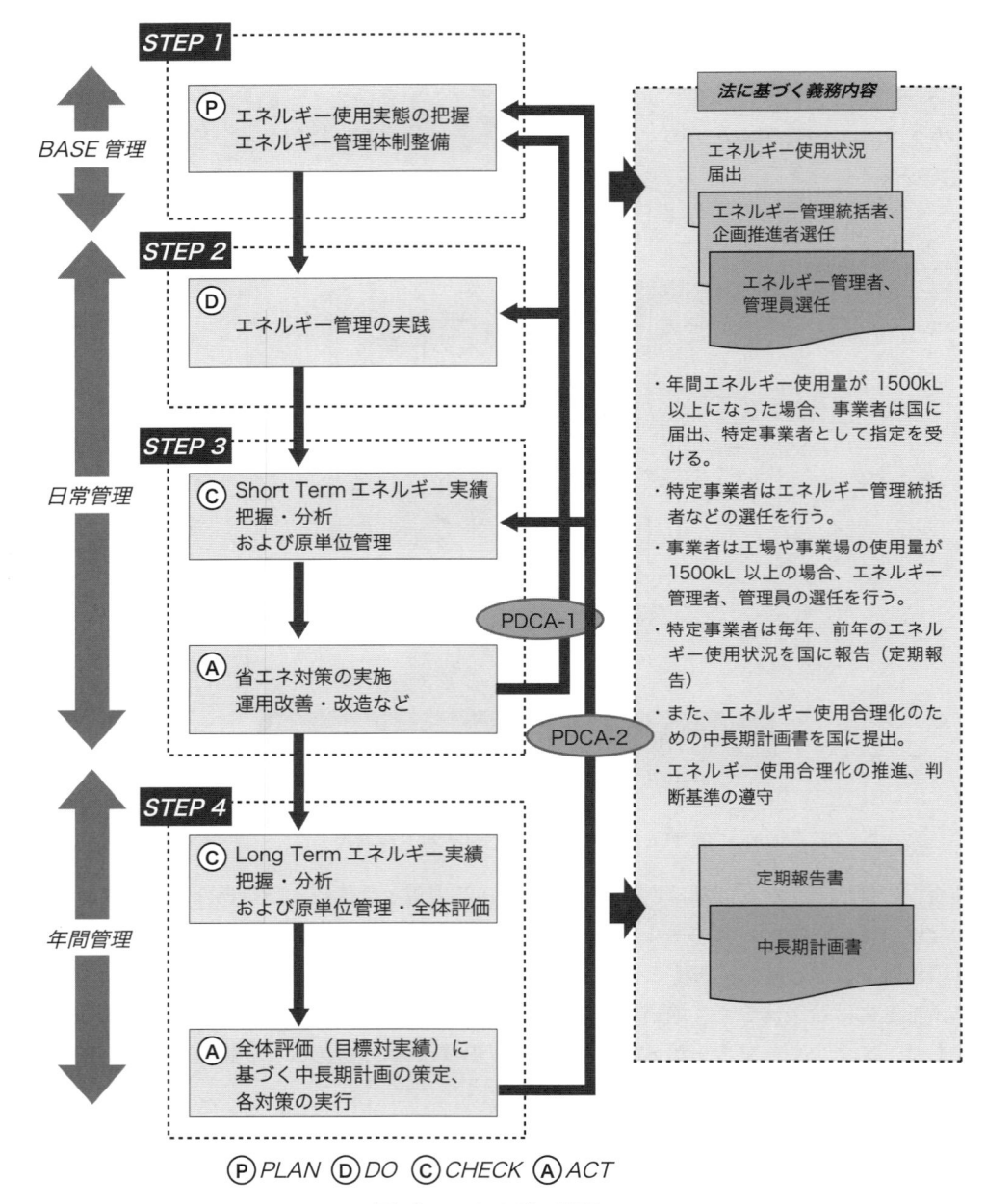

図 -2　エネルギー管理フロー

(2) エネルギー管理、各ステップの概要

　図-2 に示したエネルギー管理の流れに沿い、各ステップの役割と留意点などを以下に述べる。

STEP 1　現状の把握、管理体制の整備

● 計画の前に実態を知る！

　ＰＤＣＡのＰ（計画）にあたる部分。省エネ推進計画を立てるには、自らのエネルギー使用実態や管理状況を知らなければ何もできない。使用実態といっても年間や月間の使用量といったエネルギー使用に係る積算量だけでなく、調達（購入）コストについても把握することが必要である。さらに日常管理には、時間値（瞬時）データの把握を、操業時、非操業時、昼夜間別などについて、事業場全体から主要プロセスごとまで「見える化」することが重要である。

　当然ながら把握すべき項目や管理頻度などは、管理階層、例えば統括管理レベルなのか、日常の操業管理・運用レベルなのかなどにより異なるが、まず実態を認識した上で合理化の目標や改善計画を立てるとともに、これらを定常的に実行するためのエネルギー管理組織や管理体制を整備することが必要である。管理体制には省エネ取組方針や目標の設定、責任者の配置、資金や人材確保から文書管理までが含まれる（第2章参照）。

＜コ☐ラ☐ム＞

IoTとCPS

　インターネットはこれまで人と人をつなぐものであったが、近年さまざまなモノの情報をインターネットを介するといった IoT（Internet of Things）が急速に普及し始め、更に物理世界の情報とサイバー世界をより強く結びつけ全体最適化をめざすという CPS（サイバーフィジカルシステム）が叫ばれている。IoT にしても CPS にしても最も基本となるものが物理空間での情報であり、エネルギー管理制御においても実態の把握であり計測システムからの情報といえる。製造業では下図に示すように、設備の情報をピックアップする計測、それを基にした分散型制御システムあるいは SCADA（監視制御システム）、これらを統合した連係制御や EMS、さらにこれをネット空間とつなげる CPS であり、エネルギー管理の世界にもこういった概念を理解することが今後一層求められる。いずれにしてもすべての基本となるのが計測データをベースにした現状把握である。

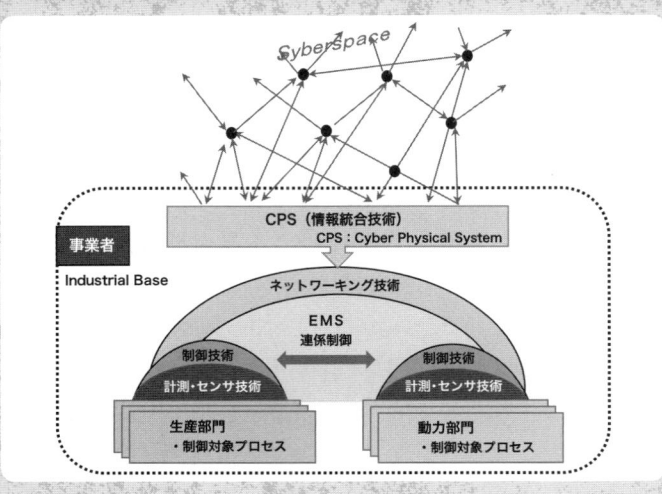

●必要計量ポイントの認識と整備を！

　エネルギー使用量を把握するには計量器の整備が必要となるが、管理体制や担当組織、設備規模や重要性などから計量の必要な箇所の選定と実態把握をまず行い、不足している場合は、整備計画の立案も行う。また、計量したデータを従業員全体で情報共有するには、そのためのデータ伝送や表示システムなども必要となる。一般的にこういった見える化システムや計量システムだけでは投資対効果が直接的に表れにくいため、社内の投資順位が下がり、なかなか整備されないということが多い。重要なものから計画的に徐々に整備していくことや、見える化システムに制御機能などを織り込み、例えば、契約電力削減や力率管理による基本料金の削減、FEMS（工場エネルギー管理システム）導入と合わせた計量システム整備など、コスト削減効果を直接的に引き出すような工夫などにより整備していくことがポイントである。計量器などまったく整備されていないといった企業でも、エネルギーを購入している場合は、少なくともエネルギー供給会社の計量装置はあるはずなので、こういった装置からの実績データを利用すればある程度の使用の動きや特徴は把握できる。

STEP 2　エネルギー管理の実践

●管理の実行にはマニュアルが不可欠！

　ＰＤＣＡのＤ（実行）にあたる部分で、製造業における生産活動など業務遂行に伴う適切なエネルギー管理の実行である。適切なエネルギー管理の実践には、国が告示で定めている"エネルギー使用合理化のための事業者の判断の基準"に沿った管理が重要となる。この判断基準をベースに、自社のエネルギー使用特性に応じた管理標準を管理規程（管理マニュアル）として整備することから始めることが望ましい。

　ただし、現場でよく散見されるケースとして、自社のマンパワーや技術レベルを考えずに、詳細な管理標準の整備、設定を行っているものの、実際には使われていないということが多い。いうまでもなく管理標準とは定めた基準に基づく適切なエネルギー管理の実践による省エネ推進が最終目的であることを強く認識しなければならない。絵に描いた餅とならないよう、重要度を考慮した管理項目や管理頻度などの抽出などを行い、日常管理に活用されなければならない。各事業者の業務内容や設備構成、管理組織などはさまざまであるため、共通的な一律の基準として示すことは難しいが、本書で紹介する例などを参考に、事業者自身で管理基準を決定する必要がある。

STEP 3　実績把握と分析①　並びに改善改造の実行

●Ｃ・Ａには日常オペレーション視点とマネージメント視点が必要！

　ＰＤＣＡのＣ（評価）とＡ（改善）の部分は、短期の視点（主にオペレーション）と中長期の視点（主にマネージメント）という、少なくとも２つの側面からのアプローチが必要となる。比較的サイクルの短い期間、例えば、時間レベルから日、週、月レベルまでの実績の把握と問題点の抽出、分析などは、より現場に近いオペレータレベルでの管理運用、あるいは日常管理に相当するもので、このチェックにより操業調整あるいは運用改善や補修レベルの改造などにつなげる。

STEP 4　実績把握と分析②　並びに中長期計画の策定と実行

　中長期の視点でのCとAである。比較的サイクルの長い期間（半期〜年）での実績の把握と問題点の抽出と分析を行い、年度計画に対する評価や前年度との比較、他者比較などを通じてエネルギー使用合理化に関する中長期的計画を立案するとともに、計画に基づく省エネ対策を実行する。特定事業者の場合、国に前年度のエネルギー使用実績や原単位、エネルギー使用合理化の中長期計画などを報告する。把握すべき項目としてはSTEP3と同様だが、よりマクロ的な視点、経営的視点での項目選定が必要であり、さらに国への報告などに関する規定なども包含する。

　以上の各ステップを順次回していくことがエネルギー管理の基本の流れであり、すでに述べたとおり、日常管理レベルのPDCAと、年間管理といった比較的中長期でのPDCAサイクルという2つを認識した上で、誰が何を主体的に実行するのかを明確にしなければならない。

コ　ラ　ム

エネルギー原単位管理の重要性と変動要因

　エネルギー原単位とは使用したエネルギーを、例えば生産量といったエネルギー使用量と密接に関係する量で除した値であり、エネルギー消費効率を管理する上で最も重要な指標といえる。エネルギーの使用量は事業活動そのものであることから、様々な要因により変化する。例えば図に示すように、製造業で見ると、エネルギー消費量は、生産量や生産構成、原材料、稼動体制、設備の新設や異常、省エネ対策や省エネ活動、といった内的要因と気象条件など外的要因の影響を受ける。従って事業者は、原単位の分母にどういった指標が最も適切かを見つけ出すことが大切となる。自者のエネルギー使用の実態、その変動要因などを踏まえ、例えばエクセルなどの重回帰分析により比較的簡単に管理指標を見出すことはできる。但しあまり複雑な式等による原単位管理は、かえって実態がわかりにくくなる懸念もあることからできるだけシンプルな指標が望ましい。むしろエネルギー使用量や原単位を定期的に把握しこの変化要因を分析し、この結果を情報共有することが必要といえる。

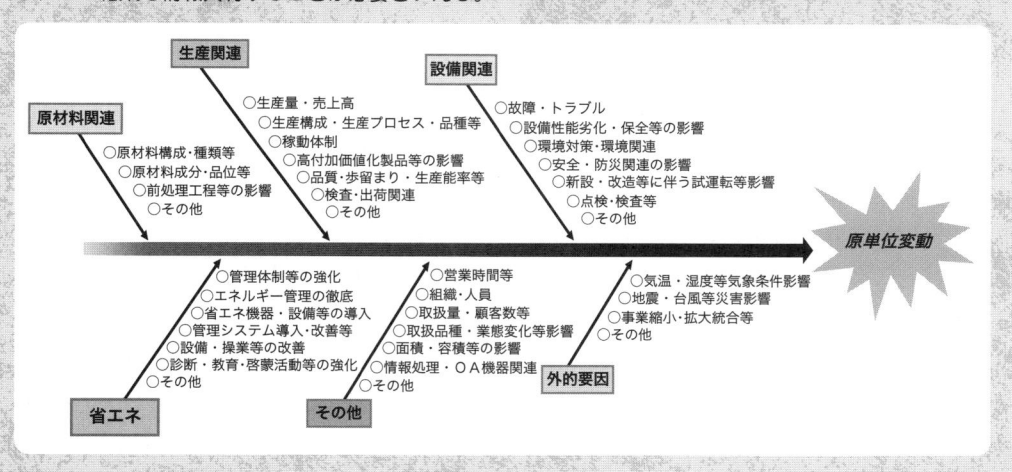

2．事業者におけるエネルギー管理各層の役割

　適切なエネルギー管理を効率的に実践するには、事業者の管理階層ごと（本社管理統括、企画推進層、事業場管理層、現場レベルなど）にミッションと管理すべき事項を明確にし、これに対応したエネルギー実績データの把握・分析が必要となる。

　図-3 に、エネルギー実績把握を含む管理階層ごとの基本的な業務例を示す。社全体の管理を行うトップマネージメントレベル、各工場や事業所をまとめるセクションマネージメントレベル、現場の担当やオペレータなどが行う日常のコントロールレベル（リアルタイムマネージメント）の３つに大きく分けられる。当然ながらこれらは事業規模や組織体制により分担は一律ではないが、トップから現場までの管理の一貫性は必要である。

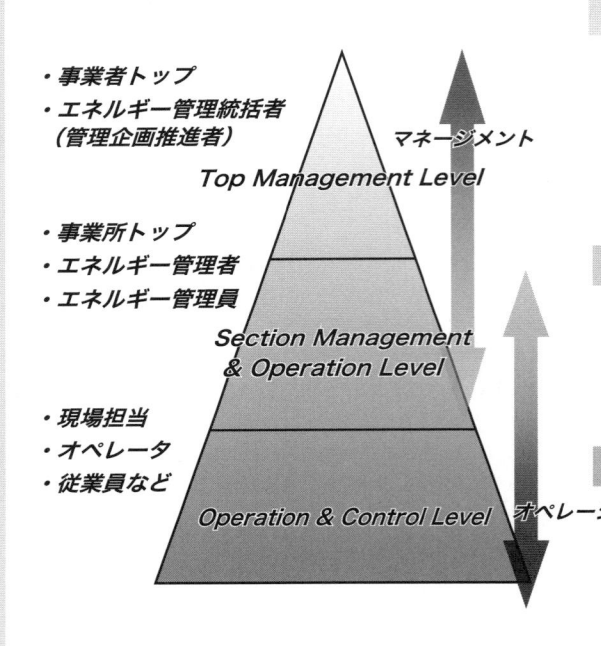

年、期管理 / 事業者全体統括
- ・管理体制・組織整備・責任者配置
- ・取組方針、目標、資金・人材確保
- ・全体管理規程策定、管理
- ・全社実績管理、合理化進捗管理、教育の実施
- ・中長期計画（省エネ投資）策定と実行
- ・文書管理や法対応など

月次管理 / 事業所全体管理
- ・事業所管理体制・組織整備、事業所目標
- ・事業所管理規程策定、管理
- ・事業所実績管理、合理化進捗管理
- ・中長期計画などに基づく省エネ対策実行

日常管理 / 各プロセス管理・時間値管理
- ・各プロセス管理体制・組織整備、プロセスごと目標
- ・最適操業・運転管理の実践
- ・プロセスごとの実績管理（時間データ管理・分析・改善）
- ・プロセス管理標準策定と遵守

図 -3　エネルギー管理階層

　トップマネージメントレベルは本社におけるエネルギー管理統括者や事業者代表など経営的視点で管理が必要な階層であり、社全体のエネルギー管理方針や目標などを策定するとともにこれを社内に徹底し、省エネ計画の立案や実行の旗振りを担う。実績管理も期、年レベルで把握することにより社全体の評価を行い継続した改善に努める。セクションマネージメント・オペレーションレベルとは、各事業所や工場といった地点ごとの管理、運用を担う階層であり、本社レベルでの目標や方針を受け事業所内の管理体制を整備し日常のマネージメントを行う。実績の把握も年間レベルから月間、週間、日間までブレークダウンすることが必要であり、いわばマネージメントとオペレーションの混在した階層ともいえる。次のオペレーションレベルはまさに日常のエネルギー管理階層であり、リアルタイムの適切なマネージメントを行うためには実績管理も日間から時間さらには瞬時データまでの把握が必要となる。

3. エネルギー使用実態を知る

　エネルギー管理にかかるPDCAを適切に回すには、前節で述べたようにすべての局面で必要となるのがエネルギーの使用実態であり、すべての管理階層で共通的に認識すべき実績データや、各管理階層により必要となる把握すべき項目などを事業者の業務内容に応じ管理規程（管理標準）などで決めておくことが必要である。こうした実態は単に数値として捉えるだけではなく、可能な限りエネルギーフローやエネルギーバランスといったMAPとして整備しておくことが重要である。

(1) エネルギー購入・使用実態の把握

　当該事業所・工場ごとあるいは地点ごとのエネルギー種類と購入量・使用量及び費用、原単位などを把握する。把握必要な量については、年間値、月間値、日量値、時間値などであるが事業規模や使用目的、例えば全体管理用なのか、日常の運転管理用なのか、などにより異なる。例えば、現場のオペレーションなどでは、主に時間値データ、瞬時データの方がより必要となるが、操業管理上は日量値や月間量、年間量についても把握する必要があり、同時に担当プロセス以外に事業所全体についても掌握しておくことが重要である。

　把握すべきエネルギー、ユーティリティとしては、

- 電力、電力量（購入、自家発）　昼夜間量
- 都市ガス、LPG、副生ガスなど
- 液体燃料（灯油、軽油、ガソリンなど）
- 蒸気、温水、冷水
- 工水、上水、地下水

などであり、各エネルギーごとやトータルの原単位（熱量あるいは原油換算）並びに下記に示すような購入エネルギーに関する契約条件や単価、品質等スペックなどを整理しておく。例えば電力では下記に示すような事項の掌握が必要である。

（購入電力に係るスペック例）
- 調達（購入）先
- 電力契約種と契約値
- 契約期間など契約条件
- 受電電圧、電圧変動率
- 契約単価・金額（DC、EC）※　　※DC：基本料金、　EC：従量料金
- 仕上がり単価※　　　　　　　　　　※（DC＋EC）/購入電力量

(2) エネルギーフロー、エネルギーバランス整理の考え方

　次に、上記で把握した使用エネルギーを年あるいは月間レベルで、主たる使用先とともにエネルギーの流れ（フロー）として整理する。この際、自家発設備やボイラなどエネルギー転換

設備を保有する場合や、排熱回収や副生エネルギーなどがある場合は、エネルギーフローとともにエネルギーバランスもマップとして整理することが望ましい。このマップは少なくとも毎年見直すことが必要であり、生産体制の変化などによりエネルギー需給構造に変化があった場合などは、その都度作成し従業員全員に周知させることが重要である。

この使用実態把握からエネルギーフロー及びエネルギーバランス作成までの流れをコメントと共に**図-4**に整理する。

購入しているエネルギーの種類と量をインプットエネルギーとして把握する	○電力 　・購入先 　・受電電圧 　・契約種別、契約電力 　・購入電力量実績　　　年、月 　・受電点での実績力率 ○ガス・液体燃料など 　・ガス・燃料種類とスペック、購入先 　・契約量、契約種別、ガス・燃料スペック 　（熱量、受入圧力など） 　・購入量実績　　　年、月
使用しているエネルギーの種類と量を把握する	○熱（蒸気、温水、冷水など） 　・購入先、購入条件 　・契約量、契約種別、熱スペック 　・購入量実績　　　年、月 ○その他 　・用水、圧縮空気など
上記を事業者全体と事業所ごとあるいは地点ごとにエネルギーフローとして整理する	○エネルギーフロー図は、事業所・工場ごとあるいは地点ごとに、まず年版として整理する。また、季節あるいは月間でエネルギー使用に大きな変化がある場合などは必要に応じ、季節別あるいは月別に整理すること。 ○エネルギー需要地点が複数ある場合、事業者全体としての整理も必要。
社内にエネルギー転換部門や副生ガスエネルギーなどがある場合は、事業所ごとあるいは地点ごとにエネルギーバランスをMapとして作成	○自家発などエネルギー転換部門や自社プロセスからの副生ガスエネルギーなどがある場合、また、廃熱回収などにより熱エネルギーをカスケードに利用している場合などは、すべてのエネルギーを熱量換算（あるいは原油換算）し、エネルギーバランス表として整理する。 ○このエネルギーバランス表は、事業所・工場ごとあるいは地点ごとに、エネルギーフローとセットで作成する。 ○Mapには換算熱量値だけでなくインプット（購入）エネルギーを100%とした場合の比率も記述する。また、廃熱など損失エネルギーも把握しMap中に明記することが重要。 ○適切なエネルギー管理を実践するには、この自社、事業などのエネルギーフロー、バランスを経営トップから現場までまず認識しなければならない。
全員に周知徹底	

図-4　エネルギー実態把握から Map 整理までの流れ

(3) エネルギーフローとエネルギーバランス作成の例

　以上の具体的な例として、年間エネルギー使用量が 原油換算 5429kL（20 万 GJ）の鋳造製品製造会社のＡ事業所のケースで、エネルギーフローとエネルギーバランスを**図 -5、6** に示す。

〔エネルギーフロー〕

　図 -5 のエネルギーフローにおいては、事業所全体で使用しているエネルギーやユーティリティの種類と量を、それぞれの固有単位（契約ベース）で購入から主要使用先までをフローとして表わしている。需要先としては主要プロセスや設備まで明記した方が良いが、大規模事業所などで複雑になる場合は、全体と需要先工場ごと（**図 -5** においては需要先ａ、需要先ｂごと）にわけ整理することが必要である。全体フローには購入エネルギーの契約量、契約先、契約条件、スペック（例えば都市ガスでは主たる成分、熱量など）なども整理しておくこと。

　本フローからは、東京電力との契約電力は 1800kW で年間 1261 万 kWh を購入し、自家発電力とあわせ、合計 1611 万 kWh の電力を使用。また、都市ガスは年間 172 万 m³ 購入し、約 65% が主にｂ工場の加熱用燃料であり、残りは自家発電燃料として使用、ａ工場ではガス燃料は使用していない。

　といったことが読み取れる。必要に応じａ工場内の主要プロセスごとにフローを整理すれば最終需要先を含めより明確になる。

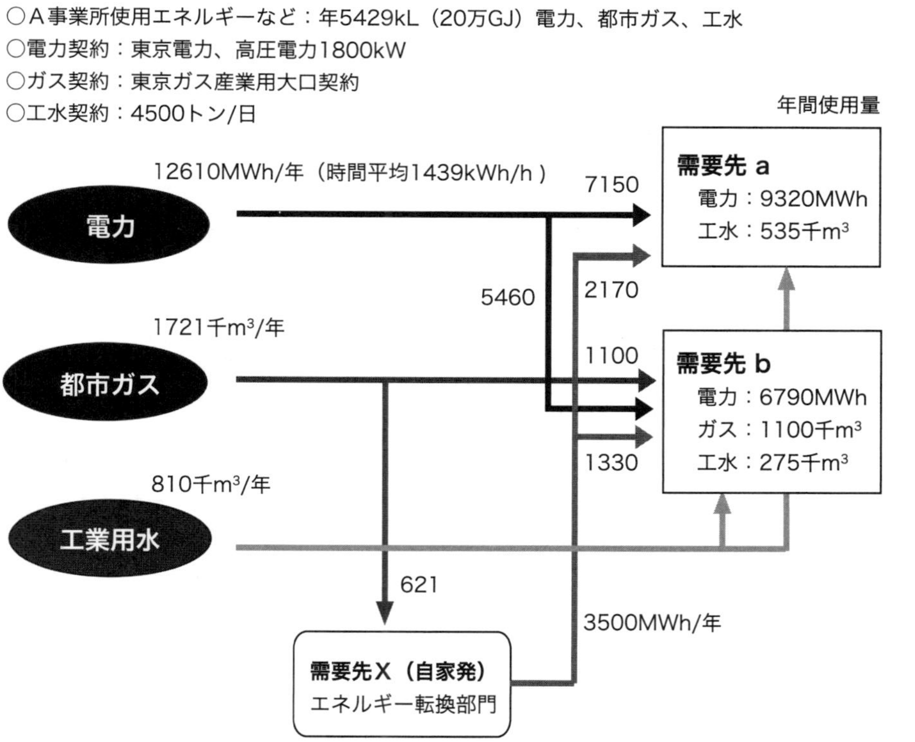

○Ａ事業所使用エネルギーなど：年5429kL（20万GJ）電力、都市ガス、工水
○電力契約：東京電力、高圧電力1800kW
○ガス契約：東京ガス産業用大口契約
○工水契約：4500トン/日

図 -5　平成 28 年度Ａ事業所エネルギーフロー

〔エネルギーバランス〕

　一方、**図-6** に示すエネルギーバランスでは、インプットエネルギー（購入エネルギー）を熱量換算（あるいは原油換算）するなど、単位統一し、社内でどういった形態に変換され、最終エネルギー形態として各々どの程度使用されているのかをエネルギー損失量とともに表している。また、このマップには量とともにインプットエネルギーを 100 とした場合の比率なども表記しておくと自所のエネルギー需給構造の特徴として把握しやすい。

　本事例のエネルギーバランス表からは、購入エネルギーの電力とガスの比率は約 6：4 であるが、需要サイドでは、電力、生産プロセスでの使用ガス、エネルギー転換部門ガス比率は約 7：2：1 となっており、インプットエネルギーの約 17%は熱損失であり、そのうち 9 割以上は発電と加熱プロセスの熱ロスであることがわかる。

　なお、このエネルギーフローとエネルギーバランスは、特にエネルギーの事業者間連携がない場合は事業者全体で整理するより、工場、事業場、あるいはビル単位など地点ごとに整理するほうがわかりやすい。

　また、工場などの規模が大きく、さらに排熱回収の可能性などが高い場合などは、工場内の主要プロセスごとにこのエネルギーバランスを整理することで現状や問題点などが見えてくる。一方、電力を複数事業所で一括契約している場合や自家発電力を他事業所へ託送している場合など、あるいはその可能性がある場合などは、事業者全体でもエネルギーフローを整理することが必要である。

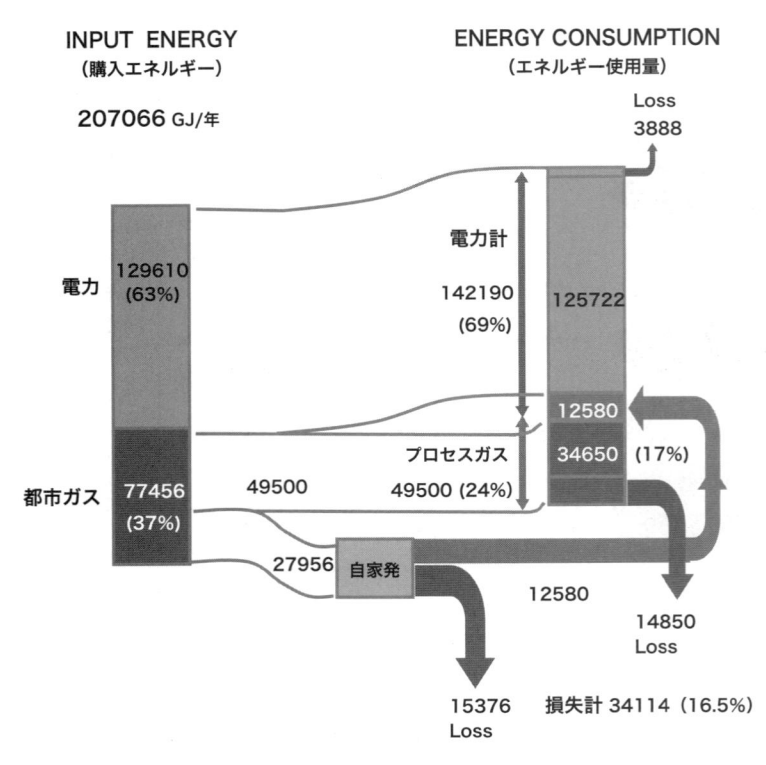

図-6　平成 28 年度Ａ事業所エネルギーバランス

このようにフローやバランスを、自社、あるいは事業所ごとにマップとして整理し自社のエネルギー需給構造を、従業員、管理者がそれぞれの立場で把握することは、適切なエネルギー管理を行う上で極めて基本的な事項といえる。

 コラム

中長期計画策定を支援するツール（Ene-CAT）の紹介

　IoT やセンサーなどの急速な普及に伴い、エネルギー使用状況の見える化は進んでいるが、見える化したエネルギーデータを分析し、いかに今後の省エネ活動につなげていくかが、今後の重要なテーマといえる。一般財団法人省エネルギーセンターでは、見える化したエネルギー情報をもとに、エネルギーフロー及びロスの実態把握、管理標準の見直しなどによる省エネアイテムの抽出と省エネ量の算出などを支援する省エネ支援ツール（Ene-CAT）を開発した。

　Ene-CAT のコンセプトは、エネルギー管理の国際規格 ISO50001 と省エネ法の管理標準を融合した構造となっている。構成は、エネルギーロスを見える化したエネルギーフロー、省エネ法の管理標準、省エネ効果算出ロジックという3層構造になっており、一巡（エネルギーレビュー）することで省エネ実行計画を策定できる。これにより省エネ法の目標である年1％の省エネを可能とする省エネルギー実行計画の策定を支援できる。

Ene-CAT における省エネ検討のプロセス

①機器のロス分析 → ②省エネすべき機器の特定 → ③設備の管理値 → ④省エネ量の算定 → ⑤省エネ実行計画策定

省エネ実行計画例

No	設備名称	省エネ施策	省エネ効果 削減電力量 (kWh/年)	省エネ量 (kL/年)	削減金額 (千円)	投資金額	担当	期限
1	ボイラ	空気比低減による燃料消費量低減	0	2.4	213	0	A	2017/3
2	空調（熱源機器）	冷却水温度の引き下げ(ターボ冷凍機)	14,845	0	281	0	B	2017/2
3	圧空設備（コンプレッサ）	コンプレッサーの吸い込み空気温度の低下	4,452	0	84	100	C	2017/2
	合計		19,297	2.4	578	100		

Ene-CATエネルギーフロー出力例（抜粋）

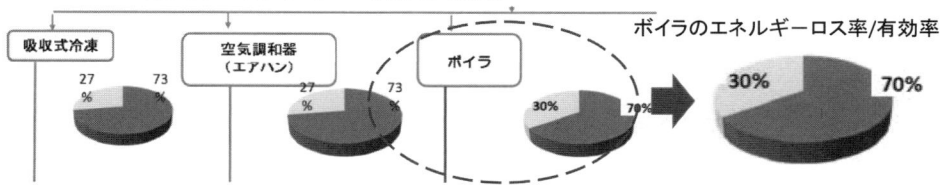

吸収式冷凍　27%　73%
空気調和器（エアハン）　27%　73%
ボイラ　30%　70%
ボイラのエネルギーロス率/有効率　30%　70%

Ene-CAT 問い合せ先：一般財団法人省エネルギーセンター 省エネソリューション部（03-5439-9735）

(4) より詳細な実績把握と分析

　上記(3)で示した事業所や工場全体としてのエネルギーフローやエネルギーバランスは、エネルギー管理の実践に際し、経営トップから現場まですべての従事者が共通的に認識すべき事項であるが、日常管理に相当する STEP 3 における比較的サイクルの短い期間（時間～日～週～月）での管理（実績把握、問題点抽出、分析、改善など）には、年間～月間といった比較的

3. エネルギー使用実態を知る

長い期間のエネルギー使用データだけでなく時間値、瞬時値データの掌握が必要となる。

例えば電力需要の実態を見る場合、**図-7** に示すような

①年間の使用電力量の動き

②月別の使用量の推移

③各月の日別の電力使用量の推移

④1日の時間ごとの電力使用量

⑤瞬時電力の動き

などのデータを管理各層が必要に応じ確認できることが必要である。

また、このような実績データからエネルギー運用を分析する場合（**図-8**）は、

●エネルギー使用量や原単位の時系列データには、エネルギー使用に密接に関連するデータを同一グラフ上に表す。

⇒この例では生産量を示したが、他に売上高、歩留り、生産能率、外気温など　がある

●この時系列的に整理した複合グラフに加え、この同じ要素について視点を変え、例えば散布図などとして表しこれらを同時に概観する。

といった整理を行うことが問題点を抽出しやすい。

図-8 に示した例では

a．年間電力使用量推移グラフと、生産量 VS エネルギー使用量散布図

b．原単位推移グラフと、エネルギー使用量 VS エネルギー原単位散布図

で実態をビジュアル化しているが、これらにより本事業所のエネルギー使用に関する特徴として、固定分エネルギーや回帰線からの乖離程度、省エネ活動成果状況などが浮きぼりにされ次の省エネ行動へのヒントとなりうる。

❶ 年推移

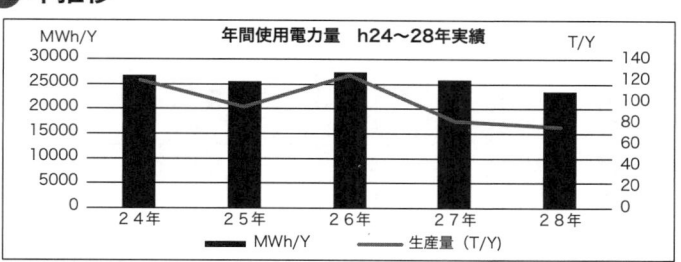

- 年間エネルギー消費量のトレンドを生産動向やその他エネルギー使用に密接に関連する項目とともに把握。
- 省エネ対策や省エネ活動など主たるイベントなどを記載

❷ 月別推移

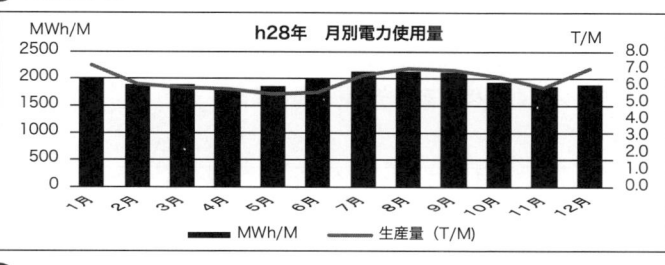

- 上記項目を月別に把握
- 月別の生産動向などとともに整理し、季節別の傾向などを分析
- 当該年における省エネ対策や省エネ活動なども記載。

❸ 日別推移

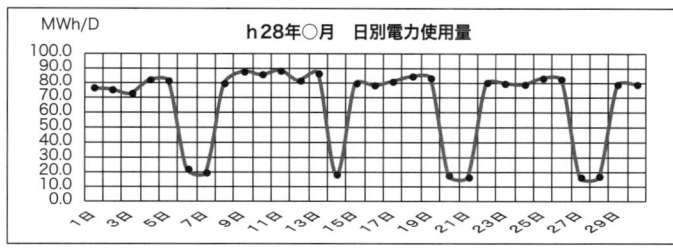

- 代表月あるいは毎月の日別の使用量を分析し、月負荷率なども把握。
- 週ごとの差や休日の使用量レベルや休日間の差異などを分析。日ごとの生産動向や気象状況も管理対象にするケースも多い。

❹ 時間別推移

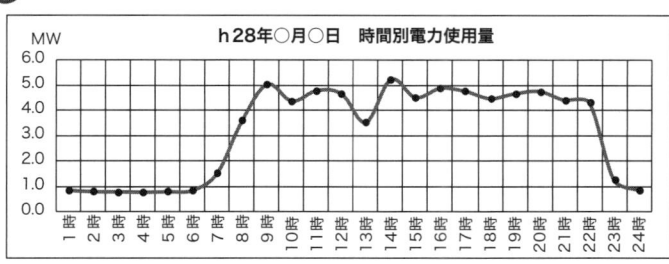

- 代表日の時間ごとの電力使用状況を確認し日負荷率なども把握。
- ピーク電力発生の実態を把握・分析し負荷平準化アクションや電力契約見直しなどにつなげる。
- 夜間、昼休みなど非操業時の固定電力の削減検討や操業開始終了時点の無駄などをチェック。

❺ 瞬時電力推移

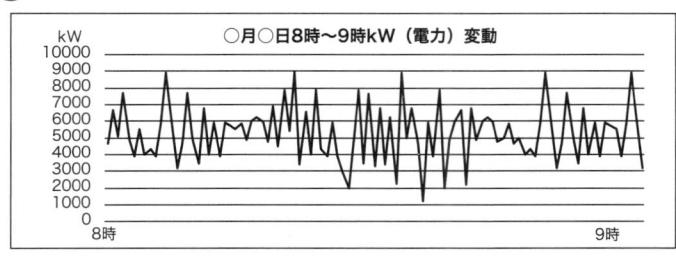

- 上記の最大電力発生要因はこの瞬時電力の動きなどから推測できる。また、無効電力変動などからは電圧変動や力率管理上も有効な情報となりえる。
- その他、電力設備の設備管理上や保護継電システムチェックにも有効

図-7　電力データ種類の例

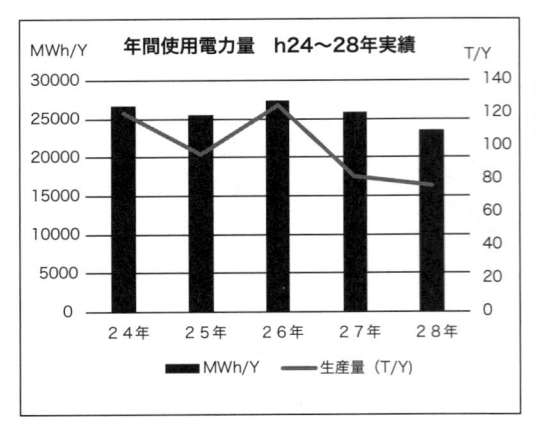
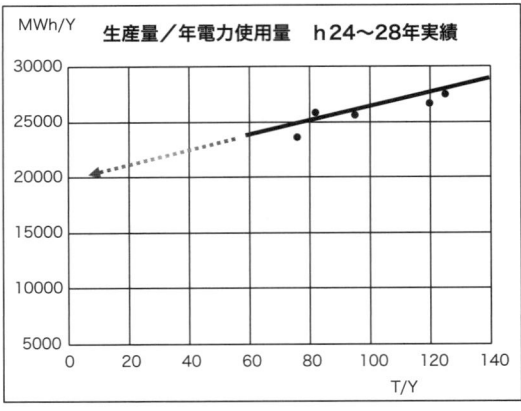

ａ．電力使用量推移と生産量 VS エネルギー使用量散布図

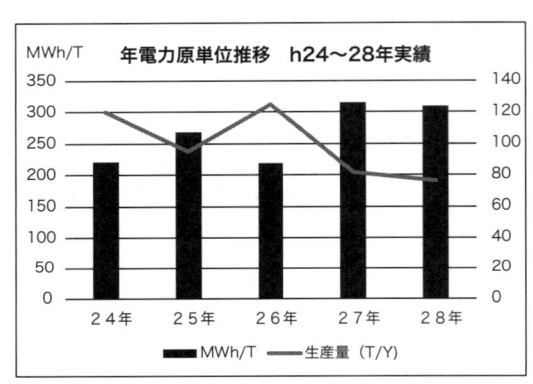
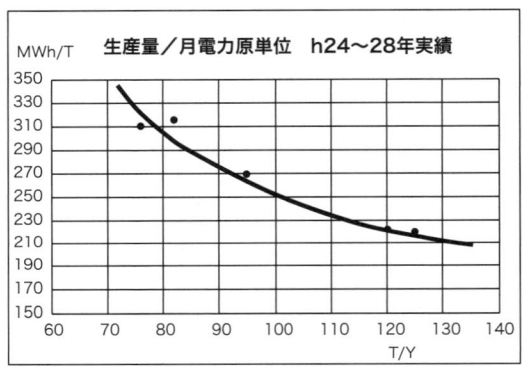

ｂ．原単位推移とエネルギー使用量 VS エネルギー原単位散布図

図 -8　組み合わせパターンを変えた表示

第 **2** 章

第2章　エネルギー管理規程の作成

　第1章では、エネルギー管理の基本的流れやエネルギー使用実態把握の重要性などを概観した。本章では事業者がエネルギー管理に係るＰＤＣＡを適切に回すために必要となるエネルギー管理規程あるいはエネルギー管理標準の作成について述べる。

　規程作成にあたっては、省エネ法（正式にはエネルギーの使用の合理化等に関する法律）における"エネルギー使用合理化のための事業者の判断の基準"の理解が必要であるが、この詳細については第4章（P.99）を参照いただきたい。

1．管理規程と管理標準とは

　省エネ法の判断基準の構成は、大きく基準部分と目標部分にわけられるが（P.100）、前者（基準部分）のI-2エネルギー消費設備等に関する事項では、**「管理」「計測・記録」「保守・点検」**
「新設に当たっての措置」の4つのカテゴリーごとに遵守すべき事項が具体的に示されている。管理標準という言葉はこの具体的な遵守事項の中に記述されている。

　例えば、2-2工場等における燃料の燃焼の合理化では"燃料の燃焼の管理は燃焼を行う設備ごとに、空気比について**管理標準を設定して管理すること**"と規定されている。

　このことから管理標準の設定とは、この告示に言及された項目だけと受け止められやすい。しかし、事業者として省エネを推進するに当たりまず整備すべき事項は、適切なエネルギー管理を行うための基準（マニュアル）作りである。この中には、上記のように個別設備や機器ごとに設定が求められている管理標準を含め、事業者全体で取り組むべき事項、つまりマネージメント部分の遵守事項を包含した基準（マニュアル）が必要である。このエネルギー管理に関する基準をどのように呼称するかは国では規定していないが、一般的にはエネルギー管理規程あるいはエネルギー管理基準、あるいはエネルギー管理標準と称することが多い。要するに事業者全体として取り組むべき、主にマネージメントを中心とした基準と個別設備や機器ごとの管理基準が、適切なエネルギー管理を実施するためには必ず必要である、ということをまず認識しなければならない。

　判断基準全体の構成及びその内容は第4章で詳細を解説するが、平成30年3月に改正された基準部分については、次ページ（**表-1**）にその構成と改正のポイントを示す。上に述べた"**管理標準を設定して管理**"という記述は、I-2工場単位・設備単位での取組みの2エネルギー消費設備等に関する事項における、2-1事務所等及び2-2工場等の中に出てくる。

Ⅰ-1　すべての事業者の取組み

●取組み方針の策定、目標及び設備運用、新設更新の方針策定

●管理体制整備、責任者の配置

●責任者の責務として
　・合理化実施状況の把握
　・合理化目標達成に向けての指示、監督
　・方針の見直し、報告
　・人材育成

●資金、人材の確保

●取組み方針の周知、教育の実施

●遵守状況の確認と評価、見直し

●上記の文書管理による状況把握

Ⅰ-2　工場単位・設備単位での取組み

1　基本的実施事項

●設備運転の効率化や生産性の向上

●エネルギー管理に係る計量器の整備

●エネルギー使用、排熱等実態の把握、分析

●設備老朽化等の把握分析と更新改造の推進

●高効率機器の採用と能力、容量の適切化

●休日や非操業時等における無駄の排除

2　エネルギー消費設備等に関する事項

2-1　事務所等	2-2　工場等
・空調換気設備	・燃料の燃焼の合理化
・ボイラ設備照明、受変電	・加熱冷却伝熱の合理化
・発電、コジェネ	・廃熱回収
・事務用、業務用機器	・熱の動力等変換
・その他	・放射伝導抵抗等による損失防止
	・電気の動力、熱への変換

表-1 省エネ法判断基準 基準部分の構成（平成 30 年 4 月現在）

【平成 30 年 4 月施行の判断基準基準部分における主な改正ポイント】

　これまでのエネルギー消費設備等に関する事項の前段に規定されていた全体での取り組むべき事項が、Ⅰ-1 すべての事業者の取組みと、Ⅰ-2 工場単位・設備単位での取組みにわけられた。前者には責任者の責務や内部監査等客観性評価などが明記され、後者は工場単位、設備単位の省エネ推進に際しての基本的実施事項が新しく規定された。これまでの個別機器ごとのエネルギー消費設備に関する事項はこの基本的事項を受けたかたちで位置付けられたが内容は従来と同じである。

２．管理規程作成の考え方

第１章で述べたエネルギー管理各ステップにおいて管理規程に織り込むべき事項や留意点をまとめると下記のとおりとなる。

●計画段階（Ｐ）

Ｐの部分における管理規程（管理標準）には、エネルギー使用実態を踏まえ、

- 管理体制及び組織と分担、責任者の配置
- 省エネ取組み方針、省エネ目標
- 合理化実施状況の把握方法や目標達成に向けての指示、監督の方法や人材育成・教育に関する事項
- 実態把握のための計量に関する事項や中長期計画の策定
- 文書管理、法対応に関する事項

などを織り込む。このうち省エネ目標などについては、事業者全体や事業所全体、あるいは主要プロセス単位といった管理階層に応じた規程が必要であり、計量に関する事項では、計量器の整備計画や計量器の性能維持に関する基準、計量器が未整備の場合の実態把握方法などについても明記することが必要である。

●実行段階（Ｄ）

Ｄ（実行）の段階における管理規程作成に際しての留意点としては、

- 必要なエネルギー使用にかかる管理項目の抽出と重要度（影響度）分けを行い、その適切な管理方法を見つけ出す。
- 管理項目、管理値はできるだけ定量化する。
- 管理頻度を管理項目の重要度合いなどから管理可能なレベルを踏まえ決定する。

などがある。

また、生産管理や品質管理、設備管理上の規定で、特にエネルギー使用に影響を及ぼすものは、製造管理基準や品質管理基準、設備保全基準あるいは環境管理基準などの各規程に定められているものであっても、できるだけエネルギー管理規程に含めることが望ましい（**図-9**）。その際、ダブルスタンダードとならないようこれらは常時連係することが必要である。

●評価・改善段階（Ｃ＆Ａ）

実績を把握しこれを分析し改善につなげるといった Check & Act 段階では、単に電力、燃料、蒸気、圧縮空気といったエネルギー使用量や圧力、温度だけでなく、エネルギー使用量に密接に関連する項目、例えば生産量、生産能率、品種構成、故障時間、気温、湿度など気象状況などもチェック項目として抽出し、エネルギー使用量とともに分析・評価する。この際、管理項目の重要度に応じ、管理や分析頻度などを規定し改善につなげることが重要である。また、管理規程（管理標準）としては STEP 2 の管理（Ｄ）部分と一体で整理することが必要である。

以上がエネルギー管理各ステップにおいて、管理規程に織り込むべき事項や留意点の主なものである。

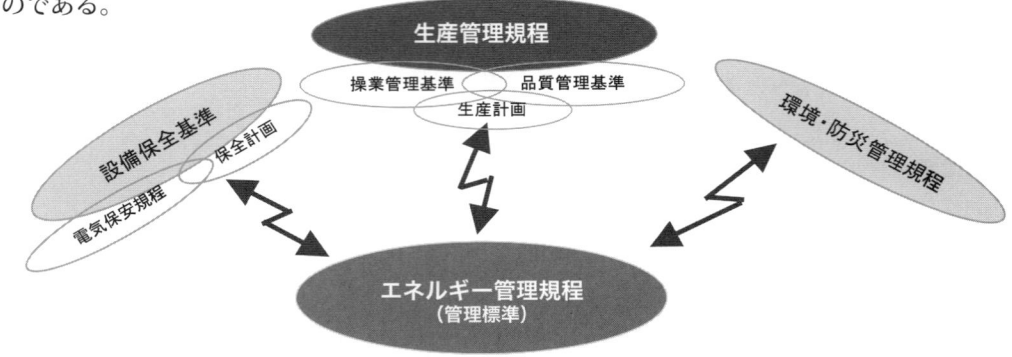

図 -9　製造部門における各種規程

３．管理規程の構成と主たる内容

(1) 管理規程の構成

　管理規程（管理標準）の構成は、各事業者の事業規模や内容により構成を考える必要がある。使用するエネルギーの種類や量が多い鉄鋼、化学、紙、自動車など大規模な素材産業や装置産業の場合と、中小規模の製造業や比較的設備が画一的な業務部門などでは、当然ながらエネルギー管理規程の構成は異なる。例えば製造業の比較的規模の大きな事業者で本社部門と工場とが分かれている場合などは、本社を中心としたマネージメント部分と工場の個別機器や設備部分の基準とは**図 -10**（左）に示すようにわけて規定したほうがわかりやすいが、中小規模の事業者などで本社・工場が一体となっている場合や事務所のみといった場合などは、**図 -10**（右）に示すように一体化し簡素化した規程のほうが使いやすい。

【具体例】

　次に、下記に示すような比較的規模の大きな事業者を想定しエネルギー管理規程（管理標準）構成例を考える。この事業者は年間エネルギー使用量が原油換算 6000kL の特定事業者で、国内に２つの工場と３地区に営業所を持つ製造業である。本社は東京にあり、２つの工場はエネルギー管理指定工場となっている。

　この事業者の場合の管理規程は**図 -11** に示すように本社規程として事業者全体にかかる事項をまとめ、事務所などに比べエネルギー使用量の多い工場、事業場では各々規程を定める。本社・支社・営業所などは拠点ごとの規模やテナントビルであるかなどによっては、事務所管理規程として一括して規定することも考えられる。

　以下に本社管理規程と工場管理規程作成の留意点を述べる。

○事業者概要
　本社は東京で事業者全体のエネルギー使用量は年 6000kL の特定事業者。
　事業所は、神奈川、愛知の２ヵ所（いずれもエネルギー管理指定工場）。
　支社、営業所は、大阪、福岡、札幌の３ヵ所。

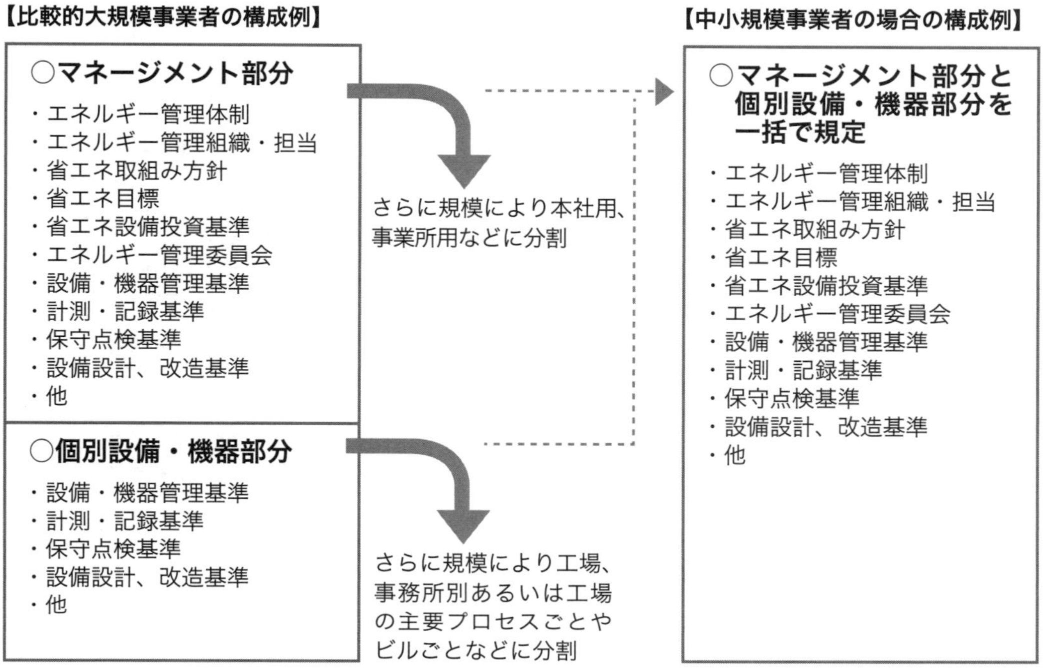

【比較的大規模事業者の構成例】

○マネージメント部分
・エネルギー管理体制
・エネルギー管理組織・担当
・省エネ取組み方針
・省エネ目標
・省エネ設備投資基準
・エネルギー管理委員会
・設備・機器管理基準
・計測・記録基準
・保守点検基準
・設備設計、改造基準
・他

さらに規模により本社用、事業所用などに分割

【中小規模事業者の場合の構成例】

○マネージメント部分と
　個別設備・機器部分を
　一括で規定
・エネルギー管理体制
・エネルギー管理組織・担当
・省エネ取組み方針
・省エネ目標
・省エネ設備投資基準
・エネルギー管理委員会
・設備・機器管理基準
・計測・記録基準
・保守点検基準
・設備設計、改造基準
・他

○個別設備・機器部分
・設備・機器管理基準
・計測・記録基準
・保守点検基準
・設備設計、改造基準
・他

さらに規模により工場、事業所別あるいは工場の主要プロセスごとやビルごとなどに分割

図-10　エネルギー管理規程の構成

(2) 事業者全体の管理規程に定めるべき事項

　図-11に示す❶には、事業者全体としてのエネルギー管理に係る基本的な事項として、主にエネルギーマネージメントに係る項目を規定する。ここには国が告示として定めている判断基準（**表-1**）のうち、基準部分の1に定められたすべての事業者が取り組むべき事項を中心に規定する。規定すべき具体的な項目と留意点をまとめると**表-2**のように整理できる。

(3) 工場等の管理規程と判断基準

　次に上記の全社規程を受け、工場や事業所などあるいは支社や営業所といった拠点ごとのエネルギー管理規程を定める（**図-11**の❷、❸）。

a．マネージメント部分の規程

　管理体制、管理組織といったマネージメント部分については❶の全社の規程を踏まえ事業所としての

　　•エネルギー管理体制・組織・担当など
　　•事業所としての省エネルギー目標など

を定めるとともに

　　•工場、事業場としてのエネルギー管理委員会の運用に関する事項、並びに省エネパトロールや省エネ運動といったより具体的な活動などに関する基準を定める。

　例えば省エネ目標の場合、全社の経営戦略ビジョンに基づき定めたエネルギー管理規程での

23

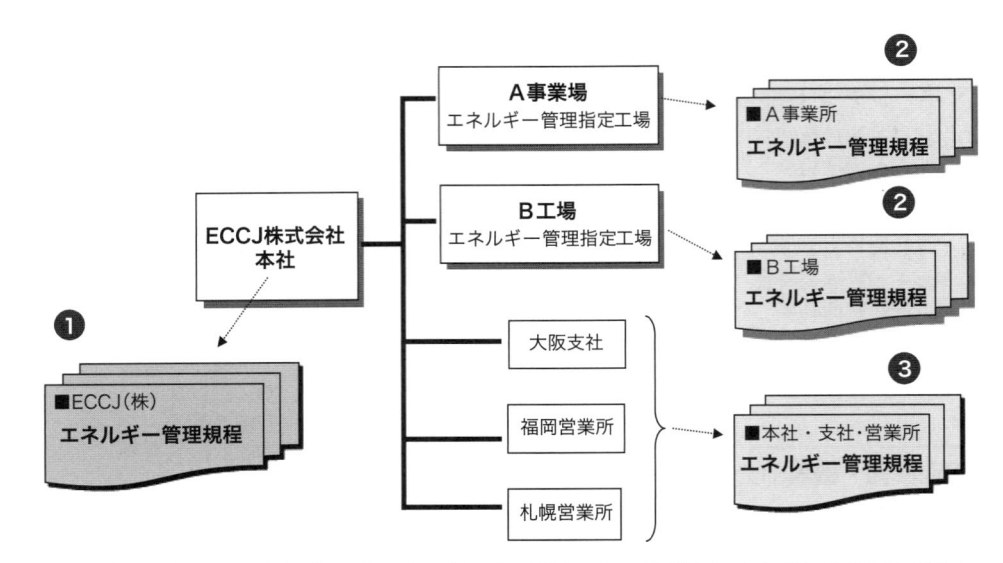

❶は全社の管理規程、この規程をうけエネルギー管理指定工場・事業所ごとに管理規程を制定❷
本社・支社・営業所は事務所管理規程として制定❸

❶

【全社管理規程】
・全社エネルギー管理組織
・エネルギー管理統括者、企画推進者選任基準
・エネルギー管理者、管理員選任基準
・省エネルギー取組み方針
　　・全社エネルギー原単位目標
　　・CO₂原単位目標
　　・工場・事業場原単位目標
　　・本社及び支社営業所原単位目標
　　・省エネ設備投資回収基準
　　・設備新設、更新に際しての省エネ配慮規程
・全社エネルギー委員会規程
　　・委員会開催規程
　　・管理項目、報告内容規程
　　・実績管理、省エネ計画規程など
・各設備、プロセスごとの管理標準設定基準

❷

【A事業所エネルギー管理規程】
・A事業所エネルギー管理組織
・エネルギー管理者、管理員及びエネルギー担当
　選任基準
・事業所原単位目標
・事業所エネルギー実績検討委員会規程
　　・委員会開催規程
　　・管理項目、報告内容規程
　　・実績管理、省エネ計画規程
・省エネパトロール運用基準
　など
・各設備、プロセスごとの管理標準

【B工場エネルギー管理規程】
　　同上

❸

【事務所管理規程】
〔本社ビル〕
・本社ビル管理組織
・エネルギー管理担当者選任基準
・本社原単位目標
・本社ビルエネルギー管理委員会規定
　　・本社委員会開催規定
　　・管理項目、報告内容規定
　　・実績管理、省エネ計画規定

〔支社・営業所〕
・支社営業所エネルギー管理組織
・エネルギー管理担当選任基準
・支社営業所原単位目標
・支社営業所省エネ委員会規定
　　・委員会開催規定
　　・管理項目、報告内容規定
　　・実績管理、省エネ計画規定
・事務所省エネパトロール運用基準　　等

図-11　事業者組織とエネルギー管理規程（管理標準）構成例

第2章 エネルギー管理規程の作成

表-2 事業者全体の管理規程に定めるべき事項と留意点

規定すべき項目	内容	留意点
1. ・エネルギー管理体制 ・責任者の配置	・事業者全体としてエネルギー管理を実施するための組織やその役割などを規定する。 ・エネルギー管理を行うために必要な責任者やリーダーなどの配置についての基準を定める。	・事業者全体の管理体制であることから主にマネジメントを行う体制について規定する。 ・例えば省エネルギー管理委員会の設置やその運営方法などを織り込む。 ・各責任者の役割や名前、部署名などを明確に。 ・どの部署から選任するか、また、法的に必要な配置もあることから必要資格なども定める。
2. ・取組み方針・目標 ・設備の新設・更新に係る方針	・省エネに取組むにあたっての基本的な考え方などを方針として掲げ、これを受けた事業者としての具体的な目標を設定に定める。 ・また、エネルギー使用を伴う設備の新設や更新に際しては必ずエネルギー効率面からの評価を行いエネルギー管理体制の中で承認を得ることといった規定を方針として定める。	・方針では、例えば ①すべての従業員は業務遂行にあたり環境と省エネのマインドを持ち業務に当たる。 といった精神論的な表現から ②社全体で使用する化石燃料由来の購入エネルギーを2030年までに5割削減を目指す。 といった目標的な表現とする場合が考えられる。 ・目標では下記事項などに関する年度目標や3～5年程度の中長期的な目標を定量的に掲げる。 ①全社エネルギー原単位、CO_2原単位目標 ②工場・事業場エネルギー原単位目標 ③設備更新に際しての省エネ配慮規定
3. ・エネルギー管理内容、遵守状況の確認と、改善指示 ・方針・遵守状況評価手法の精査・見直しなど	・全社としての省エネ計画策定と進捗管理に関する事項などを定める。 ・事業者全体としてのエネルギー管理すべき項目の抽出などを行い規定する。 例えば・エネルギー使用量 ・原単位 ・エネルギー費用 ・これらの管理頻度 ・省エネ運動などの進捗 ・生産状況、故障時間 ・その他 ・判断基準などの遵守状況の確認に関する事項として ・主要事業所ごとの管理標準整備状況確認 ・遵守状況の確認と評価 などに関する基準を定めこれらの見直しに関する事項についても規定する。 ・取り組みなどの客観性を担保するための内部監査や外部専門家などによる診断といった第三者評価を行うことを規定。 ・国への報告など法対応に係る事項を定める。	・エネルギー管理委員会などで議論すべき事項を定めるとともに改善の指示などに関するルールや帳票を規定する。 ・管理すべき項目や判断基準の遵守状況は、事業場ごとに捉えるべき項目とエ場、事業場ごとに管理すべき項目と区分する。ただし、情報の連携、一貫性は必要。 ・設備管理基準や品質管理基準など、他の基準に定められた項目であってもエネルギー管理上必要な場合は本規定に定めることとともに関連基準や規定名を明記する。
4. ・資金・人材の確保 ・方針などの周知徹底 ・教育の実施	・省エネを推進するために必要な資金の確保に関し、必要な資金確保などに関する事項を定める。 例えば・補助金活用、金融的助成措置検討など ・ESCOなどのサービード活用 ・省エネ推進のために必要な人材の確保に関する規定や省エネ教育、リーダー育成などの基準を定める。 ・方針や基準、経営目標などについて全社員、経営者に対する情報伝達や周知徹底に関する基準を定める。	・資金の確保では2、で定めた設備の新設・更新に係る投資方針に基づき、省エネ設備投資に係る投資回収基準や税制優遇や低金利融資制度などの金融的助成ならびに補助金活用に関する事項について定めておくこと。 ・情報報告についてはエネルギー管理委員会と全社員などといった専門委員会の場での管理帳票と全社員などに徹底するための広報媒体は分けたほうが良いらしい。

全社 省エネ目標	A事業所 省エネ目標
■経営戦略エコビジョン 2020 に基づき　2020 年度までに 2016 年度基準で全社エネルギー原単位及び CO_2 排出量を各々 10％削減を目標	■ 2017 年より 2020 年度末まで第4次省エネ運動を展開（活動目標） ● 事業所エネルギー原単位を対前年比 3％改善 ● 全加熱燃料の完全 13A 化による CO_2 10％削減及び熱効率の 5％改善 ● 排熱ロスの 15％削減 ● 電力負荷平準化活動により稼動時月負荷率を 10％改善

図 -12　全社目標に基づく事業所目標例

省エネ目標が**図 -12**（左）であった場合、事業所の目標としては、**図 -12**（右）のように、より詳細で具体的な目標であることが必要である。

　さらに、工場単位・設備単位での取り組みにあたって、平成 30 年 3 月に新たに告示で規定された基本的事項（P.20 の**表 -1** 参照）を踏まえ、例えば

- 計量器の整備に関する基準や
- 生産性の向上や主要設備の老朽化対策に関する基準
- 排熱等エネルギーロスの実態把握に関する基準など

を定める。

b．個別設備・機器に関する規程

　事業場としての規程には、上記のマネージメントに係る規程に続き、個別設備・機器に関する基準が必要となるが、この部分の作成に当たっては**表 -1** に示した判断基準基準部分の 2-1 事務所等、及び　2-2 工場等に規定されている各事項を理解する必要がある。（詳細は第 4 章参照）。

（個別設備・機器の規程作成にあたって認識しておくべきポイント）

　表 -1 の 2-1 事務所等に関しては、主にその記述が設備単位になっているため比較的わかりやすいが、2-2 工場等では、実際の現場ではさまざまな設備やプロセスがあるという現場実態を踏まえて、主にエネルギーの使い方や流れによった整理としている。具体的には、**図 -13** の❶〜❻に示すように燃料の燃焼の合理化から始まり電気の動力・熱等への変換の合理化までの 6 項目に分け記述している。**図 -13** のフローは、これを工場におけるエネルギーの流れと対比し整理したものである。つまり

❶は燃料から燃焼等により熱を発生するプロセスであり

❷は❶からの熱や購入した熱を用い加熱、冷却、伝熱を行い

❹では熱から動力・電力への変換を行うプロセスとなる。

　また、これらのプロセスから熱を回収利用するのが❸の廃熱の回収利用であり、一方、電気の利用としては❻の部分であり、購入電力や❹からの電力による加熱・冷却さらには電動機に代表される電力から動力への変換などがある。熱や電力利用の際の損失に係る事項は❺に記述されている。

　工場等における設備やプロセス、エネルギーの使われ方などはさまざまであるがこの告示の整理により、工場等でのエネルギーの使われ方などはほぼ網羅されているといえる。

　この判断基準の基準部分に定められた❶～❻にの各6項目は、項目ごとに**「管理」「計測・記録」「保守・点検」「新設措置」**の4つのアイテムで規定されている。以下に規程作成に際しての留意点を示す。

　なお、この工場、事業場等の管理規程は、各々のエネルギーの使い方や管理の視点の違いを踏まえ拠点ごとにまとめることが望ましいが、事務所や営業所などに関しては、工場等に比べ比較的エネルギー使用設備がシンプルで画一的であるため、地点やビルごとではなく、事務所管理規程あるいはビル管理規程などと称しまとめて記述することもできる。

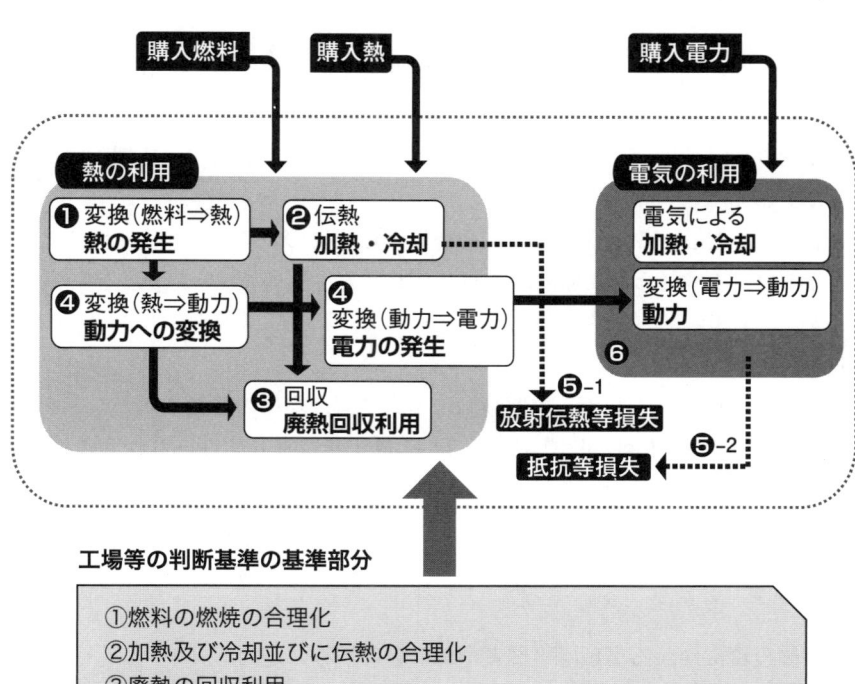

図-13　工場等のエネルギー使用の流れと判断基準の項目対比

【管理面】

○個々のエネルギー関連設備についての特性、機能などに応じて使用エネルギーが極力最低限に抑えられるような運用・管理のポイントや留意点を記述する。さらにそれら設備の本来あるべき姿（理想的な状態）をできるだけ明確にしておく。

○同型や同等の設備が複数存在する場合は、それらを一括した記述内容としてもかまわない。その場合、もし部分的に管理のポイントなどが異なるところがある場合は、その部分について個々に区別した記述を付け加える。

○「判断基準」に示されている各事項のうち、自工場に関係する部分があれば、判断基準を遵守した形で管理標準に織り込む。

○特に重要な管理項目については管理値、標準値を設定する。判断基準に基準値が示されていれば、その値を極力クリアした値を設定する。

○自動制御やコンピュータ制御の場合は制御の概念や特徴を記述し、制御の目標値などを明示する。

【計測・記録面】

○管理値、標準値を設定した事項については、定期的な計測と記録を実施する。計測・記録・記録簿に計測事項ごとの管理値、標準値を明示した欄を設けるようにする。また、あらかじめ定められた周期ごと（例えば、1回／時間、1回／日など）の計測値記入欄をつくっておき、その欄への計測値記入に際して管理値、標準値と対比チェックするようにする。計測値が管理値、標準値から外れた場合にはそのアクションについて記入が出来るような欄も設けておく。

○自動制御やコンピュータ制御の場合も重要管理項目については、一定時間ごとに測定記録値をアウトプットするようにする（記録を残しておく）。

【保守・点検面】

○設備の故障や劣化を防ぐため、重要設備について保守点検の要領やポイントを明示し周期を設定して（例えば、1回／時間、1回／日、1回／年など）、定期的な保守点検を実施する。設備故障は工場に多くの損害を与えると同時に、省エネにとっても最大の敵である。

○保守点検についても保守・点検簿に実施日、保守・点検・修理などの内容や結果を記録する。

【新設措置面】

○全社の設備投資にかかる事項は事業者全体の管理規程に定める。

○個別機器や設備等の新設、更新にあたってはエネルギー効率に係る事項をできるだけ定量的に規定する。

○この際、トップランナー対象機器を含む設備や製品に関しては、該当製品の採用などについて規定すること。

(4) 個別設備・機器のまとめ方は？

上記では、現場でのエネルギーの流れに沿い、工場等の基準部分に示された判断基準の項目

を整理したが、実際に管理規程を作成しようとすると、どういったまとまりで規定したらよいか迷うところである。

　冒頭にも述べたように管理規程は整備することが目的ではないため、これを日常の管理の中で上手く活かさなければならない。このため管理規程の構成は個々の事業者の管理組織、体制を踏まえ使いやすく管理しやすい構成とし、改定、見直しも容易にできるような規定が望ましい。

　前項で述べたように、現行判断基準では、遵守すべき事項が、**図-13**の**❶**～**❻**ごとに定められているため、管理規程もこの分類ごとにまとめるという案もある。しかしながら、一般的に考えられるのは、設備の主管部署ごと、あるいは製造プロセスでは各工程の管理・運転単位でまとめる方が管理しやすいといえる。

　例えば、**図-14**に示すような焼成工場を考えると、本ケースでは、生産部門と動力部門が分かれているため、生産プロセスへエネルギーを供給するまでは動力部門がエネルギーやユーティリティ設備の管理規程をまとめ（**B0**ごと）、生産部門は各製造プロセスの設備主管部署ごとの単位で管理標準を作成することがわかりやすい（**A0**ごと）。

　また、本図に示した製造プロセスやエネルギープロセスは、図中に示すような機器や設備で構成されているため（**A1**、**B1**）、こういった設備や機器ごとに管理規程をまとめることも考えられる。ただしこの場合、すべての機器や設備を網羅することは煩雑になり、規定の管理面からも現実的でないため、

　　　○エネルギー使用量の多い機器、設備に関する事項
　　　○適切なエネルギー管理がなされないと品質や歩留まりに影響を及ぼし結果的にエネルギー効率の悪化につながるといった生産上重要度の高い設備や項目
　　　○動力設備など事業所全体に影響を及ぼすような共通的設備
　　　○トラブルや運用のまずさがエネルギー損失やコストに大きく影響するといった
　　　　設備や項目

を抽出し、重点管理項目として区分けし（プライオリティをつけ）、管理規程を整備する工夫が必要となる。

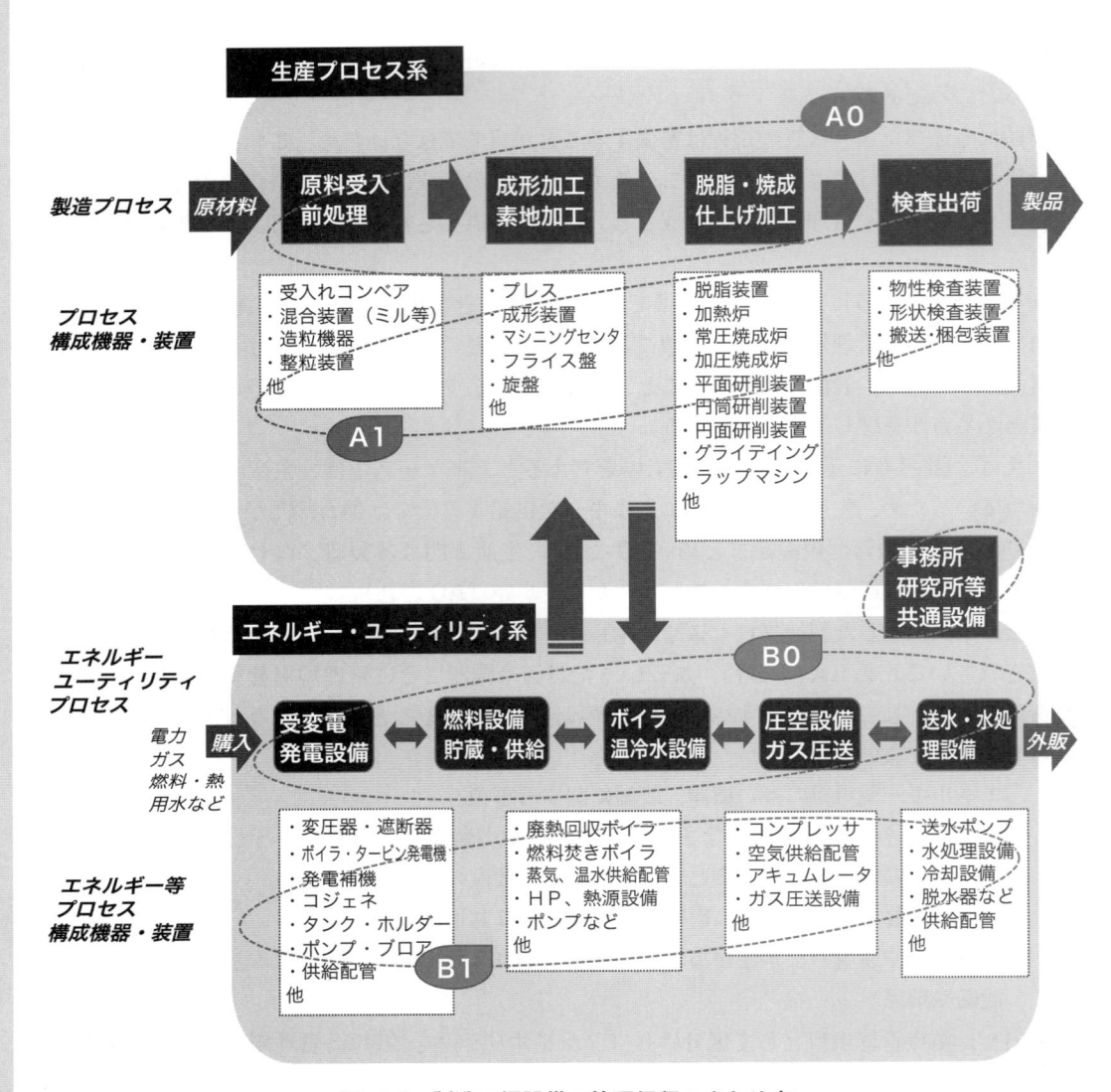

生産プロセス系

A0

製造プロセス ｜原材料｜→ 原料受入 前処理 → 成形加工 素地加工 → 脱脂・焼成 仕上げ加工 → 検査出荷 →｜製品｜

プロセス 構成機器・装置

| ・受入れコンベア ・混合装置（ミル等） ・造粒機器 ・整粒装置 他 | ・プレス ・成形装置 ・マシニングセンタ ・フライス盤 ・旋盤 他 | ・脱脂装置 ・加熱炉 ・常圧焼成炉 ・加圧焼成炉 ・平面研削装置 ・円筒研削装置 ・円面研削装置 ・グライデイング ・ラップマシン 他 | ・物性検査装置 ・形状検査装置 ・搬送・梱包装置 他 |

A1

事務所 研究所等 共通設備

エネルギー・ユーティリティ系

B0

エネルギー ユーティリティ プロセス

｜電力 ガス 燃料・熱 用水など｜→｜購入｜→ 受変電 発電設備 ⇄ 燃料設備 貯蔵・供給 ⇄ ボイラ 温冷水設備 ⇄ 圧空設備 ガス圧送 ⇄ 送水・水処理設備 →｜外販｜

エネルギー等 プロセス 構成機器・装置

| ・変圧器・遮断器 ・ボイラ・タービン発電機 ・発電補機 ・コジェネ ・タンク・ホルダー ・ポンプ・ブロア ・供給配管 他 | ・廃熱回収ボイラ ・燃料焚きボイラ ・蒸気、温水供給配管 ・ＨＰ、熱源設備 ・ポンプなど 他 | ・コンプレッサ ・空気供給配管 ・アキュムレータ ・ガス圧送設備 他 | ・送水ポンプ ・水処理設備 ・冷却設備 ・脱水器など ・供給配管 他 |

B1

図-14　製造工場設備の管理規程のまとめ方

第 **3** 章

第3章　管理規程の具体的作成例

　前章までは、事業者がエネルギー管理規程（管理標準）を作成するにあたり、最低限認識しておかなければならないエネルギー管理の流れやまとめ方に関する基本的な事項等を述べた。これらに基づき、本章では、具体的な管理規程として、下記に示す年間原油換算使用量6000kLの金属加工業の規程例として、「1 事業者全体に関する規程」と、これをうけた「2 事業所の規程」を示す。更に3項は工場・事業場における「個別プロセス・設備ごとの規程」として6つの設備を取上げ解説したあと P.50 からは、この6つを含む計18の設備についての規程例を掲載した。また、次の4項では業務部門の例としてビル管理会社の規程例を示している。

> **事業者概要（金属製品製造業）**
> ■事業社名　　　ECCJ 金属加工株式会社
> ■事業内容　　　金属加工部品、焼結部品、各種機械部品
> ■本社所在地　　東京都千代田区丸の内 1-1
> ■事業所等　　　神奈川事業所、愛知工場
> ■営業所等　　　本社内　東京営業所、大阪支社、福岡営業所、札幌営業所
> ■省エネ法上の位置づけ
> 　・年間エネルギー使用量　約 6000kL（原油換算）の特定事業者
> 　・神奈川事業所及び愛知工場は第1種エネルギー管理指定工場

【社全体の管理規程】
　主に全体エネルギーマネージメントに係る内容を記述

```
社外秘



        ECCJ 金属加工（株）
    エネルギー管理規程



        全社管理編
    ECCJ エネ管理　０００１
```

【事業所の管理規程】

　神奈川事業所としてのマネージメントに係る規程と個別プロセス・設備に関する規程とからなる。他の工場（愛知工場）も同様に作成する。なお支社営業所関連の規程は省略するが規模により事務所管理規程として一括でまとめることも一考である。

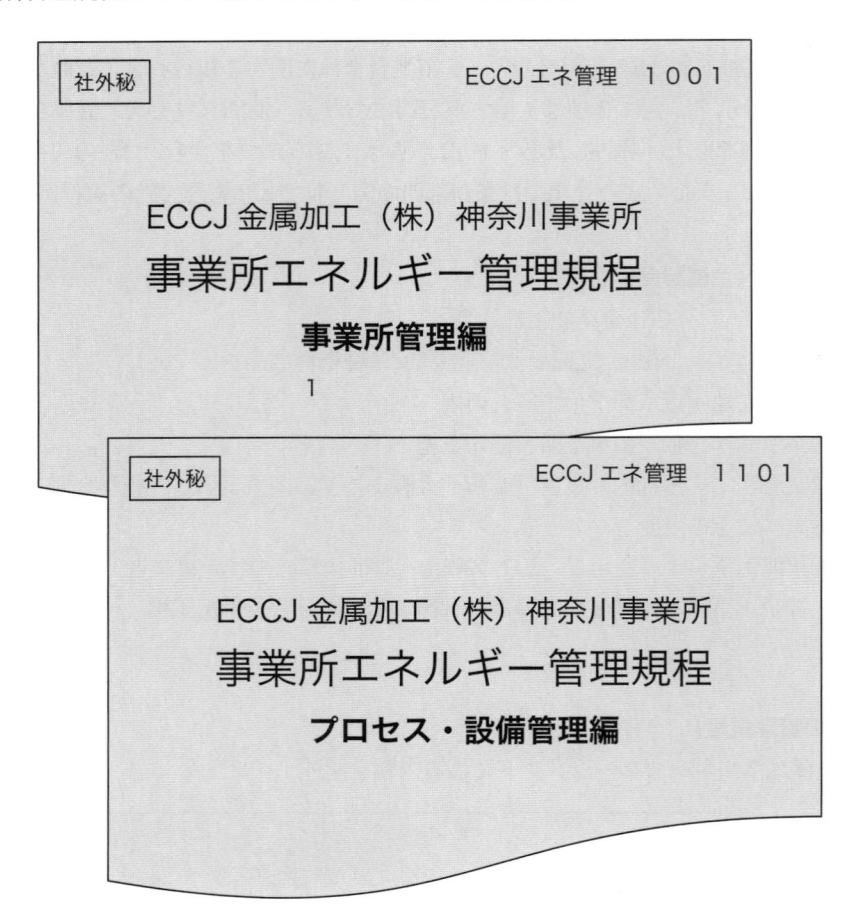

1．事業者全体の管理規程例

　第2章の2項で述べたように事業者全体の管理規程に定める内容としては省エネ法の判断基準に定められた事項を参照し規定することが最もわかりやすい。ここに定めるべき事項と留意点、は P.25 の**表-2** に示しているが、本事例では、目的、適用範囲、管理体制、責任者の配置、取り組み方針、省エネ目標、省エネ設備投資、管理、報告など毎に記述している。またエネルギー管理委員会の設置と運用については委員会規程として別途作成した例としているが、一括で記載してもかまわない。組織の大きな事業者の場合などは、本事例のように、エネルギーマネージメントに係る規程でも総則的な規程と委員会規程とを別途に制定したほうが管理しやすい場合がある。

産業部門全社エネルギー管理規程例

社外秘

サンプル

ECCJ 金属加工（株）
エネルギー管理規程

全社管理編

ECCJ エネ管理　0001

ECCJ 金属加工株式会社

▽制定　　　平成 25 年 4 月
▽改定 1　　平成 27 年 6 月（札幌営業所開設に伴う改定）

			管理番号	ECCJ エネ管理　0001		
カテゴリ	ECCJ 金属加工株式会社 **全社エネルギー管理規程**		制定	2013/4/1		
			改定①	2015/6/23		

目的及び 適用範囲	**1、目的** 　　本規程は、当社がエネルギーの効率的利用の推進を図るために社全体として取り組むべき基本的な事項を定めたものである。言うまでもなく、当社にとって省エネルギーの推進は、コストの削減とともに、資源の有効活用や CO_2 の削減という地球環境面からも重要な課題であり、全従業員は事業活動に際し、本規程に基づき適切なエネルギー使用の合理化に勤めなければならない。 **2、適用範囲** 　　本規程は全社のエネルギー管理に適用し、本社、各工場、事業所、各営業所においては、本規程に基づき、個別のエネルギー管理規程または基準を整備すること。 　　○本社・東京支社　　　　　　東京都千代田区丸の内 1-1 　　○工場・事業場・営業所　　神奈川事業所　横浜市中区 2-38 　　　　　　　　　　　　　　　愛知工場　　　愛知県半田市東洋町 2-1 　　　　　　　　　　　　　　　大阪支社　　　大阪市淀川区十三 37　エネビル 　　　　　　　　　　　　　　　福岡営業所　　福岡県福岡市博多区東 2-53　パレスビル 　　　　　　　　　　　　　　　札幌営業所　　北海道札幌市中央区北 5 条 7-2　ヤマダビル
管理体制及び 責任者の配置 等	**3、全社エネルギー管理体制** 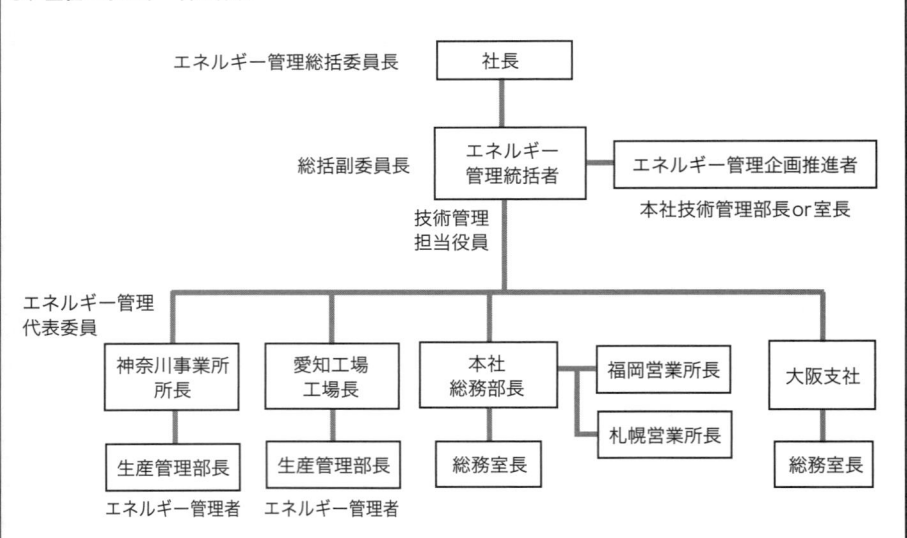 ①エネルギー管理総括委員長は社長とし、総括副委員長は省エネ法に基づき国に届け出たエネルギー管理統括者とする。 ②エネルギー管理統括者は本社技術技術管理担当役員が担い、これを補佐するエネルギー管理企画推進者は本社技術管理部の部長または室長で有資格者から選任する。 ③事業所代表委員は各工場、事業所の工場長、所長とし営業の代表委員は支社長、営業所長とする。営業所管理は本社総務部長の下活動を展開する。 ④各代表委員の下には事業所委員を設置し、原則図に示す職制者を担当とする。 　　ただし、エネルギー管理指定工場にあっては省エネ法に基づくエネルギー管理者とすること。

	4、エネルギー管理統括者、企画推進者等責任者の配置と選任基準 ①当社のエネルギー管理統括部門は、本社技術管理部におき、省エネ法に基づくエネルギー管理統括者は、技術管理部門担当役員とする。また、エネルギー管理統括者を補佐するエネルギー管理企画推進者は技術管理部より選任、また、エネルギー管理指定工場はエネルギー管理士資格を有する工場長、事業所長を責任者とする。 ②工場、事業所長が有資格者（エネルギー管理士資格）でない場合は、管理部門部長クラスより有資格者を選任し所長を補佐する。 ③工場、事業所内エネルギー管理推進の事務局は管理部門が担当とする。 ④工場、事業所内の担当は部門ごとに課長職以上から選任を行う。
取り組み方針 省エネ目標等 設備投資方針	**5、省エネルギー取組み方針と目標** **5-1　基本的取組み方針** ①当社は、事業活動のすべてにおいて、地球環境保全と低炭素型社会を目指したエネルギーの有効利用に努め、省エネルギーを推進する。あわせて製品を通じ循環型社会構築に資することを基本的な取り組み方針とする。 ②各事業所、工場等のエネルギー管理指定工場は、この全社取り組み方針に従い指定工場ごとに省エネ取組み方針を策定する。 **5-2 省エネルギー目標** ①事業者全体のエネルギー消費原単位（生産トンあたりのエネルギー使用量）は、毎年対前年比で1.2％以上の改善をめざす。また、CO_2排出量は2030年までに2015年基準で20％削減を中期目標とする。 ②各事業所、工場、支社、営業所はこの全社目標を踏まえ、省エネルギー目標を定めること。 **6、設備新設及び更新に対する方針** ①エネルギー消費を伴う設備の更新や新設に際しては、必ずエネルギー効率面での評価を行うとともに、省エネ法の判断基準における新設に当たっての措置に規定された基準を遵守すること。 ②省エネルギーを主目的とする設備新設や更新に対する単純投資回収年は4年以内を原則とし、投資額5000万円以上の案件に関しては、エネルギー効率に対しエネルギー管理委員会での承認を必要とする。 ③その他設備投資に係る事項は、設備投資基準及びグリーン調達基準に従う。
管理・報告等	**7、エネルギー管理委員会規程** ①エネルギー管理統括者はエネルギー管理統括副委員長をトップとするエネルギー管理委員会を召集し4半期に1回定期的に開催すること。 ②本委員会の事務局は本社時術管理部とする。 ③本委員会では、各事業所、工場、支社、営業所のエネルギー使用実績、CO_2排出量、エネルギー原単位、エネルギーコスト、判断基準遵守状況、省エネルギー実績、主たる改善内容と今後の省エネ計画等を議題とする。 ④詳細は全社エネルギー管理委員会規程に準じる。 **8、報告、周知徹底、教育等** ①エネルギー使用実績やエネルギー管理状況などについては、別途定めるエネルギー管理委員会規程に従い、定期的に開催する管理委員会で報告する。 ②各事業所、工場、支社等のエネルギー管理委員は従業員に対し上記エネルギー管理にかかる情報の周知徹底を図る。 ③また、エネルギー管理統括者は、半期に一度エネルギー管理委員長である社長に報告する。 ④エネルギー管理統括者は省エネ法に基づく定期報告、及び中長期計画を取りまとめ、毎年国に報告する。 ⑤エネルギー管理統括者は人事担当部署とともにエネルギーに関する教育カリキュラムを策定し社全体の教育体系に織り込むとともに指導を行う。 ⑥各事業等代表のエネルギー管理員はエネルギー管理統括者の指示に基づき、エネルギー管理に必要な資格取得に対する指導を従業員に徹底し必要な人材を確保すること。 ⑦エネルギー管理統括者は、管理部門と調整の下、中長期計画に基づく必要な省エネ対策資金について取りまとめ経営会議に上程する。 また、決定した省エネ対策の進捗を管理するとともに実績を把握、評価を行う。
その他	**9、その他規程運用等** ①本エネルギー管理規程は、原則毎年1回第4四半期に見直しを行う。 ②見直しに際しては、省エネ法並びに関係法令の動向を踏まえ実施する。 ③エネルギー使用場所並びにエネルギー使用実績や主たるエネルギー消費設備等については、事務局である本社技術管理部門で保管し、主要なデータは各部署から閲覧可能とする。 ④コストに係る情報等重要機密データについては別途、技術管理部が定める規定によること。

		管理番号	ECCJ エネ管理付帯　001
カテゴリ 付帯規程	ECCJ 金属加工株式会社 **エネルギー管理委員会規程**	制定	2013/5/14
		改定①	2014/9/23
		改定②	2015/4/19

目的及び委員会組織

1、目的

本規程は、全社エネルギー管理規程に基づき、定期的に開催するエネルギー管理委員会の運用に関する規程である。

2、委員会の組織

①エネルギー管理委員会は、全社エネルギー管理規程（ECCJ エネ管理　0001）に定めたエネルギー管理体制により構成するが、実務委員会は下記の構成、総括副委員長をトップとする下記組織で推進する。

②事務局は本社技術管理部及エネルギー管理企画推進者が担当とする。

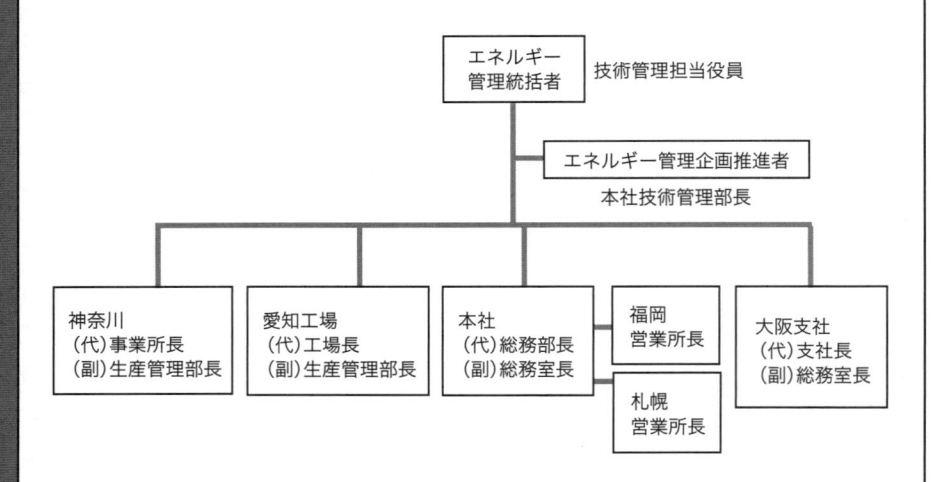

委員会運用

3、開催及び開催場所

①本委員会は４半期に１回開催とし、このうち上期と下期の２回はエネルギー管理統括委員長である社長臨席のもと開催する。

②開催日は原則下記の13時半〜15時半とする。

　　　5月　第1週
　　　8月　第1週
　　　11月　第1週
　　　1月　第1週

③開催場所は　　4月、10月は　本社

　　　　　　　7月、12月は地区（神奈川、愛知、大阪）で開催とする。

報告事項 その他	**4、委員会運営方法** ①エネルギー副統括委員長を議長とし、事務局からは、国のエネルギー情勢や社全体概況説明、 　法対応状況の概況報告を行う。 ②これに引き続き各事業所から担当部門のエネルギー使用実績や原単位などの報告を実施。 ③さらに、今後の省エネ活動計画、省エネ中長期計画の審議などを行う。 **5、各代表委員からの報告及び審議内容** ○エネルギー消費実績、CO_2排出量実績 ○エネルギー原単位推移 ○エネルギーコスト ○省エネルギー活動実績、啓蒙活動など ○判断基準遵守状況、管理標準整備状況 ○設備改廃状況 ○省エネ対策工事の進捗状況 ○エネルギー教育・訓練実績、資格取得関連情報 ○その他トピックス ○中長期計画、省エネ計画 **6、その他** ○5月の委員会では前年度実績の総括を審議 ○1月の委員会では次年度提出予定の中長期計画の策定と2月の省エネ月間活動予定及び 　次年度電力契約、ガス契約の審議を実施。 ○8月の委員会では夏季のピーク対策の実施状況を報告

2．事業所エネルギー管理規程

　次にこの全社の取組み方針や目標を踏まえ、事業所としてのより具体的な規程が必要となるが、この場合
　　○事業所管理に係る規程
と次項3に示す
　　○事業所の個別プロセスや設備・機器の管理に関する規程
とがワンセットとなる。

　前者の事業所エネルギー管理規程例をP.42～43に示すが、ここで規定しなければならない項目は全社の冒頭規程を踏まえた内容であることが必要。したがって、全社規程の見直しや改定があった場合などは速やかに見直さなければならない。

　また、本社方針や目標に基づき、事業所としての取り組み方針、目標、管理体制などをより具体的に規程するとともに、事業所の設備や機器管理に係る規定との連携を意識し取りまとめなければならない。

2.
事業所エネルギー管理規程

事業所エネルギー管理規程例　事業所管理編

社外秘

サンプル

ECCJ金属加工（株）神奈川事業所
事業所エネルギー管理規程

事業所管理編

ECCJエネ管理　1001

ECCJ金属加工株式会社
神奈川事業所

▽制定　　　平成25年7月
▽改定1　　平成30年5月（省エネ法告示改定に伴う見直し）

カテゴリ 付帯規定	ECCJ 金属加工株式会社 **神奈川事業所エネルギー管理規程**	管理番号	ECCJ エネ管理（所）１００１	
		制定	2013/10/1	
		改定①	2014/5/23	
		改定②	2015/11/1	

目的及び 適用範囲	**1、目的** 本規程は、全社エネルギー管理規程（ECCJ エネ管理 0001）に基づき、神奈川事業所のエネルギー管理に関する基本的事項を定めたものである。事業所社員並びに協力会社は本規程に従い当事業所におけるエネルギーの適切な管理を行い、エネルギー使用の合理化に努めなければならない。 **2、適用範囲** 　　○　　神奈川事業所　（横浜市中区 2-38） 　　　　　　全体エネルギー管理、購入エネルギー契約管理 　　　　　　対象エネルギー等：電力、ガス、液体燃料、工業用水、上水、、蒸気、温水 　　　　　　受変電設備、エネルギー使用設備、エネルギー供給設備　、 　　　　　　事務所、厚生施設エネルギー使用設備 　　○　　神奈川事業所内本社管轄　研究所ビル設備、研究試験設備 **3、設備概要** 　　○　　エネルギー関連設備概要一覧を参照のこと
管理体制及び 責任者の配置 等	**4、事業所エネルギー管理体制** 　　**及びエネルギー管理委員会組織** 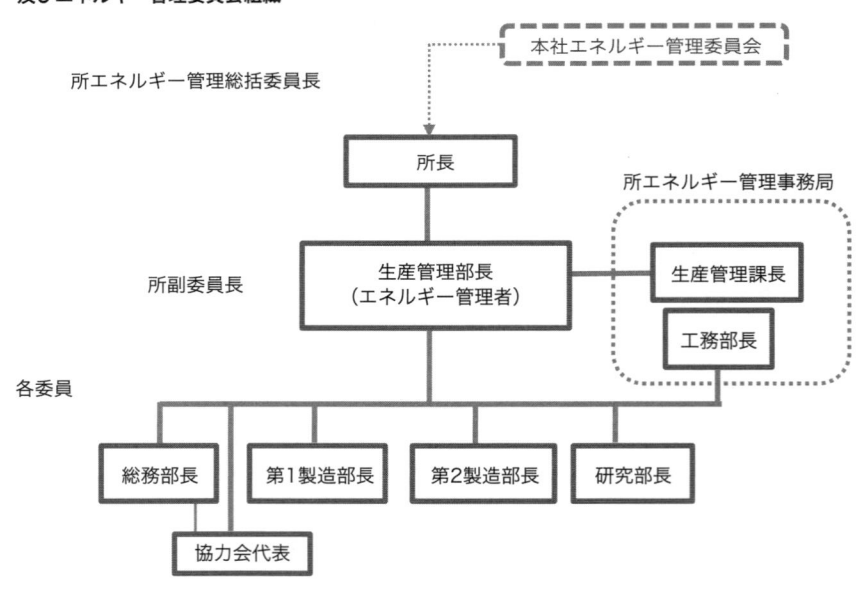 ①所エネルギー管理総括委員長は事業所長とし、副委員長は生産管理部長とする。 　　省エネ法に基づくエネルギー管理者は原則生産管理部長とするが資格未取得の間は生産管理課長または工務部長が代行できるものとする。 ②副委員長の下、総務部、各製造部、研究部、工務部の各部長を実務管理代表委員とする。 ③各部ではエネルギー管理を効率的に推進するためエネルギー管理士資格を有するものを最低１名以上配置すること。このため各部は計画的な資格取得体制をとること。 ④事業所エネルギー管理委員会及びエネルギー管理の事務局は生産管理部が工務部と共に担う。 ⑤所エネルギー管理委員会の運営については別途委員会規程を定める。 ⑥本委員会では、事業としての、省エネ法に基づくエネルギー使用実態及び判断基準遵守状況について取りまとめ、本社委員会に報告する。 ⑦本委員会は原則毎月第 2 火曜日の 13 時半より開催する。

取り組み方針 省エネ目標等 設備投資方針	**5、事業所省エネルギー取組み方針、目標等** 【基本事項】 ①全社の省エネルギー取組み方針に従い事業所としての基本的な取り組み方針を定め目標と共に事業所内に徹底する。 ②取り組み方針には事業所としてのエネルギー使用合理化に資する事項として設備の新設、改造に際してのエネルギー面から必要とされる事項及び事業所としての投資、改善の基準等を定める。 ③省エネ目標は年度目標及び中期目標を社全体の目標を踏まえ定める。 　年度目標については毎年第４四半期までに次年度の目標を定め、これを事業所内に徹底する。 ④各部においてはこの事業所目標に基づき、各部の目標を定めこれを委員会に報告する。 【運用基準】 ⑤運用及び改善改造（補修費で対応可能なレベル）によるテーマ発掘と実施は各部で行い四半期毎に所エネルギー管理委員会で実績、計画を報告。 ⑥設備投資を伴う案件については、生産目的、省エネ目的、設備老朽化目的にかぎらず１回／月のエネルギー管理委員会においてエネルギー使用面からのチェックをうける。 ⑦省エネ目的投資の基準は全社基準（単純投資４年以内）を原則とし、CO_2削減、その他環境にかかる県条例、市条例に対する貢献度を評価項目に組み入れエネルギー管理委員会にてプライオリテイ審議後、事業所投資委員会に上程する。なお5000万円以上の投資案件は事業所としての評価後本社経営会議にはかる。 ⑧設備老朽化対策にはエネルギーロス改善効果を必ずいれること。 ⑦生産プロセスの改善や新製品製造等に関しては当該担当部署の１次検討段階よりエネルギー管理部門として生産管理部、ｊ工務部の参画の下実施すること。 ────── 神奈川事業所２０１８年度省エネルギー取り組み方針及び目標 ────── 当事業所はエネルギーの効率的な利用を、地球環境並びに地域環境に配慮しつつ従業員全員で取組む。 下記活動目標の達成のため 2017 年度より３年間の第４次省エネ運動を展開する。 　　【所第４次省エネ活動目標】 　　・所エネルギー原単位を対前年比３％改善 　　・2020 年までに加熱燃料の完全 13A 化これにより $CO_2$2016 年比 10％改善と 　　　熱効率 5％改善 　　・排熱回収により熱ロスの 15％改善 　　・電力負荷平準化取組みにより 2018 年度電力契約を 5％削減
管理・報告等	**6、報告、周知徹底、教育等** ①エネルギー使用実績やエネルギー管理状況、生産状況、設備状況などについては、毎月定期的に開催する管理委員会で各委員より報告する。事務局は事業所全体のエネルギー使用状況、原単位、エネルギー費用等について報告する。 ②各委員は四半期に１回、エネルギー管理委員会で、担当部署における判断基準の遵守状況の報告を行う。 ③エネルギー管理総括委員長、エネルギー管理者であるエネルギー管理副委員長は上記報告に対する問題に関し改善の指示などを行うと共に、半期毎に本社委員会で事業所の状況の報告を行い改善等の指示を仰ぐ。 ④エネルギー管理者であるエネルギー管理副委員長は上記のエネルギー管理状況等に関し従業員全体に周知させるため、所エネルギー管理システムにて情報を発信する。また実績データ等の記録・保管を行い必要に応じ閲覧可能とすること。 ⑤エネルギー管理事務局は、省エネルギー管理及び技術に関する教育カリキュラムを策定し定期的に実施する。またエネルギー管理に必要な資格取得に対する指導を従業員に徹底し必要な人材を確保すること。
その他	**7、その他規程運用等** ①本エネルギー管理規程は、原則、毎年１回第４四半期に見直しを行う。 ②見直しに際しては、省エネ法並びに関係法令の動向を踏まえ実施する。 ③エネルギー使用場所並びにエネルギー使用実績や主たるエネルギー消費設備等については、事務局である事業所生産管理部及び工務部で保管する。主要なデータ等は各部署から閲覧可能とする。 ④当該担当部門のデータに修正があった場合はすみやかに事業所生産管理部及び工務部に修正依頼を行う。 ⑤コストに係る情報等重要機密データの扱い等に関しては、別途、生産管理部が定める規程によること。

3. 個別プロセス・設備の管理規程例

　事業所では上述したマネジメント規程に加え、各現場プロセスや設備ごとに管理規程が必要となる。前章で述べたように個別プロセスや設備の規定を作成するには、どういった単位で設備などをまとめるかを自身の組織や設備実態、実際に管理する体制などを踏まえ決定しなければならない。その上で、当該プロセスや設備のエネルギー管理上の特徴や留意点をわかりやすく整理し、具体的な管理項目と管理値をまとめるとよい。

　以下に記載の例は、当該設備ごとに、管理のポイントを記述したものと管理頻度や具体的基準値などを整理したものの2種類で1セットとしている。管理基準等をまとめた表には判断基準に定められたどこの項目に該当するかを告示対比として記載しておくと管理しやすい。一般的に管理標準というと後者の具体的な基準値などを記載したものが多いが、本事例のようにプロセスや設備単位あるいは機器単位ごとに管理の考え方や特徴などもあわせて整理しておくことは、例えば新しく配属された従業員に対する教育という意味においても極めて重要である。

　本項では、生産・業務プロセス系で11、エネルギー・ユティリティ系では8、その他共通として2つの計18の設備について P.50 より事例を記載する。なお、このうち太字で示した代表的6つの設備に関してはエネルギー管理の基本的な考え方を概説したので参考としていただきたい。

> 【生産・業務プロセス系例】
> 　**①燃焼式加熱炉**　　　**②蒸気式乾燥機**　　　**③射出成型設備**
> 　④鋳鉄溶解炉　　　　⑤印刷乾燥機　　　　⑥冷凍・冷蔵倉庫
> 　⑦給食センター設備　⑧リネンサプライ設備
> 【エネルギー・ユティリティ系例】
> 　**⑨受変電・配電設備**　**⑩圧縮空気設備と空気系統**　　**⑪蒸気ボイラ設備**
> 　⑫真空式給湯設備　　⑬空調用 EHP モジュラーチラー
> 　⑭ガス焚き吸収式冷温水機　　⑮ターボ冷凍機　　⑯ GE コジェネレーション
> 【その他共通設備例】
> 　⑰ポンプ・ファン設備　　⑱工場照明設備

(1) 代表的設備のエネルギー管理の考え方
【生産・業務プロセス系設備】
①燃焼式加熱炉

　加熱設備には、燃料の燃焼による熱を被加熱物に直接利用するものや、蒸気など熱媒体を介し加熱するものなどさまざまな設備がある。加熱炉や熱処理炉といった燃料の燃焼を伴う設備には、燃焼の管理とともに被加熱物の品質や生産能率にも影響を及ぼす加熱パターンや炉内配置などもエネルギー管理上重要な管理項目となる。

　また炉体や排ガスからの熱損失の管理や被加熱物の材欠や休日など非操業時間における保熱や点消火基準なども必要な管理項目といえる。更には複数の炉を運用する場合、全体として最も効率が最大となるような炉の使用パターンなどを効率影響要因などの分析から抽出し基準として設定することが望ましい。（**図 -15**）

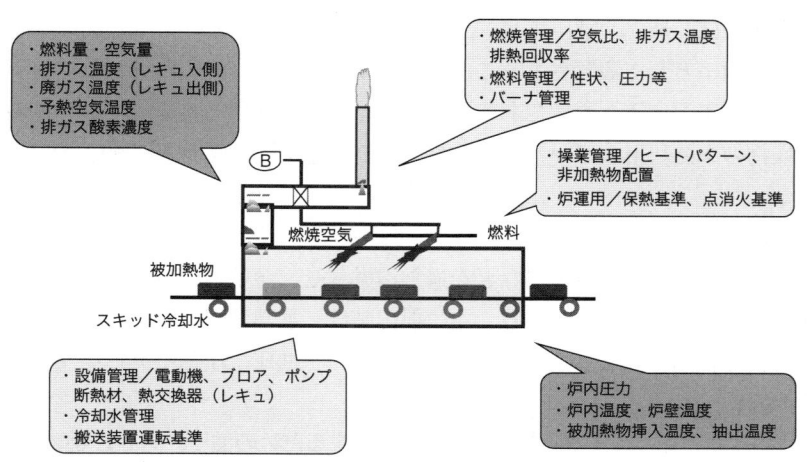

図-15　工業炉の管理項目の抽出

加熱炉の主な管理項目をまとめると次の3点になる。

　1）燃焼管理

　2）操業管理

　3）設備管理

　1）の燃焼管理には空気比や排熱回収率、燃料の性状、バーナなど燃焼機器管理などが含まれ2）の操業管理には加熱、保熱温度やヒートパターン、加熱スケジュールなどが3）、の設備管理では炉体やブロア等補機関係の基準が必要となる。この加熱炉の管理規程例をP.50、51に示す。

②蒸気式乾燥機

　乾燥機は、熱により物体中の液分を蒸発させ除去する装置であるが水を水蒸気に状態変化させる場合、潜熱量相当の熱を何らかの加熱手段を用いて被乾燥物に与える必要がある。この熱源としては、燃料の燃焼によるもの、蒸気によるもの、電気ヒーターによるものなどがあり、乾燥条件や加熱効率、用途等を踏まえ選択される。

　乾燥機のエネルギー管理のポイントは、熱源や被乾燥物の違いなどにより若干異なるが、一般的な蒸気を熱源とした熱風による乾燥機についてのポイントは以下の通り。この乾燥設備の構成は、主に熱風発生装置と乾燥機本体及び熱回収設備からなる（**図-16**）。

1）「熱風発生装置」

　熱風を発生させるための蒸気熱交換器が主要設備であり、設置環境、吸気条件、蒸気温度、熱風温度、湿度条件やブロア等の運転管理や機器効率、熱交換器の保守点検等がエネルギー管理上のポイントとなる。

2）「乾燥機本体」 及び 「排熱回収設備」

　乾燥機では、蒸気と熱交換した熱風により、被乾燥物に熱を与えて水分を蒸発乾燥させる。乾燥に必要な温度管理や乾燥温度パターン、乾燥時間、被乾燥物の

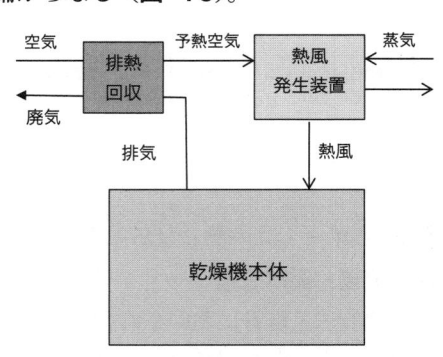

図-16　乾燥機フロー図

機内配置や量更には、挿入、抽出スケジュールや本体の断熱管理等が重要な管理項目となる。

　また、省エネ対策として設置されることが多い排熱の回収設備の管理として熱交換器保守点検や熱回収率、廃気温度等も重要である。回収した排熱の利用としては熱風発生装置の空気余熱や、被乾燥物の予熱利用などが考えられる。蒸気式乾燥機の管理規程例を P.52、53 に示す。

③射出成型機設備

　射出成型は、プラスチック用材料などを過熱溶融させ、金型内に射出注入し、冷却後金型から抽出し所定の製品とする技術であり、主に射出装置、加熱装置、型締装置などからなる。この射出成型設備で使用されるエネルギーは、主に電力、油圧、圧縮空気でありその他冷却水などが用いられる。

　主な電力使用機器としては、樹脂などを金型に射出するための油圧、あるいは電動装置（サーボモータ）と樹脂を加熱溶融するヒータ装置と金型などを冷却する冷却装置などがある（図-17）。

ア．射出装置、加熱装置など

　樹脂ペレットなど被加熱物の射出には油圧方式や電動方式などがあるが、いずれの方式においてもエネルギー源は電気であり、電動機や油圧ポンプの運転や制御、機器の効率化、適切な保守点検などがエネルギー管理上のポイントとなる。また材料の加熱には、一般的に電気加熱が用いられているが、加熱方式、加熱温度や加熱パターン、断熱管理、冷却水温度、圧力、流量などがエネルギー管理項目となる。

イ．型締装置

　溶融物を型締する装置であり、金型の断熱や冷却管理、また金型保持用に圧縮空気を使用する場合などは、空気圧力や漏れの管理などが省エネ上重要な管理項目となる。射出成型機の管理規程例は P.54、55 に示す。

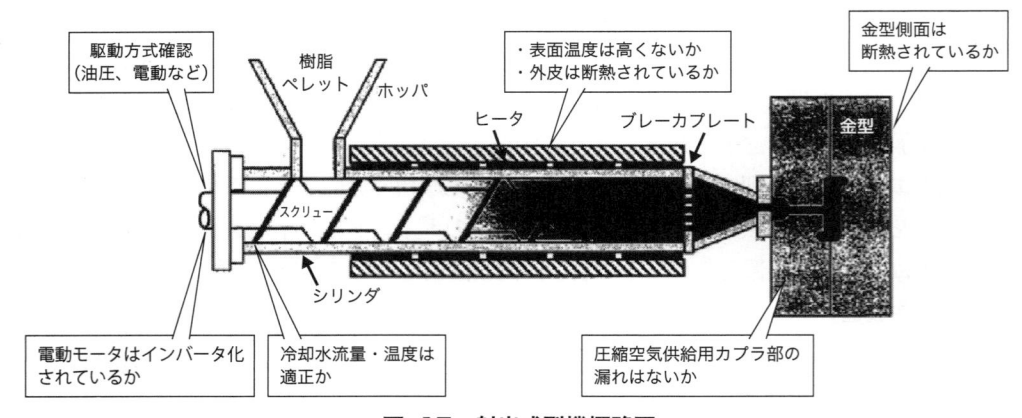

図-17　射出成型機概略図

【エネルギー・ユーティリティ系関連設備】

④受変電・配電設備

　一般的に工場等においては、電力会社から高圧（6kV など）あるいは特別高圧（22kV など）で受電し変圧器で需要先電圧（高圧、低圧）に降圧し配電する。

受変電・配電設備において必要なエネルギー管理項目としては、大きくは**電源管理**と**負荷管理**の 2 つに集約できる。

電源管理には、電圧管理やフリッカ、高調波といった電源品質に係るもの、さらには力率管理などがあり、負荷管理には、負荷率や需要率管理、変圧器の運用管理や配電線管理などに加え最大電力（需要電力）管理といったものが重要な管理項目となる（**図 -18**）。

一般的に受変電設備は工場の稼動、非稼動にかかわらず電気を供給し続ける必要があることから抵抗などによる電気の損失は意外とバカにならない。

例えば 7500kVA の特高変圧器を考えた場合、負荷の大小にかかわらず年間 96000kWh（140万円）の鉄損を生じ、定格負荷でこれを使用すると、さらにこの約 4 倍程度の銅損を発生するため、合計で年間約 700 万円のロスとなる（15 円 /kWh で試算）。したがって管理規定にはこういったロスをミニマムにするための管理項目と規定を定めることが重要である。具体的には当該変圧器の負荷の計測に関する事項、2 台並列（バラ）運転している場合などは軽負荷時に 1 台運転にするといった運用面での基準、新設時には低損失機器の採用検討を必ず実施といったことを規定として定める。

以下に受変電・配電設備のエネルギー管理規定作成にあたっての主たる留意点を示す。

- 適切な電圧の管理は設備の保安だけでなく系統でのエネルギー損失低減の観点からも重要。電力会社からの供給電圧や負荷変動に伴う変圧器二次電圧などを計測し主変圧器のタップ切り替えに関する基準などを定める。
- 変圧器を複数台使用している場合、当該機器の効率特性を把握し最も効率が良くなるような負荷の配分や軽負荷時の運転台数の削減などに関する基準を規定。
- 最大電力の管理は、電気料金に直結することから常時監視が必要であり、工場稼動時のピーク電力の抑制や負荷平準化はエネルギーロスの低減からも重要な管理項目となる。

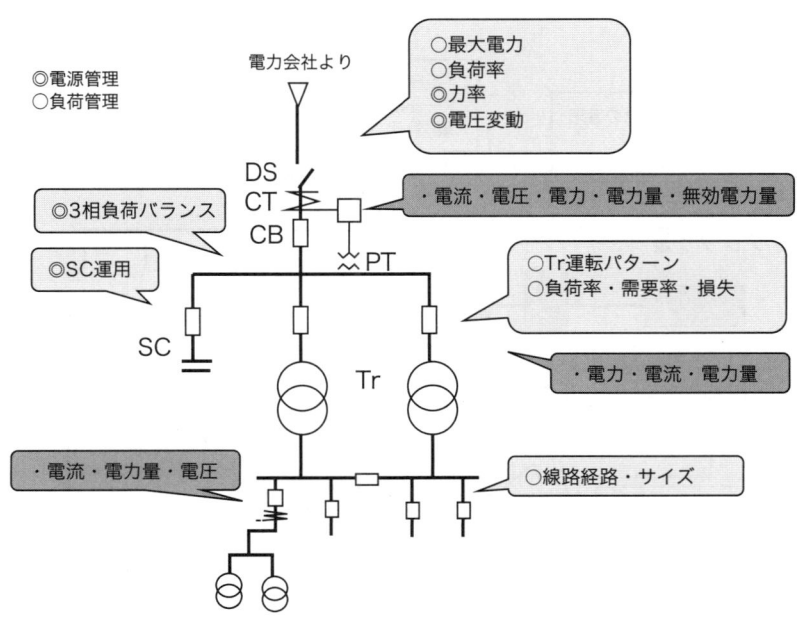

図 -18　受変電・配電設備の管理項目

- 受電端での力率管理も上記と同様であるが、系統ロスの観点からは遅れだけでなく進みでも問題となる。このため力率計測に基づく進相コンデンサ（SC）の運用に関する基準が必要。なお、判断基準の基準部分では受電端力率を95％以上となるよう求めている。
- 電源の質の管理のうち高調波やフリッカなどは、設備の保安やプロセス制御上の観点から管理が必要。
- 三相電源から複数の単相負荷をとる場合、各相負荷が均一になるよう基準に定め、相電圧や電流のチェックに関しても基準化する。特定の相に偏った場合などは設備利用率の悪化、重負荷相の損失の増大、各相間電圧不平衡などによる電動機トルク減少や損失増加などの原因となる。受変電・配電設備の管理規程を P.66、67 に示す。

⑤圧縮空気設備と空気系統

空気圧縮機（以下コンプレッサと呼ぶ）は幅広い産業に普及している流体機械の一つであり、特に製造業などにおいては、事業所エネルギー使用量の 20 〜 30％が消費されることも多い。空気系統はコンプレッサで代表される空気源装置と圧縮空気を使用する消費設備、及びこれらを繋ぐ配管系統からなり、これらを一体として捉えた管理が重要といえる（**図 -19**）。

主たる圧縮空気の用途としては、比較的高い圧力が要求されるエアーシリンダーなどの駆動源としての用途や電磁弁などの制御用の用途があり、また、比較的低い圧力で使用される空気流によるブローとしての使用も多く、これらを同一の空気源機器から供給する場合などにおいては、無駄な圧力損失を招いていることもある。通常、工場・事業所での圧縮空気の利用としては、利用されるエリアでの作業内容や作業の重なり具合によって変動するため、圧力低下が最大の時の基準が工場での吐出圧力の管理下限値（機器使用最小圧力）としコンプレッサの吐出圧を決定することが多い。そのため、圧力の変動をできるだけ減らし、工場・事業所での管

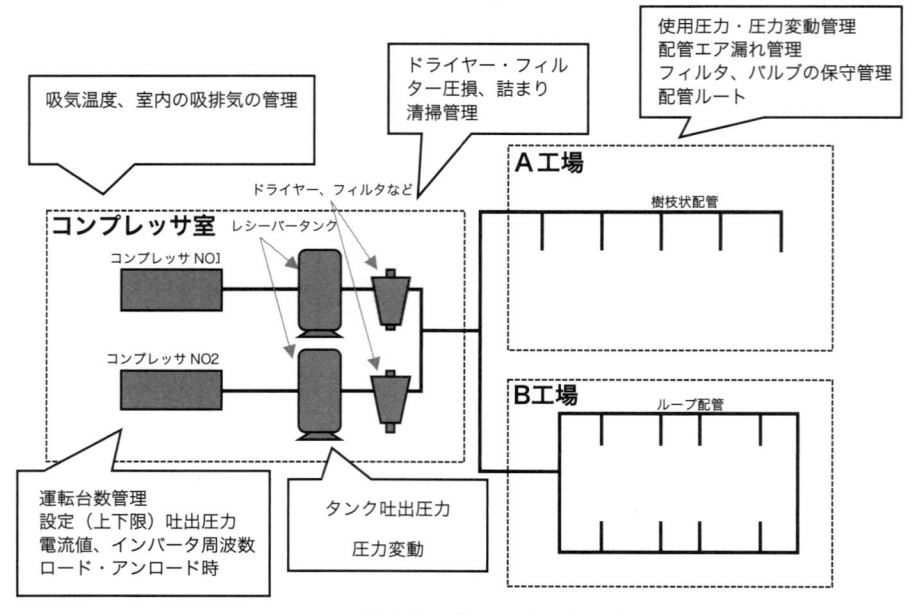

図 -19　圧縮空気設備と空気系統の概略図

理下限値をキープして元圧を下げる必要がある。また、一般的なインバータ制御でないコンプレッサなどは圧空を利用していなくても電源が入っているだけで 7 割程度の電力を消費している場合もあるため注意が必要である。下図に、一般的なコンプレッサと工場の圧縮空気系統と管理ポイントを示すが、まずは配管系統からの漏洩やルートなどをチェックすることから始める。ちなみに空気系統には放射供給系とループ供給系などがあるが、圧力バランス上からは後者が有利である。具体的な管理規程を P.68、69 に示す。

⑥蒸気ボイラ設備

　ボイラは燃料を燃焼させて発生した熱を圧力容器内の水に伝えて所用の圧力及び温度の蒸気や温水を発生させる装置である。

○主要部の構成としては	○付帯装置として
ア．圧力容器	キ．通風装置
イ．燃焼装置	ク．給水装置
ウ．火炉	ケ．スートブロー
エ．過熱器、再熱器	コ．各種弁類、計器類
オ．エコノマイザ・空気予熱器	サ．配管
カ．自動制御・安全装置	

また、ボイラにはさまざまな種類があるが構造から分類すると

- 本体が直径の大きな円筒型の胴からなる丸ボイラ
- 直径の小さな多数の水管、胴及び管寄せからなる水管ボイラ
- 排熱ボイラなど特殊ボイラ

であり、蒸気量 10T/h 以下、圧力 1 MPa の小型、小容量では炉筒煙管ボイラや小型貫流ボイラが多く使用されているが、大型になると水管ボイラの比率が増えてくる。

　ボイラのエネルギー管理のポイントとしては

　　a 空気比の管理
　　b 排ガス温度の改善
　　c 蒸気圧力の見直しやこの圧力の利用
　　d ボイラ水ブロー管理，ドレン回収
　　e 負荷変動対応等運用管理や排熱回収
　　f 断熱の強化

などがある。

　ボイラは例えば町の工場などで使用されているような 1t に満たないものから発電事業用の 500t を越えるものや、超超臨界圧貫流ボイラまでであり、管理基準の設定には設置しているボイラメーカーの管理推奨事項なども参考に決定する必要がある。

　P.70、71 に中規模の抽気発電ボイラの例を示すが、規模の大きなボイラなどは上記 a ～ f ごとに管理基準を整理したほうが管理しやすい。また、発電用ボイラなどはタービンや発電機なども同時に基準化しプラントとしてまとめることが必要となる。P.72、73 には分割した例として、空気比管理、ボイラ設備の保全管理に関する基準例を載せた。

(2) 各プロセス・設備の管理規程例
【生産・業務プロセス系設備】
①燃焼式加熱炉

カテゴリ	燃焼式加熱炉設備	燃料：都市ガス（13A） 炉内温度　1250℃ 連続運転
プロセス	○○工場　連続式金属加熱炉	
管理対象設備	250t／連続式鋼片加熱炉　2基 加熱炉附帯設備（給排気ファン、搬送装置、熱交換器、冷却装置）	

項目	管理要点
管理	1、本設備は○○工場における都市ガス（13A）を燃料とする連続式金属加熱炉であり、炉本体・燃焼設備、熱回収設備とその他付帯設備として挿入、抽出設備、スキッド冷却装置などから構成されている。原則、月間生産量20万トン以上の場合は2基稼動を基本とする。 2、加熱炉管理は、主に　①燃焼管理　②操業管理　③設備管理　の3点であり、各々下記に示す各項目管理項目とすること。 ①燃焼管理：空気比、燃料性状、熱効率、燃料・空気流量、排ガス温度　等 ②操業管理：炉内温度・圧力、ヒートパターン、保熱温度、保熱基準、加熱スケジュール、炉運用　等 ③設備管理：炉体断熱、冷却水管理、バーナ管理、排熱回収設備、排熱回収率、燃焼・空気ブロアポンプ、配管　等 3、重要管理ポイントとしては、燃料使用量や性状、燃焼排ガス温度、炉体温度、排ガス中の酸素濃度などが日常管理として重要。　また被加熱物の品質や生産能率にも影響を及ぼす"加熱方法（ヒートパターン）"や"炉内配置"なども管理項目として必要であり、加えて前後工程とのスケジュールから生じる待ち時間や休日などの非操業時の保熱や点消火に係る基準、また複数の炉の運用を行う場合の稼動優先順位や操業管理に関する規定などの整備も行なうこと。
計測・記録	○燃料の供給量、燃焼に伴う排ガスの温度、排ガス中の残存酸素量及び燃料の燃焼状態の把握と改善に必要な事項の計測及び記録 ○廃熱の温度、熱量、廃熱を排出する熱媒体の成分、および廃熱の状況を把握し、その利用を促進するために必要な事項の計測及び記録に関する管理標準を設定し、定期的に計測かつ結果を記録すること。 ○加熱を行う設備ごとに炉壁外面温度、被加熱物、排ガス温度など熱の損失状況を把握するための事項及び熱の損失改善に必要な事項の計測及び記録に関する管理標準を設定し、これらに基づく熱勘定などの分析を行い、その結果を記録すること。
保守・点検	○燃焼設備、排熱回収設備などは保守及び点検に関する管理標準を設定し、これに基づき定期的に保守及び点検を行い、良好な状態に維持すること。 ○炉体及び配管などの断熱、保温状況、漏洩状況などは保守点検基準に基づき定期的にチェックのこと ○その他ブロア、ポンプなど回転機器は定期的な点検と補修を行い性能の維持に努めること。

- 燃料量・空気量
- レキュペレータ入出排ガス温度
- ダイリューション（希釈）エアの流量管理
- 予熱空気温度
- 排ガス酸素濃度

- 操業管理／加熱温度、加熱時間、装入重量被加熱物の形状、被加熱物配置
- 炉運用／保熱基準、点消火基準

- 燃焼管理／空気比、排ガス温度、廃熱回収率
- 燃料管理／性状、圧力等
- バーナ管理

希釈空気　　バーナ　　バーナ

- 設備管理／炉体、バーナ、ウォーキングビーム、ファン、断熱材、電動機、熱交換器（レキュペレータ）他
- 冷却水管理
- 搬送装置運転基準
- 定期補修基準

- 炉内圧力
- 炉内温度、炉内温度較差
- 炉壁温度
- 被加熱物挿入温度、抽出温度
- 侵入空気流量

項目	管理内容		管理基準値	関連資料 管理頻度	告示対比
管理	1) 燃料の燃焼関連				
		①空気比の設定	定格負荷時の基準管理値を以下に示す。 空気比 m ＝排ガスの酸素濃度：3.5％＝21％／(21%−3.5%) ＝ 1.20 空気比 1.2 以下（測定酸素濃度 3.5%以下）とする。	3回／日	(1) ①ア、イ
		②複数炉全体での熱効率	無駄な加熱時間（待ち時間）を最少にすることでの複数炉、全体の熱効率：60%以上とする。	1回／月	(1) ①ウ、エ (2-1) ①エ
	2) 加熱並びに伝熱関連				
		①熱媒体の温度と炉内圧力	被加熱物の材質形状などから定まる必要加熱温度をキープすること。 炉圧は炉内ガスの放散や侵入空気の防止から、炉内圧を +0.5mmAq 基準とする。	（炉内温度は社内基準による） 1回／月	(2-1) ①ア
		②単体炉の熱効率	熱効率：η＝有効熱／供給熱×100（%）で定義 炉単体での熱効率：65%以上とする。	1回／月	(2-1) ①イ
		③ヒートパターン	被加熱物の特性や前後工程に応じた熱効率高めるヒートパターンとする。	（社内基準による） 適時	(2-1) ①イ
	3) 廃熱の回収利用				
		①廃熱回収率	基準廃熱回収率　35％以上	1回／年	(3) ①ア，イ,オ
	4) 熱損出防止				
		①炉壁外面温度	天井部 125℃以下、側壁部 95℃以下、外気に接する底面部 145℃以下とする。	1回／年	(5-1) ①ア、イ
計測記録	1) 燃料の燃焼				
		①被加熱物	被加熱物の材質、重量、加熱温度の測定及び記録	随時	
		②燃料の燃焼	燃料の供給量、排ガスの温度、排ガス中の残存酸素量の測定及び記録 燃料の燃焼状態の把握と改善に必要な事項の計測及び記録	随時	(1) ②
	2) 加熱及び冷却並びに伝熱				
		①炉内温度、圧力	各ゾーンの炉内温度、圧力、燃料の流量の計測及び記録	随時	(2-1) ②
	3) 廃熱の回収利用				
		①材料予熱	炉尻温度の計測・記録	随時	(3) ②
		②排熱回収	廃熱回収装置前後の排ガスの温度、排ガス流量、排ガス成分、予熱前後の空気温度、空気流量の測定及び記録	随時	(3) ②
	4) 熱損失の防止				
		①炉体放散熱	炉壁外面温度（天井部、側面部、外気に接する底面部）の測定及び記録	1回／年	(5-1)、②
	5) 其の他				
		①冷却水	冷却水の入出温度、流量の測定及び記録	随時	
		②ダイリューションエア（希釈空気）	送風機電流値、風量、温度の測定及び記録	1回／年	
保守点検	燃焼装置の保守点検		燃焼状況の目視点検	1回／日	(1) ③
	計器、自動制御装置、関し装置の保守点検		清掃手入れ、校正試験	1回／年	
	廃熱回収装置の保守点検		伝熱面の清掃手入れ、腐食破損部の点検	1回／年	(2-1) ③
	断熱材の保守点検		炉内外からの目視及び炉壁温度測定	随時／内部からの点検は定修時（1回／年）	(5-1) ③ア
	ウォーキングビームの保守点検		駆動モータの電流測定、駆動部の磨耗（目視）、炉内の断熱材の損傷状態（目視）	1回／年	(6-1) ③ア
	補機類の保守点検		冷却水ポンプ他	1回／年	(6-1) ③イ
	配管の保温、漏洩、腐食などの保守点検		排ガス配管、バルブ類の断熱性、腐食、作動性（目視、動作チェック）	1回／年	(5-1) ③ア

＊履歴は省略

②蒸気式乾燥機

カテゴリ		処理能力	最大使用温度 130℃
			350 個 /h(標準部品時)
プロセス	（蒸気式）乾燥機	設備概要	台車式通風乾燥機　3 基
管理対象設備	○○事業所△△部品乾燥機　3 基		

項目	管理要点
管理	本乾燥機は洗浄後の△△部品を乾燥する蒸気式の乾燥炉であり、最大乾燥能力は標準部品で時間 350 個、最大熱風温度は 130℃となっている。 乾燥機は、プロセス蒸気を用い熱風を生成する熱風発生装置とトレイ型の多段式乾燥機本体及び本体排気熱を回収し熱風発生装置への吸気を予熱する排熱回収設備から構成される。 ①「熱風発生装置」 　　熱源は所内のプロセス蒸気（200℃飽和蒸気）を使用しこの蒸気との熱交換により 120℃の熱風を得る。エネルギー管理のポイントは 　　●入口蒸気温度・圧力・流量　　●熱交換後の吸気温度 　　●ブロア使用電力、効率など　　●装置起動停止タイミング　　●熱風温度 ②「乾燥機本体」　及び　「排熱回収設備」 　　乾燥機では、蒸気と熱交換した熱風により、被乾燥物水分を蒸発乾燥させる。 　　乾燥に必要な本体温度管理や乾燥温度、被乾燥物の機内の配置、断熱管理などが重要な管理項目となる。 　　●発生装置からの熱風温度　●本体内温度分布　●被乾燥物の機内配置 　　●挿入量及びスケジュールに関する事項　●乾燥時間　●本体起動停止タイミング 　　●排気温度　●熱回収後廃気温度　●排熱回収率　●入口空気温度　●予熱空気温度 　　●本体断熱状態〈外壁温度〉
計測・記録	上記管理項目より計測・記録すべき項目を抽出 ①熱風発生装置に関連して、蒸気流量・圧力、熱風温度、送風機電圧、電流など必要に応じて計測記録する。 ②乾燥機本体では、乾燥機内温度、外壁温度、排熱回収の熱交換器温度など必要に応じて計測記録する。
保守・点検	●循環ブロワー、熱風発生熱交換器などの日常点検、定期保守点検が必要。 ●蒸気の漏えいを防止し、蒸気を輸送する配管やダクトなどの抵抗を低減するように保守及び点検を行う必要がある。 ●乾燥機外壁温度などを管理して、断熱状況について保守及び点検が必要。断熱材の脱落吸湿などには要注意

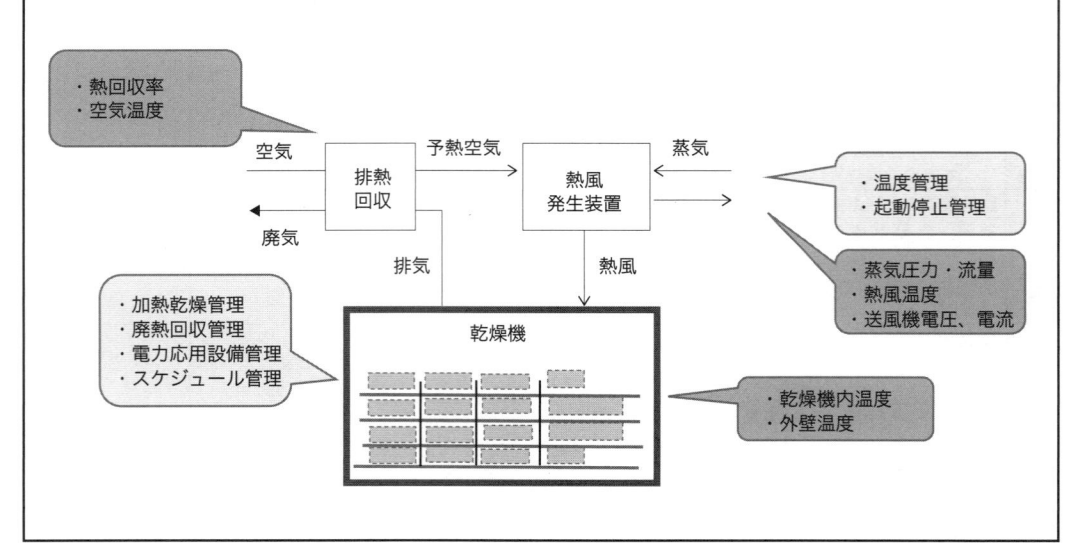

項目	管理内容	管理基準値	関連資料 管理頻度	告示対比
管理	**加熱・乾燥管理** ● 熱媒の温度圧力管理 ● ヒートパターン ● 炉内位置 ● 複数設備台数管理 ● 反復加熱待ち時間 ● 被加熱物温度管理	● 蒸気圧力 0.45MPa、熱風温度 85℃ ● 乾燥度による自動温度、風量調整方式 ● 専用トレー配置による4段加熱 ● 常用優先機2号、予備機1号 ● 待ち時間2時間以上は、電源切り ● 「製品別品質管理一覧表」による	1回/日	(2-1) ①ア (2-1) ①イ (2-1) ①ウ (2-1) ①エ (2-1) ①オ (2-1) ①コ
	廃熱回収管理	● 廃熱回収率 27%以上、（廃ガス温度 55℃以下） ● 蒸気ドレン回収利用（ボイラ給水に利用）	1回/日	(3) ①ア (3) ①ウ
	電力応用設備	● ファン圧力・流量（湿度による自動制御） ● 電圧（制御盤 200V±20V）、ファン電流 18A 以下	1回/日	(6-1) ①ウ (6-1) ①カ
計測記録	**日常運転の記録**	● 加熱空気温度、機内各部温度、 ● 乾燥物処理量 ● 蒸気圧力・流量、処理量 ● 排ガス温度、炉壁外面温度 ● 電圧、各機器電流	1回/日	(2-1) ② (3) ② (6-1) ②
保守点検	**炉体各部・熱交換機** **廃熱回収装置** **断熱部位** **送風機** **スチームトラップなど** **配管、ダクトの漏洩**	②定期点検：本体、加熱・冷却装置清掃手入れ ②定期点検：熱交換器清掃手入れ ②定期点検：断熱材脱落補修 ②定期点検：ファン清掃手入れ ①日常点検：作動状況の確認 ①日常点検：漏れなどの点検	1回/年 1回/年 1回/年 1回/年 1回/日 1回/日	(2-1) ③ (3) ③ (5-1) ③ア (6-1) ③ア (5-1) ③イ (6-1) ③イ

履歴	年月日	改訂内容	作成者
	2010 年 5 月 8 日	設備導入に伴う新規制定	横田

3. 個別プロセス・設備の管理規程例

③射出成型設備

カテゴリ	生産設備
プロセス	射出成型機
管理対象設備	油圧駆動プラスチック部品成型機１号機〜５号機 電動駆動式プラスチック部品成型機６号機

項目	管理要点
管理	本事業所のプラスチック成型機は６台あり、このうち１号から５号機までが油圧駆動、６号機は電動駆動となっている。本装置は原料を過熱溶融させ金型内に射出注入し、冷却後金型から抽出し所定の製品として仕上げる。設備の構成は、射出装置、過熱装置及び型締め装置からなり使用するエネルギーは電力、油圧、圧縮空気であり冷却は冷却水を用いる。 射出装置・加熱設備の管理ポイントとしては ● 油圧式、電動式のいずれもエネルギー源は電力であり電動機及び 　油圧ポンプの制御、効率化適切なメンテナンス ● 加熱方式、加熱温度、加熱パターン等 ● 断熱、冷却水温度、圧力流量等 また、型締め装置の管理ポイントは ● 金型の断熱及び冷却管理 ● 金型保持用の圧縮空気圧力、漏れ
計測・記録	○　主要機器の電圧、電流等の計測及び記録 ○　加熱温度、冷却水流量、圧力の計測、記録 ○　空気圧の元圧及び到達圧の計測、記録 　　これら計測データについては定期的な記録と共に 　　異常値につては変動要因の分析が必要。
保守・点検	主に下記項目が保守管理上のポイントとなるが 特に金型の断熱や冷却管理が重要 ○加熱装置、冷却水装置の定期点検 ○断熱部位の保守点検やポンプの定期点検 ○配管、ダクト、バルブ等からの漏洩チェックと補修 ○電気ヒータの定期点検等

項目	管理内容	管理基準設定値	関連資料 / 管理頻度	告示対比
運転管理	冷却水の温度設定管理	冷却水（チラー）温度 15℃設定	操作マニュアル	(2-1) ①ア
	複数加熱装置の負荷調整	シャフトヒータ 5 段は自動制御	系統図集	(2-1) ①エ
		原料加熱装置 2 段は自動制御	取扱説明書	
	反復加熱の待ち時間管理	遠隔スケジュール管理システムによる自動運転		(2-1) ①オ
	断続運転機の集約	生産調整会議により台数調整		(2-1) ①カ
	被加熱側の温度設定管理	「製品別品質管理一覧表」による		(2-1) ①コ
	不要時停止の定義	運転時間（平常）8-19 時		(6-1) ①ア
		2hr 以上停止時は電源切		
		詳細は「週間計画表」による		
	複数電動機の台数管理	本体ファン、ポンプ等複数台数なし		(6-1) ①イ
	ポンプ、ファンの圧力・流量管理	冷却水ポンプは台数制御運転		(6-1) ①ウ
		油圧ポンプは 1.5MPa インバータ駆動方式		
		供給空気圧力 0.4MPa		
	無負荷損改善、断熱改善	シャフト部はエコカバーを常時使用する		(6-1) ①エ
		2hr 以上停止時は電源切（前記同様）		
	電圧・電流管理	制御盤にて電圧 202V±20V		(6-1) ①カ
		原料サイロヒータ 10A 以下		
		粉砕機 50A 以下		
		計量槽ヒータ 10A 以下		
		シャフト部各ブロックヒーター電流 100A 以下		
		冷水チラー 50A 以下		
		油煙処理装置 20A 以下		
計測記録	加熱冷却に関する日常稼働状況記録	各部加熱温度記録、冷却水温度、	運転監視装置記録	(2-1) ②
		処理量、稼働時間、電力量（1/ 日）	点検日誌	
	電気関係記録	運転制御盤の電圧、電流記録（1/ 日）		(6-1) ②
保守点検	加熱装置、冷却水装置保守点検	終業時点検清掃（1/ 日）	日常点検記録	(2-1) ③
		加熱、冷却部位清掃手入れ（1/ 年）	保全マニュアル	
		要部点検清掃手入れ（1/ 年）		
	断熱部位保守点検	断熱材脱落修理（1/ 年）		(5-1) ③ア
	ポンプの保守点検	冷却水ポンプ、ファン清掃、注油（1/ 年）		(6-1) ③ア
	配管、ダクトの漏洩確認	水、空気もれ点検（1/ 日）		(6-1) ③イ
	配線接続部、開閉器接触部の保守点検	絶縁試験、断線試験、接点部清掃手入れ		(6-1) ③ウ
		制御装置手入れ調整（1/ 年）		

	年月日	改訂内容		作成者
履歴	1996 年 6 月 15 日	設備新設		細井
	2008 年 4 月 10 日	運転時間変更に伴う見直し		横田

④鋳鉄溶解炉

カテゴリ	生産設備
プロセス	「(高周波誘導式) 鋳鉄溶解炉」
管理対象設備	鋳鉄溶解炉（高周波誘導式）容量 800kg、溶解率 1.2t/h、1500℃ × 2 基 高周波電源装置 500Hz、750kW、電圧インバータ水冷式、力率 95% 以上 × 2 基 冷却塔 500kW、2 基、冷却水ポンプ 11kW × 2 基

項目	管理要点
管理	本装置は、本事業所における最重要設備であり、鋳物用鋳鉄溶解を行う高周波誘導炉である。現在 2 基を保有するが、生産レベルが 25% 以下の場合は 2 号機を常時稼動とし 1 号機を予備機としている。 設備は、溶解炉本体、電源装置及び冷却設備からなり主たる管理ポイントは下記のとおり。 1．電源装置では、制御回路の電圧、電流、そして電気回路の温度・絶縁管理が重要。 2．溶解炉本体は、溶解作業管理、機内温度管理そして断熱材などの劣化管理などが必要。 3．冷却水設備は、温度管理とともに本体清掃や冷却水水質管理などが重要事項。 電源管理 ── 出力管理／絶縁管理／温度装置 溶解炉管理 ── 溶解管理／温度管理／断熱管理 冷却水管理 ── 温度管理／水質管理 溶解炉の主な管理項目
計測・記録	本設備は自動制御されているが、その状況確認と異常の早期発見を期すためにも適宜記録を行うこと。 1．電源装置では、電圧、電流、電力、力率及び冷却水系の温度を記録する。 2．溶解炉本体では、処理数量、溶解温度、冷却水など主要部の温度管理が必要である。 3．冷却水設備では「冷却塔」まわりの気温、湿度、冷却水出入口温度を記録する。 また、定期的に水質測定を行い、適度なブローや防錆剤、スライム防止剤などの薬品管理の目安とする。
保守・点検	溶解炉は、高温、粉じん雰囲気で使用されているので設備劣化に注意が必要。電気的、機械的な定期保全管理が欠かせない。 1．電源装置は、変圧器を始め高周波大電流回路特有の接続部ゆるみ、変色、冷却装置などのもれ・つまりなどを点検する。また、自動制御回路の機能確認や機器の絶縁診断等々、細部に亘って定期的に点検する必要がある。 2．溶解炉本体も、高温と劣悪な環境下にさらされることから、本体内部の損傷、断熱材脱落、冷却回路の異常、そしてふた開閉油圧装置や配管、弁類の点検修理が必要である。 3．冷却塔は飛散水などの高温度環境下にあることから汚れ、腐食、摩耗などによる定期的な清掃やエレメントの交換などが必要である。

管理項目
計測・記録

操業管理
溶湯温度品質管理
操業記録
冷却塔
冷却水温度管理
冷却水水質管理
断熱管理
炉蓋
ライニング材絶縁物
耐火キャスタブル
継鉄
コイル
溶湯
予熱
電源管理
電力、電圧、電流、周波数、絶縁抵抗
取鍋
全般保全管理
溶解炉
要部温度
ケーブル
温度、絶縁管理
電源盤

項目	管理内容	管理基準値	関係資料 管理頻度	告示対比
① 運転 管理	炉、電気回路冷却水の温度管理	冷却水温度 35℃設定（冷却塔ファンで制御）		(2-1) ①ア
	炉のヒートパターンなど調整	「製品別温度管理一覧表」による	管理一覧表	(2-1) ①イ
	被加熱物の装填方法	800kg/ 炉を基準とする		(2-1) ①ウ、(6-1) ①エ
	複数炉の燃焼負荷調整	優先機 2 号、1 号は予備		(2-1) ①エ
	断続運転機の集約、無負荷運転防止	「週間稼働計画表」により台数調整	週間稼働計画表	(2-1) ①カ、(6-1) ①エ
	被加熱側の温度設定管理	「製品別温度管理一覧表」による	管理一覧表	(2-1) ①コ
	取鍋の予熱温度設定管理	予熱温度 500℃以上とする		(2-1) ①コ
	加熱された個体の熱回収管理	鋳型処理のため回収不可		(3) ①エ
	炉外表面温度管理	天井 250℃、側面 150℃以下とする		(5-1) ①イ
	不要時停止の定義	運転時間（平常）8-19 時		(6-1) ①ア、(6-1) ①エ
		詳細は「週間稼働計画表」による	週間稼働計画表	
	複数電動機の台数管理	冷却水ポンプなどは交互運転とする		(6-1) ①イ
	冷却水ポンプの圧力、流量管理	冷却水圧力は 0.35MPa とする		(6-1) ①ウ
	断熱管理	炉本体の主要部温度連続監視する		(6-1) ①エ
	電圧・電流管理	電源制御盤にて出電圧 200V ～ 300V		(6-1) ①カ
		出力電流 4,500A 以下		
		周波数 300 ～ 500Hz		
		力率 95% 以上		
② 計測 記録	溶解炉の運転記録	処理量、炉内外温度、取鍋予熱温度	都度	(2-1) ②、(5-1) ②
		冷却水温度、水質、流量		
	炉の性能管理	処理量、電力量などから性能管理	1/ 年	(5-1) ②
	電気関係記録	電圧、電流、電力、周波数、力率	1/ 日	(6-1) ②
		変圧器、ケーブル、コイルなどの温度記録		
③ 保守 点検	溶解炉本体の保守点検	炉内、上ブタ、開閉油圧機構、冷却装置	1/ 年	(2-1) ③、(6-1) ③イ
		付属弁、配管、断熱装置の保守点検	都度	(5-1) ③ア
		水、油もれ点検修理	都度	(6-1) ③イ
	電気設備の保守点検	回路や接続部のゆるみ、変色など点検修理	1/ 年	(6-1) ③ウ
		開閉器などの接点清掃手入れ	1/ 年	(6-1) ③ウ
		変圧器の点検、器内油の分析試験	1/ 年	(6-1) ③ウ
		絶縁試験修理	1/ 年	(6-1) ③ウ
		制御回路手入れ、チューニング	1/ 年	(6-1) ③ウ
	冷却塔の保守点検	内部清掃	1/ 年	(2-1) ③
		エリミネータ交換（腐食部交換）	1/ 年	(2-1) ③
	ポンプ、ファンの保守点検	ポンプ、ファン清掃手入れ、注油、ベルト交換	1/ 年	(6-1) ③ア
履歴	年月日	改訂内容		作成者

⑤印刷乾燥機

カテゴリ	生産設備
プロセス	「印刷乾燥機」
管理対象設備	(No1) 金物板材印刷乾燥機 （熱風炉熱容量）1000kW、（燃料）都市ガス 13A、（VOC 脱臭炉）1 基 (No2) 金物板材印刷乾燥機 （熱風炉熱容量）1000kW、（燃料）都市ガス 13A、（VOC 脱臭炉）1 基

項目	管理要点
管理	本設備は油脂など容器金物への印刷と乾燥を行う装置である。都市ガス（13A）を燃料とする熱風炉 (1000kW) を備えた 2 基は、通常操業時 1 基稼働を原則としている。 装置は、大きく印刷機、乾燥機、脱臭装置に分かれ、主たる管理のポイントは下記のとおり。 1．印刷装置では、塗料などの原料温度管理や印刷位置、印刷速度、印刷品質管理を行う。 2．乾燥機では、熱風炉の燃焼管理、乾燥炉内温度、乾燥時間ならびに循環ファンなどの風量管理が重要である。 3．脱臭装置では、フィルターや触媒などの温度管理が大切である。 4．また、これらを総合的にコントロールする周辺制御装置のチューニングや運転監視が欠かせない。 5．中には、印刷機が新旧複数台設置されていることもあり、その性能や品質などを見極めた上で稼働優先機を予め決めておき、週間稼働計画に反映させたい。 印刷機管理 ── 原料管理 / 印刷機管理 / 品質検査装置 乾燥炉管理 ── 熱風炉管理 / 室内温度管理 / 送風機管理 脱臭炉管理 ── 燃焼管理 / 温度管理 / 濃度管理
計測・記録	設備は自動制御されているが、その状況確認と異常の早期発見を期すためにも適宜記録を行うこと。 1．印刷機では、印刷速度、各部の温度、仕上がり状況の目視点検を行う 2．乾燥機では、乾燥速度管理、熱風炉の燃焼に関する状況、乾燥炉の炉内温度分布などを記録する。 3．脱臭装置では、燃焼に関する状況、炉内の温度分布、そして廃ガスの濃度測定などが必要である。 4．その他、自動制御記録や各電動機の電圧、電流なども記録する。 なお、記録頻度は自動制御をされている関係から印刷品物ごとに一度行うなど、それほど高くとる必要はない。
保守・点検	設備は、印刷部、燃焼装置、回転機械が主なものであり、また、作業環境的にも高温や塗料飛散などで臭気雰囲気となることが多く、構造部分の細部に亘る計画的な保全管理が欠かせない。 また、自動制御装置などの計測器、センサー、弁、アクチェーター等々の保全管理も大切である。

項目	管理内容	管理基準値	関係資料 管理頻度	告示対比
① 運転 管理	「熱風炉」「脱臭炉」の空気比	空気室燃焼のため、熱風炉、脱臭炉共「炎の色」で管理	色見本参照	(1) ①ア
	複数燃焼設備の負荷調整	熱風炉は各印刷機に 2 基設置し熱風温度で自動調整	取扱い説明書	(1) ①ウ
	燃料性状	都市ガス 13A、低圧、40.6MJ		(1) ①エ
	熱風温度管理	熱風炉出口空気温度 250℃で自動制御		(2-1) ①ア
	被加熱物の投入量管理	搬送ベルト速度 2.0m/min で自動制御		(2-1) ①ウ
	複数の加熱設備負荷調整	優先機 2 号、予備機 1 号とする		(2-1) ①エ
	断続運転管理	「週間稼働計画書」による	週間稼働計画書	(2-1) ①カ
	被加熱物の温度管理	塗料原液温度管理値は「品種別管理表」による	品種別管理表	(2-1) ①コ
		乾燥炉内部 No1 ゾーン 220℃、No2 ゾーン 200℃		(2-1) ①イ
	廃ガスの温度管理	乾燥炉廃ガス温度は 125℃以下目標		(3) ①ア
		脱臭炉廃ガス温度は 200℃以下目標		(3) ①ア
	印刷機など不要時停止	運転時間は「週間稼働計画書」による	週間稼働計画書	(6-1) ①ア
		脱臭装置は印刷機運転と連動制御		(6-1) ①ア
	複数電動機の台数管理	ファン、ポンプなど複数台数なし		(6-1) ①イ
	ポンプ、ファンの圧力・流量管理	循環ファンの出口圧力 5kPa とする		(6-1) ①ウ
		各排気ファン回転数は 40Hz 設定とする		
	電圧・電流管理	制御盤にて電圧 202V±20V		(6-1) ①カ
		燃焼ファン 2A 以下		
		循環ファン 35A 以下		
		排気ファン 15A 以下		
		印刷機 50A 以下		
② 計測 記録	印刷乾燥炉関係	燃料消費量、各空気ダンパ開度	1/ 日	(1) ②
		製造枚数、ベルト速度、炉内温度、各ダンパ開度	1/ 日	(2-1) ②
		乾燥炉、脱臭炉廃ガス温度	1/ 日	(3) ②
		脱臭炉廃ガス濃度	1/ 日	(3) ②
	放熱損失関係	乾燥炉外表面温度	2/ 年	(5-1) ②
	電気関係記録	制御盤の各ファンなど電圧、電流記録	1/ 日	(6-1) ②
③ 保守 点検	設備巡回点検	全般パトロール巡視（異音、振動、温度、もれなど確認）	2/ 日	(1) ③他
	印刷機、熱風炉保守点検	燃焼装置清掃手入れ	1/ 年	(1) ③
	乾燥炉保守点検	加熱装置清掃手入れ	1/ 年	(2-1) ③
	廃熱回収装置保守点検	廃熱回収器清掃手入れ	1/ 年	(3) ③
	脱臭装置（VOC）の保守管理	燃焼装置、フィルタ、触媒装置清掃手入れ	1/ 年	(1) ③
		触媒装置交換	1/5 年	
	断熱部位保守点検	断熱材脱落修理	都度	(5-1) ③ア
	ポンプ、ファンの保守点検	ポンプ、ファン清掃手入れ、注油、ベルト交換	1/ 年	(6-1) ③ア
	配管、ダクトの漏洩確認	水、空気、ガスもれ点検修理	都度	(6-1) ③イ
	制御装置などの保守点検	計器、制御盤の手入れ調整	1/ 年	(6-1) ③ア他
履歴	年月日	改訂内容		作成者

⑥冷凍・冷蔵倉庫

カテゴリ	生産設備
プロセス	「冷凍・冷蔵倉庫」
管理対象設備	(F1 冷凍室) −25℃ × 2 室 (C3 冷蔵室) +5℃ × 5 室、+10℃ × 3 室 (熱源装置) −25℃冷凍室 20kW × 2 基、+5℃冷蔵室 16kW × 5 基、+10℃冷蔵室 27kW × 3 基 　　　　　事務所空調用 5kW × 4 基 (搬入搬出装置) ベルトコンベア、プラットホーム、バッテリー式フォークリフト（低温室用）など (事務室) 4 室

項目	管理要点
管理	本倉庫は当社事業所で最もエネルギーを多く使用している設備である。温度管理とともに、建物や熱源設備の管理が重要であることと、資材の搬入・搬出面での注意も必要である。冷凍冷蔵庫の管理箇所は、大きく建物本体と熱源装置に分かれる。 主たる管理のポイントは下記の通り。 1. 建物装置では、各部屋のレイアウト、容積、稼働率などの商品運用方法や断熱材などの建物維持管理が大切なポイントとなる。 2. 熱源機では、機種、台数、設置場所、温度などを管理する。 3. バッテリーフォークリフトの運転台数を管理する。　　　建物管理 ─ 配置管理／商品運用管理／断熱装置　　　熱源管理 ─ 温度管理／室内機管理／室外機管理
計測・記録	設備は、日頃資材の出入りが多い関係で収納庫本体や熱源機の管理まで手が届かないことが多い。 単純に温度だけを記録監視するのではなく、その分布や熱源機まで状況把握に努めたい。 1. 建物では、部屋別に資材の出入り記録から稼働率を把握すると同時に、壁面の氷結、結露状況なども確認する。 2. 熱源機では、電圧・電流など電気関係記録、室内温度記録、冷却水設備などの記録が必要である。 なお、記録頻度は商品衛生上の関係から連続監視するのが望ましい。
保守・点検	設備は、断熱装置、扉やカーテンなどの区画装置、熱源装置などが主なものであり、商品そのものよりこれら建物構造部の劣化によるムダなエネルギー消費が懸念される。 断熱材などの維持管理はもとより、室内機や壁面への氷結、結露対策と、熱源装置の定期的な保全管理が大切である。 また、バッテリーフォークリフトの定期点検も必要である。

　□ 管理項目
　■ 計測・記録

室内機の管理　商品入出庫管理

温度
(F1)−23～−27℃
(C3) 3～7℃、8～12℃

室外機の管理

断熱材

区画やシール材

運用

充電

バッテリーフォークリフト

項目	管理内容	管理基準値	関係資料 / 管理頻度	告示対比
① 運転 管理	熱源機の管理	（−25℃クラス）冷媒高圧側 3.5MPa、低圧側 2.5MPa	取扱い説明書	(2-1) ①ア
		（+5℃クラス）冷媒高圧側 2.5MPa、低圧側 1.5MPa		
		冷凍機負荷は自動調整装置による		(2-1) ①エ
	庫内の管理	倉庫内は専用の整理棚へ整然と分散配置する		(2-1) ①ウ
		収容量は床面白線以内とする		
		（F1 冷凍庫）温度管理−23 ～−27℃		(2-1) ①コ
		（C3 低温室）温度管理3～7℃、（中温室）温度管理8～12℃		
		収容物の搬入搬出は計画された時間で行う		(6-1) ①ア
	バッテリーフォークリフトの管理	運転管理		(6-1) ①ア
		充電管理（夜間 22 時～ 8 時の間で行う）		(6-1) ①ア
	電圧・電流管理	制御盤にて電圧 202V±20V		(6-1) ①カ
		冷凍機 40A 以下		
		冷蔵庫熱源機 25A 以下		
② 計測 記録	熱源機に関する記録	冷凍機の冷媒圧力などの管理記録	1/ 日	(2-1) ②
		室内機（熱交換器、ファン）の氷結状況		
	冷凍・冷蔵室関係記録	室内温度や天井、壁面の結露、氷結状況	連続	(2-1) ②
		入出庫量、作業時間記録	都度	
	電気関係記録	制御盤の電圧、電流、周波数記録	1/ 日	(6-1) ②
③ 保守 点検	設備巡回点検	全般パトロール巡視（温度、各室資材、冷凍冷房装置など）	2/ 日	(2-1) ③他
	熱源機保守点検	メーカーによる定期点検	1/ 年	(2-1) ③
	庫内定期清掃	庫内、床面・天井状況、室内機送風機結露など清掃	1/ 月	(2-1) ③
	断熱部位保守点検	開口部修理、シール部位損傷修理、断熱材剥離修理	都度	(5-1) ③ア
		プラットホーム、開閉扉などのシールパッキン材修理	都度	(5-1) ③ア
	ポンプ、ファンの保守点検	ポンプ、ファン清掃手入れ、注油、ベルト交換	1/ 年	(6-1) ③ア
	配管、ダクトの漏洩確認	水、ガスもれ点検修理	都度	(6-1) ③イ
	バッテリーフォークリフトの保守点検	モータ、電池、駆動装置などの保守点検	1/ 年	(6-1) ③ア
		ここに決める以外は別紙「保全基準」による	保全基準	

履歴	年月日	改訂内容		作成者

⑦給食センター設備

カテゴリ	生産設備
プロセス	○○大学 「給食センター設備」
管理対象設備	冷凍、冷蔵庫　　　1000L 型 × 2 基 IH 調理台　　　　3kW × 3 口 × 2 基、電子レンジ 600W × 2 基 ガス器具　　　　ガス台 6 口、2kW オープンレンジ × 1 基、フライヤ × 1 基 蒸気回転釜　　　2 基 食器洗浄器　　　2 基 換気用送風機　　11kW × 1 基 空調機　　　　　10kW × 2 基

項目	管理要点
管理	本設備は○○大学における昼・夕食を提供する給食センターである。空調や調理、冷蔵冷凍などで多くのエネルギーを使用するため衛生管理を徹底しつつ適切なエネルギー管理が必要である。管理箇所は大きく調理機器、材料保管庫そして空調換気設備に分かれ、その主たる管理のポイントは下記の通り。 1. 調理機器には、電気、ガス、蒸気など多くの種類があり、用途、調理方法および調理温度・時間などによる使い分けが肝心である。 2. この他、周辺機器として食器洗浄乾燥機、滅菌機などがあり、運転時間管理が大切である。 3. 材料保管のための冷凍・冷蔵庫は、温度管理とともに適正な保管量管理を行う。 4. 換気空調では、もともと高温多湿の作業環境を考慮して換気空調を行う必要があるが、中でも換気装置は比較的大型であることが多く、調理時間帯以外においては停止するなどきめ細かな運用が必要である。 調理機器 ─ 機種別運用管理 / 調理時間温度管理 / 周辺機器管理 材料保管 ─ 温度管理 / 収納庫管理 換気空調 ─ 温度管理 / 換気管理
計測・記録	厨房は、作業時間に追われることが多く、また衛生管理を優先するあまり日常的な計測記録などは馴染まないことが多いものである。 1. 調理機器においては、できれば調理温度、時間管理記録。 2. 冷凍冷蔵庫では、食品衛生上管理温度の記録が必要である。 3. 換気空調では、定期的な室内環境測定（温度、湿度、CO_2 など雰囲気濃度など）が必要である。
保守・点検	調理設備は、燃焼や調理時の吹きこぼれなどで汚れ、腐食しやすいものである。 衛生管理のためにも使用の都度、その日の内に清掃手入れをお行うこと。 特に、油煙のひどい換気扇、煙風道、冷凍冷蔵庫の放熱器や空調室内機のフィルタの清掃取替などが必要である。 また、防災上「火災報知器」「ガスもれ検知器」などの定期試験や交換なども大切である。

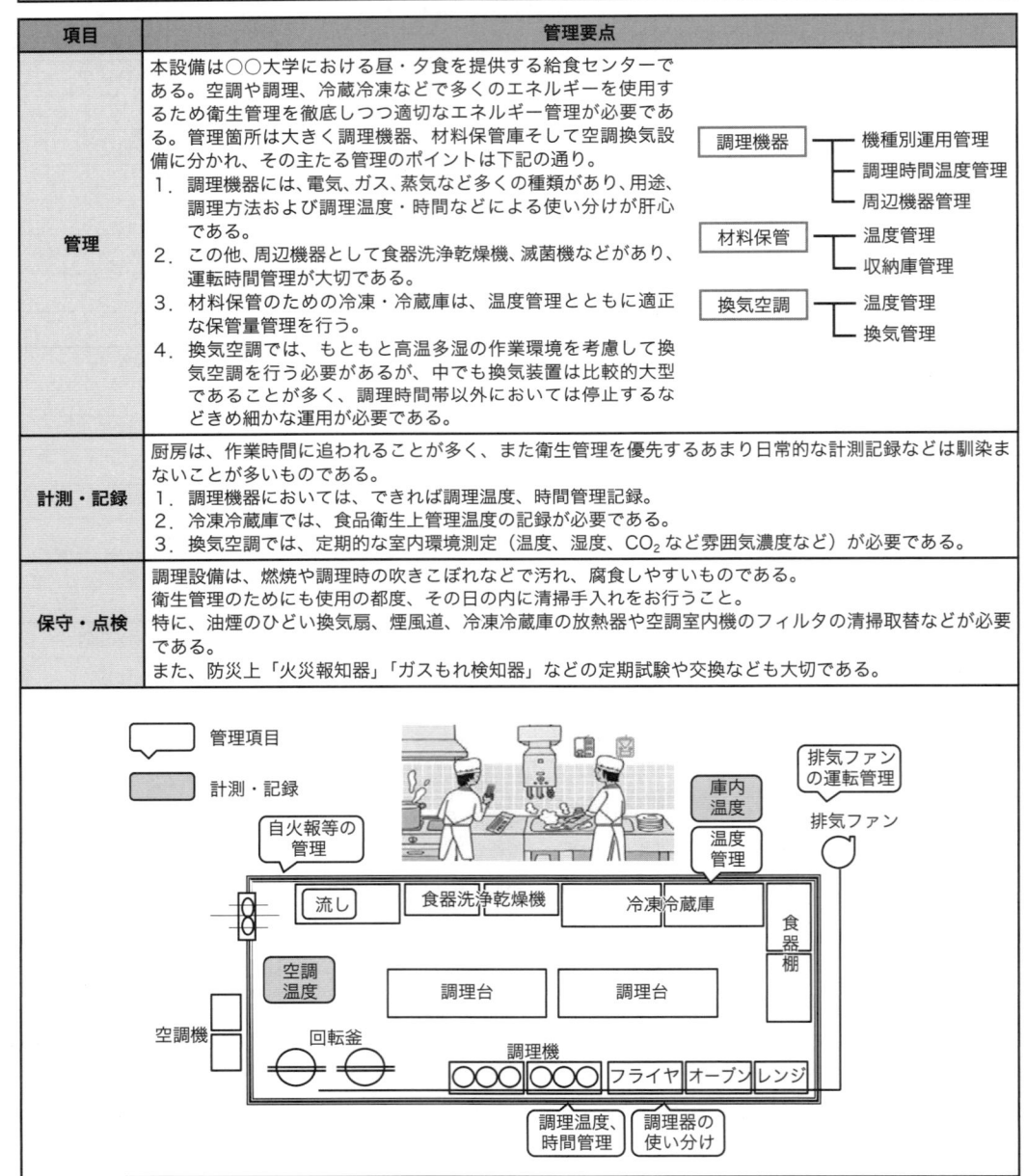

3. 個別プロセス・設備の管理規程例

項目	管理内容	管理基準値	関係資料 / 管理頻度	告示対比
① 運転 管理	燃焼機器の管理	ガス機器の空気比は炎の色や長さで調整	取扱い説明書	(1) ①ア
		複数のガス台はメニューにより使用数調整		(1) ①ウ
		調理設備の稼働時間		(1) ①ウ
		（昼食用）8:30-13:00		
		（夜食用）15:00-19:00		
		燃料の種類 LPG、97MJ		(1) ①エ
	回転釜蒸気の管理	蒸気圧力 0.2MPa		(2-1) ①ア
		調理量はそれぞれ定格容量以内とする	定格容量表	(2-1) ①ウ
		回転釜用蒸気元弁通気時間など		(2-1) ①ウ
		（昼食用）08:30-13:00		
		（夜食用）15:00-19:00		
		複数の回転釜は調理量より使用数調整		(2-1) ①エ
		蒸気ドレンは全量ボイラに回収する		(3) ①ウ
	揚げ物鍋の管理	調理温度は「作業標準書」にもとづき温度計で管理する	作業標準書	(2-1) ①コ
	冷凍冷蔵庫の温度管理	冷蔵庫設定 7℃、冷凍庫設定 -10℃		(2-1) ①コ
	空調設備の運用管理	空調管理値設定		(2-2) ①ア
		（夏）26℃、（冬）20℃、湿度 80% 以下		
	換気ファン（11kW）運転時間管理	運転時間 8:30-13:00、15:00-19:00		(2-2) ①ア、(6-1) ①ア
		インバータ設定周波数（夏6-9月）40Hz、それ以外は 25Hz		
	電圧、電流の管理	制御盤にて電圧 202V±20V、電流 30A 以下		(6-1) ①カ
② 計測 記録	調理設備などの稼働状況記録	日常運転記録	1/日	(2-1) ②
		冷蔵庫温度、冷凍庫温度		
		蒸気圧力		
		室内温度、湿度	1/日	(2-2) ②ア
		大型送風機電流、電圧（電圧は配電盤側で管理）	1/月	(6-1) ②
		周波数		
③ 保守 点検	調理設備などの保守点検	厨房床面など清掃	1/日	
		調理機器点検清掃		
		ガス器具清掃手入れ	1/日	(1) ③
		調理器器具清掃手入れ	1/日	(2-1) ③
		冷蔵庫清掃手入れ（内部、フィルタなど）	1/月	(2-1) ③
		空調室内機フィルタなど清掃	1/月	(2-2) ③ア
		空調機定期点検、自動制御装置点検	1/年	(2-2) ③ウ
		ドレン回収配管の漏えい点検修理	都度	(3) ③
		ドレンとラップ作動点検修理	都度	(5-1) ③イ
		蒸気、水、ガス漏れなどの修理	都度	(6-1) ③イ
		換気ファンフィルタ交換	1/月	(6-1) ③イ
		レンジ、オーブン清掃手入れ	1/日	(6-1) ③ウ
	定期消毒	室内の定期的消毒噴霧	1/月	－
	排気ファンの定期点検	電動機、ファンの分解点検	1/年	(6-1) ③ア
	保安装置作動点検	自動火災報知器定期試験	1/年	(1) ③
		ガス漏れ検知器定期試験	1/年	(1) ③
		電気器具絶縁試験	1/年	(6-1) ③ウ
履歴	年月日	改訂内容		作成者

⑧リネンサプライ設備

カテゴリ	生産設備
プロセス	「リネンサプライ設備」
管理対象設備	(蒸気ボイラ) 2t/h × 2 基、13A (洗濯機) 洗濯機、連続洗濯機、洗濯乾燥機 (乾燥機) 乾燥機、トンネル乾燥機、カレンダーロール (空調機) 10kW パッケージエアコン × 3 基 (排水処理装置) ばっ気沈殿方式、7.5kW ブロワ × 3 基 (排気ファン) 11kW × 1 基 (コンプレッサ) 22kW × 3 基

項目	管理要点
管理	当社のリネンサプライ設備の扱い商品は、主に衣料品類が中心であるが、大型ふとんや各種クッション類など多岐に亘る。設備としてはボイラ、洗濯関連設備、空調などに加え、環境規制の関係で大型排水処理設備を設置しており、いずれもエネルギー管理上重要な設備である。 主たる管理のポイントは下記の通り。 1. 洗濯機器は大型・小型、全自動洗濯乾燥機、連続洗濯機など多くの種類があり、対象物や洗濯方法、作業時間などにより使い分けている。 2. 乾燥仕上げには、電気、ガス、蒸気などいろいろな熱源が使用される。用途別の使い分けはもちろん、廃熱回収なども考慮したい。 3. 付帯設備にはボイラ、空調、空気圧縮機、井水ポンプ、排水処理がある。ボイラでは運転台数管理、燃焼管理、蒸気圧力管理が大切であり、又作業環境が高温多湿であることから空調による健康管理が欠かせない。空気圧縮機、排水処理設備は予想以上に電力消費量が大きいので、圧力管理や不要時の停止などを心がけたい。 洗濯機器 ─ 前処理管理 / 温度用水管理 / 運転時間管理 乾燥仕上げ ─ 温度管理 / 品質管理 周辺設備 ─ ボイラ蒸気管理 / 空調管理 / 空気圧縮機管理 / 排水処理管理 / 井水ポンプ管理
計測・記録	リネンサプライ設備は、作業時間に追われることが多く、また衛生管理を優先するあまり日常的にエネルギーの計測記録などまで手が回らないケースが多いが無駄なエネルギー削減のため、下記の計測・記録を行うこと。 1. 洗濯乾燥機器では、各部の温度や運転時間管理状況の記録。 2. 蒸気ボイラでは、燃料、給水、蒸気消費量などの記録並びに定期的な性能把握。 3. 換気空調では、定期的な室内環境測定 (温度、湿度、粉じんなど雰囲気濃度など)。 4. 圧縮空気系統では、運転台数、時間、圧力などの記録。 5. 排水処理設備では、処理水量、水質、ブロワの電流などの記録と、処理水量に応じた設備の効率的運用。
保守・点検	リネンサプライ設備は、水やリント (糸くず) による汚れ、粉じんなどが発生しやすいものである。機械や電動機などの可動部分には、これらが付着して機能を損なう恐れがあり定期的な清掃が欠かせない。また、加熱冷却のための熱交換器や換気・空調設備にも糸くずなどが付着して性能低下を起すので清掃が欠かせない。この他、空気圧縮機、蒸気ボイラ、井水ポンプ、排水処理装置なども定期的なメーカー点検を行う必要がある。

管理項目
計測・記録

圧力管理 / コンプレッサ室
圧力、電流 / 室内温度 / 入荷、仕分け / 洗濯 / 乾燥、仕上げ / 検品、出荷
温度、湿度管理
空調機 / 温度管理 / 電圧、電流 / 排気ファン
燃焼管理 / 燃料、圧力 / ボイラ室
水質管理 / 排水処理装置
井水ポンプ室 / PH、BOD等

項目	管理内容	管理基準値	関係資料 / 管理頻度	告示対比
① 運転 管理	ボイラ蒸気系統の管理	空気比 1.3（O$_2$=5.0%）以下とする	取扱い説明書	(1) ①ア
		空気比は小型貫流ボイラの基準 1.25-1.4 を参照する		(1) ①イ
		複数台数の負荷調整は「自動台数制御装置」による		(1) ①ウ
		燃料性状は都市ガス 13A、40.6MJ		(1) ①エ
		系統蒸気圧力の管理（高圧系 0.7MPa、低圧系 0.2MPa）		(2-1) ①ア
		給水の水質（PH5.8-9.0、硬度 1.0 以下、鉄 0.3mg 以下）		(2-1) ①キ
		缶水の水質（PH11.0-11.8、電導度 400mS 以下）		(2-1) ①キ
		発生蒸気圧力の管理（0.7MPa）		(2-1) ①コ
		廃ガス温度の管理（170℃以下）		(3) ①ア
		廃ガス温度は小型貫流ボイラの基準 220℃を参照する		(3) ①イ
		ブロー水、蒸気ドレンなどの廃熱は全て回収する		(3) ①ウエ
	洗濯機、乾燥機の管理	投入処理量の管理はそれぞれ「目盛り線」までとする		(2-1) ①ウ
		運転台数管理は「週間作業計画表」による	週間作業計画表	(2-1) ①エ
		作業時間の集約は「週間作業計画表」による	週間作業計画表	(2-1) ①カ
		洗濯器内水温度、乾燥機内温度は「作業標準書」による	作業標準書	(2-1) ①コ
		乾燥機の廃熱は乾燥空気予熱に再利用する		(3) ①ウ
	空調設備の運用管理	空調温度管理値		
		作業室（夏 5-11 月）30℃以下、（冬）空調停止		(2-2) ①ア
		事務室（夏）28℃、（冬）20℃設定とする		(2-2) ①イ
		運転時間は始業 15 分前起動、終業 30 分前停止		(2-2) ①ア
		同一区画にある作業場パッケージ機は、中央機常時運転		(2-2) ①カ
		東西のパッケージ機は、6-10 月だけ運転する		
	電動機設備などの管理	各洗濯機などの電源は始業時に投入する。		(6-1) ①ア
		３時間以上使用しないときは電源開放する		
		空気圧縮機は始業 15 分前に起動し、終業時に停止する		(6-1) ①ア
		空気圧縮機は台数制御装置で負荷調整する		(6-1) ①イ
		空気圧力は 0.6MPa、空気露点は 5℃以下とする		(6-1) ①ウ
		排水処理装置は連続運転する		(6-1) ①ア
		曝気ブロワは、昼間 2 基運転、夜間は 1 基運転とする		
		大型換気ファンは 5-11 月は（40Hz）運転で運転する		(2-2) ①ア、(6-1) ①ア
		それ以外の月は 25Hz 運転とする		
		制御盤にて電圧 202V±20V		(6-1) ①カ
		各電動機の各電流は「管理値一覧表」で管理する	管理値一覧表	(6-1) ①カ
		照明照度は「照明管理表」で管理する	照明管理表	(6-2) ①ア
② 計測 記録	ボイラの運転記録	燃料消費量、給水量、圧力、運転時間	1/ 日	(1) ②
		空気比、廃ガス温度、水質などは定期点検時に測定	1/ 年	(1) ②
		燃料、蒸発量などから性能管理	1/ 年	(5-1) ②
	洗濯機などの運転記録	処理量、温度、運転時間など監視記録	都度	(2-1) ②
	電動機設備の運転記録	電圧（配電盤側で測定）、電流（試運転時に記録）	1/ 年	(6-1) ②
		圧縮空気圧力、流量の記録	1/ 日	(6-1) ②
	照明記録	照度測定	1/ 年	(6-2) ②
③ 保守 点検	設備巡回点検	設備全般のパトロール巡視	2/ 日	(1) ③他
	ボイラの保守点検	日常点検（燃焼、圧力、漏れ、制御状況）	2/ 日	(1) ③
		定期点検保守（燃焼装置、炉内清掃、廃熱回収装置など）	1/ 年	(1) ③
		ドレン回収配管の漏えい点検修理	都度	(3) ③
		ドレントラップ作動点検修理	都度	(5-1) ③イ
	洗濯乾燥機などの保守点検	日常点検（温度、回転、漏れ、制御状況）	2/ 日	(2-1) ③
		定期点検保守（内部、駆動装置など）	1/ 年	(2-1) ③
	空調機の運転記録保守点検	日常点検（温度制御状況）	2/ 日	(2-2) ③アウ
		メーカー定期点検保守	1/ 年	(2-2) ③アウ
	電動機設備の保守点検	日常点検（異音、振動、もれ、圧力、ベルト、フィルタ）	2/ 日	(6-1) ③アイ
		定期点検保守（軸受、継手、冷却ファン、ローターなど）	1/ 年	(6-1) ③アイ
	照明設備の保守点検	日常点検（球切れなど）	2/ 日	(6-2) ③ア
		定期清掃	1/ 年	(6-2) ③ア
		ここに決める以外は別紙「保全基準」による	保全基準	
履歴	年月日	改訂内容		作成者

【エネルギー・ユーティリティ系関連設備】
⑨受変電・配電設備

カテゴリ	受変電・配電設備
プロセス	1号変電室、2号変電室
管理対象設備	〔1号変電室〕 動力用1号変圧器　3000kVA 2号変圧器　3000kVA

力率改善用　SC　300kVA　4台
力率制御装置
しゃ断器、断路器、デマンド監視装置
〔2号変電室〕　300kVA変圧器2台

項目	管理要点
管理	1、受変電・配電設備において必要なエネルギー管理項目は、右図に示すように、主に電源管理と負荷管理の2つ。このうち電源管理では、電圧管理と力率管理が最重要項目であり、その他フリッカ、高調波といった電源品質に係る管理も必要。また負荷管理では変圧器運用や需要電力管理を、設備利用率のアップや負荷平準化などによる損失低減並びに電力コスト削減といった観点から、重点管理項目とすること。このために定期的に負荷率や需要率管理を行う。 2、主変圧器の運用において、通常操業時は2台並列運転とするが、連休時などトータル変圧器負荷が3割を切る状況が継続する場合などは1台運転とする。また1次側電源電圧の低下や重負荷が継続する場合等は主変圧器のタップ切り替えを行い、2次側電圧を適正に維持すること（I2Rロス低減） ◎電源管理　─ 電圧管理 / 電源品質 / 力率管理 ○負荷管理　─ 変圧器運用 / 配電線路管理 / 需要電力管理 最大電力 / 負荷率 / 需要率管理
計測・記録	1、受電系統及び特高フィーダについては、電流、電力、電力量、無効電力量は設備保安管理上からも計測、記録が必要。 この際、電力契約時間単位での記録（現状は30分）とする。 2、2次側母線電圧及び6kV全フィーダの電流の計測は必要であり、主要負荷フィーダ及び2次変電設備線は電流に加え電力量計測が必要。 3、上記計測は電力日報として30分単位で記録する。 4、この計測データに基づき受電点における負荷率、力率を、主変圧器ラインは負荷率需要率管理を行う。
保守・点検	1、電気保安規定に基づき巡回点検、定期点検、法定点検を実施 保守点検内容、頻度等に関しては保安規定に基づく設備管理基準によること 2、特にエネルギー管理上重要な設備は、変圧器、進相コンデンサ、力率制御装置及びデマコン、計器類等である。主要計量器は定期的な校正も必要。

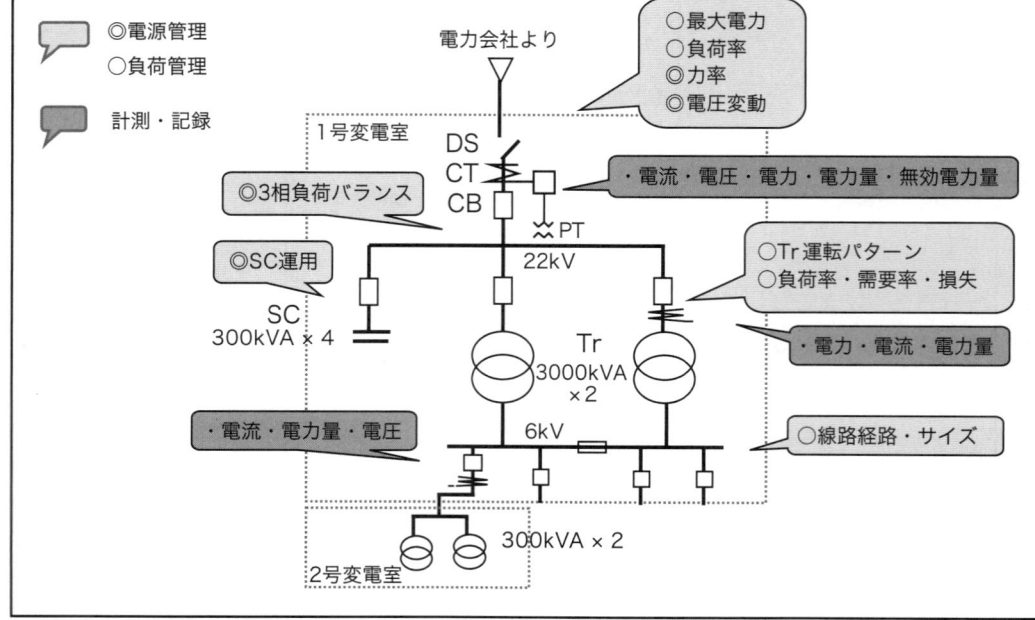

項目	管理内容	管理基準値	関連資料／管理頻度	告示対比
管理	電圧管理　　6kv 系 低圧系	• 6.6kV ± 300V（3000kVA 主変圧器二次側電圧） ±200V を長期間逸脱する場合は tap 調整のこと （tap F23/R22/F21/F20） • 440 ± 20V • 210 ± 15V • 105 ± 6V	6kV 系は 1 回／日 （設備稼働時と非操業時に確認） 1 回／月	(5-2) ①キ
	電圧不平衡率	3%以内 • 単相負荷を 3 相系統からとる場合各相に分散すること	1 回／半期	(5-2) ①オ
	力率管理	受電端で 95% 以上、目標月間力率 98% • 軽負荷時 100% 以上が継続しないよう力率制御装置の設定を考慮の事。 • 夜間、休日は進相コンデンサしゃ断器を off とする	1 回／月	(5-2) ①ウエ
	高調波	受電端で下記を上限とする　（mA/ 契約電力） 5 次　1.8　　　　11 次　0.82 7 次　1.3　　　　13 次　0.69 • 年 1 回計測を実施のこと	電力会社基準による 1 回／年	
	需要電力	①最大電力管理　　　28 年度契約電力 5500kW デマコン　第 1 段警報設定　契約 kW×95%　　5225kW 　　　　　第 2 段警報　　　契約 kW×95%　　5445kW ②負荷平準化管理　　稼動時負荷率 75% 以上 • 業務開始時及び食休終了後の設備同時起動の禁止	常時管理 警報発令時のアクション等は 28 年度デマンド管理基準に従う 常時管理	
	主変圧器運用 3000kVA × 2 台	①操業時は原則 2 台パラ運転とする。 ②休日、夜間等でトータル負荷が 30% 以下で 5 時間以上継続が想定される場合は 1 台運転とする。 • タップ切り替えは上記電圧管理基準による • 常時冷却ファンは停止、負荷が 80% 以上のなる場合は稼動とする • 停止変圧器は必ず 1,2 次側しゃ断器を開放のこと ③変圧器負荷率管理　　平均負荷率　60% 以上	常時管理	(5-2) ①ア
計測記録	22kV 受電系 22kV フィーダ 6kV 系	• 受電電力、電力量、無効電力量、力率、電圧、電流 • 全フィーダ：電力、電力量、電流 • 変圧器二次側電圧 • 2 号変電室線は電流、電力、電力量 • 主要フィーダ（C，D 線）は電流、電力量 　上記を電力日報として３０分毎に出力、また各項目のチャート記録は光デイスクとして２年間保存のこと	常時監視 記録は 30 分毎に日報として出力	
保守点検	22kV 系受変電設備 しゃ断器、断路器 ＰＴ、ＣＴ、計器類 デマコン 変圧器、SC 保護継電器 6kV 系 しゃ断器、ケーブル 計器、保護継電器	①日常点検 • 異音、異臭、過熱等を主とした目視点検 • メガ、検電器、サーモメータなど携帯のこと ②定期点検、法定点検 • 日常点検を含め保安規定、保全基準に従い実施のこと	1 回／日 1 回／半期、年	

履歴	年月日	改訂内容	作成者
	1990 年 9 月 1 日	変圧器更新に伴う全面見直し	横田

⑩圧縮空気設備、空気系統

カテゴリ	空気圧縮機及び空気系統	レシーバタンク　15m³　×　2基 除湿機 空気配管総延長　　790m
プロセス	金属加工プロセス	
管理対象設備	スクリュー式コンプレッサ　2基 55kW、37kW（インバータ式）	

項目	管理要点
管理	1、当事業所の圧縮空気系統で設置しているコンプレッサとしては、2基のスクリュー型であり、2号機は37kWのインバータタイプである。また圧力変動対策として15m³レシーバタンクを2基使用している。 2、元圧力、使用端圧力及び吐出量の見直しを行い、負荷に応じた運転方法機種、台数の選択などの管理標準を設定し電動機の負荷を低減すること。 3、なお、負荷の変動が定常的な場合はレシーバータンクの容量や配置、配管径や長さ、ルートの変更などの長期的な対策を検討すること。 4、この設備は圧縮空気の用途が高い圧力が要求されるエアーシリンダーなどの駆動源としての用途と、低い圧力で使用される空気流によるブローとしての用途であり、それぞれに求められる管理項目が異なるが、同じコンプレッサで使用されており、設備の用途及び使用方法を勘案し、適切な管理標準を作成する必要がある。 5、管理の要点としては、圧力の変動を出来るだけ減らし、工場・事業所での管理下限値を確保しつつ元圧を下げることである。2台のコンプレッサの内、1号機55kWを100%負荷でベース運転し37kWはインバータ制御機のため変動調整用として運用すること。
計測・記録	○電圧、電流などの電気の損失を低減するために必要な事項の計測及び記録に関する管理標準を設定し、これに基づき定期的に保守及び点検を行うこと。 ○また、圧力の変動の要因分析のため、圧力空気の利用設備の稼働状況を記録し、変動要因を分析すること。
保守・点検	○コンプレッサ本体はメーカの点検基準に基づき普通点検精密点検を実施のこと。 ○圧縮空気の漏れを防止し、空気を輸送する配管やバルブなどの抵抗を低減するように保守及び点検に関する管理標準を設定し、これに基づき定期的に保守及び点検を行う。 ○空気配管系統は少なくとも年1回程度、全ライン漏洩検知器などで状況確認し異常があった場合は速やかな補修を実施すること、また不要配管は速やかに撤去か遮断を行うこと。

項目	管理内容	管理基準値	関係資料／管理頻度	告示対比
①運転管理	コンプレッサの管理	運転時間管理	取扱い説明書	(6-1) ①ア
		運転時間は始業 30 分前起動、終業直後停止		
		工場停止時は建物入口の電動空気元弁を閉止する		
		複数電動機の台数管理		(6-1) ①イ
		基本的に自動台数制御装置による		
		ターボ機、インバータ機は連続運転とする		
		レシプロ機は非常予備機とする		
		系統圧力等管理		(6-1) ①ウ
		レシーバタンクにて 0.70MPa 以下とする		
		圧力低下警報 0.55MPa		
		運転機器の自動停止インターロック 0.40MPa 以下		
		電圧・電流管理		(6-1) ①カ
		制御盤にて電圧 440V±40V		
		レシプロ機電流 70A 以下		
		ターボ機電流 155A 以下		
		インバータ機電流 30A 以下		
		除湿機電流 15A 以下		
	除湿機管理	露点管理		(6-1) ①ウ
		空気露点温度–5℃以下とする		
		再生周期は露点検知器による自動再生方式		
	フィルタ管理	フィルタ差圧管理		(6-1) ①ウ
		フィルタ差圧ゲージのグリーンバンド範囲以内とする		
	換気扇管理	室内換気扇は 4 基中常時 2 基運転		(2-2) ①ア (6-1) ①ア
		室内温度 30℃で全台自動起動		
	消費設備管理	停止工場エリアの元弁閉止		(6-1) ①ア
		系統のループ化や配管口径アップによる圧力損失改善		(6-1) ①ウ
		レシーバタンクの増設による圧力変動防止		(6-1) ①ウ
		仮設流量計による定期的な消費分布測定		(6-1) ①ウ
		空気ドレントラップによるドレン対策を行う		(6-1) ①ウ
②計測記録	空気源設備記録	制御盤の電圧、電流、運転時間記録	1/ 日	(6-1) ②
		圧力、露点温度、流量、室温		
	消費設備記録	圧力、流量	1/ 日	(6-1) ②
		流量計の設置していない系統は、仮設計器により	1/ 年	
		定期的な測定を行い消費分布を把握する		
③保守点検	設備全般の巡回点検	日常点検	1/ 日	(6-1) ③アイ他
		振動・異音点検、注油、フィルター清掃、ベルト点検等		
		空気、油もれ修理	都度	
	空気源設備の保守点検	定期点検		
		本体要部分解点検、部品交換	1/4 年	(6-1) ③ア
		絶縁試験、試運転	1/4 年	(6-1) ③ア
		アフタークーラの清掃、漏れ試験	1/ 年	(2-1) ③ (6-1) ③ア
		除湿機の分解手入れ、樹脂交換	1/ 年	(6-1) ③ア
	消費設備の保守点検	エア漏れ試験器等による漏れ調査と修理	4/ 年	(6-1) ③イ
		空気ドレントラップの分解手入れ	1/ 年	(6-1) ③イ
	自動制御装置点検	計器、自動制御装置の校正、チューニング	1/ 年	(6-1) ③イ他
		ここに決める以外は別紙「保全基準」による	保全基準	

履歴	年月日	改訂内容		作成者
	1995 年 6 月 20 日	コンプレッサ更新		横田

⑪蒸気ボイラ

カテゴリ	ユーティリティ・エネルギー関連設備
プロセス	「ボイラ及び蒸気系統」
管理対象設備	（ボイラ）3MPa × 20t/h × 1基、10MPa × 50t/h × 1基、都市ガス 13A、補助燃料 C 重油 （蒸気タービン発電機）10,000kW 抽気復水式タービン、（蒸気駆動ポンプ）250kW 減圧（背圧）タービン （消費系統構成）3.0MPa 高圧系、0.7MPa 中圧系、0.15MPa 低圧系

項目	管理要点
管理	当工場ではプロセス用蒸気として高圧（3MPa）、中圧（0.7MPa）及び低圧（0.15MPa）の 3 系統があり、高圧蒸気は 10,000kW の抽気復水タービンからの抽気蒸気で賄っている。また、中圧（0.7MPa）蒸気は高圧蒸気を減圧しているが、その減圧エネルギーを 250kW のポンプ動力として活用している。 蒸気の使用先は、要求する圧力、流量がさまざまであるため理想的なカスケード利用が難しく、系統間バイパス運用による減圧損失が発生しやすいものである。この問題を如何に改善するかが運用上最も大切な管理項目となる。 設備は、大きく「蒸気源設備」と工場などの「消費設備」及び蒸気系統からなるが主たる管理のポイントは下記の通り。 1．「ボイラ」は、機種や容量・圧力が異なりそれぞれの特性を活かした負荷調整が必要である。 2．「消費設備」は、その系統構成方法、配管サイズ、バックアップ方法など供給側管理と、熱交換器などの負荷側保全管理が大切である。 蒸気源装置 ── ボイラ運用管理 / 圧力管理 / ドレン管理 消費設備 ── 運用管理 / 圧力管理 / 保全管理
計測・記録	計測・記録項目は次のとおりである。 1．蒸気源装置では、燃料、空気比、廃ガス温度、蒸気圧力・温度・流量、運転時間、性能把握などが記録項目となる。 2．消費設備では、系統別に圧力、消費量、発電出力などを監視したい。 これらの項目を集中管理センターから遠隔監視し、最適制御することにより総合的な効率向上を目指したい。
保守・点検	蒸気系統設備は、製造設備などが部分停止していても休止できない設備の一つである。 このため、バックアップのための系統を予め構成しておき、定期的な保全ができるように考慮すべきである。 1．蒸気源装置は、日常パトロールを入念に行い異常の早期発見に努める一方、労安法、電事法、消防法等々の法定検査や周期的な保安点検を確実に実施する必要がある。 2．消費設備では、断熱材の保全、熱交換器などの手入れ、ドレントラップや配管などの漏れの早期修理が大切である。

項目	管理内容	管理基準値	関係資料 管理頻度	告示対比
①運転管理	ボイラの管理	20t ボイラ空気比 1.2（O_2=3.5%）、50t ボイラ 1.15（O_2=3%）	取扱い説明書	(1) ①ア
		同基準（別表第 1A）に適合させる		(1) ①イ
		複数台数の負荷調整は「エネルギーセンター指令」による		(1) ①ウ
		燃料性状は都市ガス 13A、40.6MJ、助燃用 C 重油		(1) ①エ
		20t、50t ボイラ廃ガス温度の管理 170℃以下		(3) ①ア
		同基準（別表第 2A）に適合させる		(3) ①イ
		蒸気ドレンは全てボイラ給水として回収する		(3) ①ウ
		ボイラブロー水の保有熱は給水加熱に利用する		(3) ①エ
		フラッシュ蒸気は「廃蒸熱交換器」で雑温水として利用する		(3) ①エ
		ボイラ給水水質導電率 50μS 以下、PH8.5-9.7		(2-1) ①キ
		蒸気圧力 20t ボイラ 3.0MPa、50t ボイラ 10.5MPa とする		(2-1) ①コ
		助燃用 C 重油はバーナ前温度 90-105℃で管理する		(2-1) ①コ
	ボイラ給水タンクの温度管理	最低温度 60℃、80℃以上は異常		(2-1) ①コ
		（80℃以上ではトラップの故障を想定して調べる）		
	蒸気ヘッダ圧力管理	高圧ヘッダ 3.0MPa、中圧 0.7MPa、低圧 0.15MPa		(2-1) ①ア
	タービン発電設備の管理	詳細は「運転管理基準」による	運転管理基準	(4-1) ①ア
		複数発電設備の負荷配分はエネルギーセンター指令による		(4-1) ①ア
		1 号発電機出力 30% 以下では 30% の減圧運転を行う		(4-1) ①イ
		抽気圧力は 3.0MPa+0.1 ～ -0.15MPa で制御する		(4-2) ①イ
		復水器真空度は 5kPa. abs を目標に運転する		(4-1) ①ア
	蒸気駆動ポンプの管理	ポンプ出力は高圧、低圧蒸気のバランスで調整する		(4-2) ①イ
		背圧は 0.75MPa ～ 0.65MPa の範囲で制御する		(4-2) ①イ
	受変電設備の管理	変圧器の負荷率は 20-70% を目標とする		(5-2) ①ア
		電動機などは 100kW 以上は 6.6kV、以下は 440V とする		(5-2) ①イ
		受電端力率は 95% 以上となるようにコンデンサ調整する		(5-2) ①ウエ
		三相回路の不平衡率は 3% 以内とする		(5-2) ①オ
	複数電動機の台数管理	ファン、ポンプなど複数台設置は交互運転を原則とする		(6-1) ①イ
	ポンプ、ファンの圧力・流量管理	別紙「運転管理基準」による	運転管理基準	(6-1) ①ウ
	電圧・電流管理	高圧系電圧 6600V±600V		(5-2) ①キ、(6-1) ①カ
		低圧系電圧 440V±40V、202V±20V、101V±6V		
		各補機の電流管理値は別紙「運転管理基準」による	運転管理基準	(6-1) ①カ
②計測記録	燃焼に関する日常稼働状況記録	O_2%、排ガス温度、燃料・給水・蒸気流量	毎時	(1) ②、(3) ②他
	加熱冷却に関する日常記録	ヘッダ蒸気圧力・温度・流量、バイパス弁開度	毎時	(2-1) ②
		ボイラ給水水質（電導度、PH など）	毎時	(2-1) ②
		各熱交換器の出入口温度、流量、終端温度差	毎時	(2-1) ②
	廃熱回収に関する日常記録	廃ガス温度、蒸気ドレンの水質、給水タンク温度	毎時	(3) ②
	発電所性能管理のための記録	定格出力における性能試験を行う	1／年	(4-1) ②、(5-1) ②
	ボイラの性能記録	燃料、給水・蒸気圧力、温度などから性能を把握する	1／年	(4-1) ②、(5-1) ②
	蒸気タービンの性能記録	圧力、温度、流量、出力などから性能を把握する	1／年	(4-2) ②アイ
	外表面温度記録	ボイラ、タービンなど高温部位の外表面温度測定	1／年	(5-1) ②
	電気関係記録	発電出力、消費電力、力率、電圧、電流記録	毎時	(5-2) ②、(6-1) ②
③保守点検	設備巡回点検	全般パトロール巡視（異音、振動、温度、もれなど確認）	2／日	(1) ③他
	熱交換器保守点検	加熱、冷却装置清掃手入れ	1／年	(2-1) ③
	廃熱回収装置保守点検	Eco、給水加熱器清掃手入れ	1／年	(3) ③
	ボイラタービン発電機保守点検	燃焼設備、耐圧部、タービン、主要弁などの法定点検	1／年	(4-1) ③
	蒸気駆動ポンプの保守点検	タービン、ポンプ、主要弁の分解点検	1/2 年	(4-2) ③
	計測制御装置の保守点検	清掃手入れ、校正試験、チューニング	1／年	(4-1) ③
	断熱部位保守点検	断熱材脱落修理	都度	(5-1) ③ア
	ドレントラップの日常点検	ドレントラップ作動、漏洩、つまり確認修理	都度	(5-1) ③イ
	ポンプ、ファンの保守点検	ポンプ、ファン清掃手入れ、注油、ベルト交換	1／年	(6-1) ③ア
	配管、ダクトの漏洩確認	水、蒸気、ガス、油もれ点検修理	都度	(6-1) ③イ
	受変電設備の保守点検	変圧器、開閉器、遮断器、計測器の点検保守	1／年	(5-2) ③、(6-1) ③ウ
		ここに決める以外は別紙「保全基準」による	保全基準	

履歴	年月日	改訂内容		作成者
	2010 年 11 月 10 日	設備新設		細井
	2014 年 5 月 20 日	燃料転換に伴う見直し		横田

⑪-1 ボイラ空気比 管理規程例

エネルギー管理規程 ボイラ空気比管理基準

カテゴリ	ユーティリティ・エネルギー関連設備	水管ボイラ 10000kg/h（川重冷熱 KD100）
プロセス	第2動力室：10トン水管ボイラ	2基 燃料：13A
管理対象設備	（ボイラ詳細仕様は下記参照）	稼動：2012 年 4 月

対象設備	管理基準値

【設備仕様】

第2動力室1号ボイラ、2号ボイラ　ガス焚き水管ボイラ
川重冷熱 KD-100　定格蒸発量 10t/h　常用使用圧力 0.9MPa
バーナ形式　先混合式低 Nox バーナ　使用燃料：13A、軽油　重量：16.3t

○　空気比管理

運転状況負荷率	目標空気比	目標排ガス酸素濃度
50 から 100%時	1.2 から 1.3	3.5 〜 5.0
50%未満時	1.4 から 1.8	6.0 〜 9.5

- 空気比のチェックはボイラの効率的燃焼のため不可欠であり、AC 弁により
燃焼空気量を制御し理論空気量に近づけること。
但し、負荷変動が多い場合、低負荷時、などは燃焼状態に注意すること。

- 空気比mは、理論空気量に対する実空気量の比であるが
乾き燃焼排ガス中の窒素分容積割合を 79 と仮定して得られる
簡易式がよく用いられる。

> 簡易算出法による空気比　　m= 21/（21 − O_2）

○　排ガス O_2 制御
燃焼排ガス中の O_2 は一定範囲に入るよう過剰空気量を制御しているため
O_2 計の精度等管理は設定値管理と共に重要であることから定期的な管理が
必要。

○　管理項目
- 酸素濃度　　　　　運転日誌（データロガー）による時間値データ確認　　1回 / 直
- 排ガス分析　　　　　　　　　　　　　　　　　　　　　　　　　　　　　1回 / 半期
- 排ガス温度　　　　　　　　　　　　　　　　　　　　　　　　　　　　　1回 / 半期
- 燃料使用量　　　　運転日誌（データロガー）による時間値データ確認　　1回 / 直
- O_2 計精度チェック　　　　　　　　　　　　　　　　　　　　　　　　2回 / 年

履歴	年月日	改定内容	部署、担当者	承認
	2012 年 5 月 1 日	ボイラ更新に伴う新規設定	エネルギー管理部（高田）	榊原

⑪-2　ボイラ設備　保全基準

エネルギー管理規程　ボイラ設備・機器保全管理基準

カテゴリ	ユーティリティ・エネルギー関連設備	
プロセス	**ボイラ設備保全（共通）**	
管理対象設備	水管ボイラ　10000kg/h（川重冷熱 KD100） 常用圧力：0.9MPa	2基　燃料：13A 稼動：2012 年 4 月
	水管ボイラ　8000kg/h（IHI） 常用圧力：0.85MPa	3基　燃料：13A 稼動：2012 年 4 月

	対象機器等	日常巡視点検		定期点検・精密点検	
		点検内容	周期	点検内容	周期
本体設備	本体まわり 胴・管・管寄等	●給水、燃料配管等に漏洩はないか ●過熱、異音、異臭等はないか	1回/直	●付着物の除去、清掃 ●腐食、磨耗、亀裂等の確認と修理	1回/年
	火炉 燃焼装置、バーナ等	●燃焼状況に変化はないか ●バーナー動作状況等に異常はないか ●その他漏洩・異音等はないか	1回/直	●耐火物の点検、補修 ●バーナ損傷状況確認と取替え ●耐火物大修理	1回/年 5年
	安全弁、その他弁類	●漏洩、作動状態に異常はないか	1回/日	●動作チェックと取替え	1回/年
	節炭器		1回/日	●内外部の清掃及び付着物除去等	1回/年
補機設備	通風機 給水ポンプ	●異音、振動等はないか ●圧力、電流等異常はないか ●潤滑、油圧等は正常か	1回/日	●ランナー、ケーシングの点検、摩耗状態確認修理 ●軸受け開放点検 ●電動機清掃、絶縁確認	1回/年
	計器・警報等保安関連	●指示値、警報等は正常か	1回/日	●緊急遮断試験 　警報確認試験等	1回/年
	空気源	●圧力に異常はないか ●異音振動等はないか ●ドレン抜きは正常か	1回/日	●弁関係作動試験	1回/年
	保温、断熱等	●保温材、断熱材に脱落、吸湿等がないか	1回/月	●劣化保温材等の交換	5年

	年月日	改定内容	部署、担当者	承認
履歴	2012 年 4 月 1 日	新規制定	施設管理部（山本）/ 管理部（横山）	榊原

⑫真空式ボイラ給湯設備

カテゴリ	**ユーティリティ・エネルギー関連設備**
プロセス	**「真空式ボイラ（バコティンヒータ）給湯設備」**
管理対象設備	（真空式ボイラ）200kW × 2 基、2 回路式、都市ガス 13A 暖房系統は不使用 給湯系統 230kW、5℃→ 65℃、3,300L/h、循環ポンプ 2.2kW 貯湯槽　2000L × 2 基

項目	管理要点
管理	本設備は主に○○プロセスで必要とする温水を製造する。大型の真空式ボイラ給湯設備であり 200kW 機が 2 機あるが常時 1 台運転とする。必要温度が 70℃程度であることから真空式ボイラを採用している。、大きく「ボイラ本体」と「暖房系統」「給湯系統」に分かれている。 主たる管理のポイントは下記の通り。 1. 真空ボイラの管理ポイントは蒸気ボイラと基本的には同じてあるが、若干異なるのは、缶水の管理と圧力の管理である。 　缶水に相当するのは密閉容器の中の熱媒であり、使用者の管理対象外である事。又、供給する温水は内部で発生するものではなく、外部からの給水を熱交換するだけであり、ボイラ内部で圧力管理するところは器内熱媒の真空度である。 2. 「給湯系統」では、シーズンごとに貯湯槽の残湯量を見ながら熱源機の稼働時間を調整することが大切である。 給湯ボイラ ─ 燃焼管理／給湯管理／排熱回収管理 給湯系統 ─ 運用管理／温度圧力管理／貯湯槽管理／濾過機管理／薬注管理
計測・記録	計測・記録項目は次のとおりである。 1. ボイラでは、燃焼管理、真空度、熱交換器の温度、性能管理に関する記録が中心となる。 2. 給湯系統では、貯湯槽の残湯量と給湯機の運転時間管理に関する記録を行う。
保守・点検	保守・点検項目は、蒸気ボイラとそれほど変わらない。 1. ボイラでは、燃焼装置、炉内清掃、熱交換器の分解手入れなどが中心となる。 2. 給湯系統では、貯湯槽の清掃や水漏れ、断熱材の保全を行う。

項目	管理内容	管理基準値	関係資料	告示対比
			管理頻度	
① 運転 管理	真空ボイラの管理	空気比 1.3（O_2=5.0%）以下とする	取扱い説明書	(1) ①ア
		空気比の基準は小容量のため対象外である。		(1) ①イ
		（ボイラ蒸発量t/hへの換算式＝給湯容量kW × 3.6/2257）		
		複数台数の調整は、交互運転とする		(1) ①ウ
		燃料性状は都市ガス 13A、40.6MJ		(1) ①エ
		廃ガス温度の管理（170℃以下）		(3) ①ア
		廃ガス温度の基準は小容量のため対象外である。		(3) ①イ
		器内熱媒の真空度は−0.03MPa.G 以下で管理する		(2-2) ①キ
	給湯系統の運転管理	給湯温度の管理（65℃）、貯湯槽の残湯量管理		(2-2) ①キ
		給湯運転管理（常用機交互運転）		(2-2) ①クケ
		夏季（6-9月）常用機 1 基を夜間 1 時～ 3 時運転		
		中間期は常用機 1 基を夜間 1 時～ 6 時運転		
		系統ろ過機は、差圧 30kPa で交互切替、逆洗実施		(2-2) ①クケ
		風呂、厨房系統は深夜 24 時～ 5 時の間停止する		(2-2) ①キ
	ポンプ・ファンの圧力・流量管理	燃焼空気ファンはインバータ運転		(6-1) ①ウ
		循環ポンプ吐出圧力 0.25MPa とする		(2-2) ①キ、(6-1) ①ウ
	電圧・電流管理	制御盤にて電圧 202V±20V		(6-1) ①カ
		ファン電流 10A、ポンプ電流 6A 以下		
② 計測 記録	ボイラの運転記録	燃料消費量、運転時間	1/日	(1) ②
		空気比は定期点検時に測定	1/年	(1) ②
		廃ガス温度などは定期点検時に測定	1/年	(3) ②
		温度、真空度など記録	1/日	(2-2) ②ウ
		燃料、給水量、往還温度差からボイラ性能管理	1/年	(5-1) ②
	給湯系統の記録	補給水量、圧力、往還温度	1/日	(2-2) ②ウ
		貯湯槽残量、濾過機差圧、薬品注入量	1/日	(2-2) ②ウ
	電気関係記録	ボイラ制御盤の電圧、電流記録	1/日	(6-1) ②
③ 保守 点検	設備巡回点検	設備全般のパトロール巡視	2/日	(1) ③他
	給湯ボイラ保守点検	炉内清掃、燃焼装置清掃	1/年	(1) ③
		熱交換器清掃	1/年	(2-2) ③イ
		廃熱回収装置保守点検	1/年	(3) ③
	給湯系統設備の保守点検	貯湯槽の開放点検清掃	1/年	(2-2) ③イ
		ろ過機の開放点検清掃	1/年	(2-2) ③イ
		薬品注入装置の点検清掃	1/年	(2-2) ③イ
	断熱部位保守点検	断熱材脱落修理	都度	(5-1) ③ア
	ポンプ、ファンの保守点検	ポンプ、ファン清掃手入れ、注油、ベルト交換	1/年	(6-1) ③ア
	配管、ダクトの漏洩確認	水、ガスもれ点検修理	都度	(6-1) ③イ
	自動制御装置点検	計器、自動制御装置の校正、チューニング	1/年	(2-2) ③ウ
		ここに決める以外は別紙「保全基準」による	保全基準	

	年月日	改訂内容		作成者
履歴				

⑬空調用 EHP モジュールチラー

カテゴリ	ユーティリティ・エネルギー関連設備
プロセス	「(空調用) EHP モジュールチラー」
管理対象設備	100kW × 5 連式空冷式ヒートポンプモジュールチラー 一次冷温水ポンプ 7.5kW × 5、二次冷温水ポンプ 7.5kW × 3

項目	管理要点
管理	本工場の空調設備は、夏場、冬場、中間期などで大きく負荷が異なることもあり、COP、IPLV 共に高い運転効率をねらい 100kW の 5 連機の空冷式ヒートポンプモジュールチラーを導入している。設備は、大きく「熱源設備」と「熱搬送設備」に分かれる。主たる管理のポイントは下記の通り。 1. 「熱源機」は、何よりもその設置場所で性能が左右されることが多く、陽ざし、風の障害などを考慮した初期のレイアウト計画が大切である。また、運用に際しても、冷温水の温度、圧力などをシーズンごとにきめ細かく調整するなど工夫が必要である。 2. 「熱搬送設備」は、その系統構成方法や所用圧力・温度、ポンプの台数調整などの管理が大切である。
計測・記録	計測・記録項目は次のとおりである。 1. 熱源装置では、電力・電流・温度・流量、運転時間、性能把握などが監視記録項目となる。 2. 熱搬送設備では、系統別に圧力・温度・流量、電力、電流を監視したい。 最近では、これらの項目を集中監視装置により使用者、メーカー双方で遠隔監視しながら最適制御することが多くなっている。
保守・点検	特に本事例のような空冷式熱源設備は、設置後ややもすると永年放置されることが多い。この間、冷却ファンやフィンの汚れ、腐食などにより思わぬ性能低下をきたしていることが多いものである。日頃から点検清掃は欠かしてはならない。 1. 熱源装置は、日常的に異音や汚れ、腐食など異常の早期発見に努めるとともに、温度、圧力、台数制御状況などを確認する必要がある。また、定期的にメーカー保守を契約しておきたい。 2. 熱搬送設備では、ポンプ、弁など手入れの他、計器や自動制御装置の保守も必要である。

項目	管理内容	管理基準値	関係資料 管理頻度	告示対比
① 運転 管理	冷温水の温度・圧力管理	冷水温度（7-8月）7℃、（その他）10℃	取扱い説明書	(2-2) ①ウ
		温水温度（1-2月）55℃、（その他）45℃		
		冷温水ヘッダ圧力は0.25MPa前後で変圧制御する		
		冷温水出入口温度差⊿t=5℃で変流量制御		
	複数熱源機運転台数管理	モジュール方式であり自動台数制御による		(2-2) ①エ
	ファン、コンプレッサの台数管理	チラー個別に圧縮機、ファン2台装備。自動台数制御		(2-2) ①オ
	不要時停止の定義	運転時間（夏6-9月）8-19時		(6-1) ①ア
		運転時間（冬12-4月）7-19時運転		
	冷温水ポンプの圧力・流量管理	一次ポンプは冷温水機と連動運転		(2-2) ①オ、(6-1) ①イウ
		二次ポンプは、往還温度差によるインバータ運転		(2-2) ①オ、(6-1) ①ウ
	電圧・電流管理	制御盤にて電圧202V±20V		(6-1) ①カ
		ファン電流10A、ポンプ電流20A以下		
		各熱源機電流70A以下		
② 計測 記録	空調熱源機に関する記録	冷温水流量、圧力、温度、異常監視データ	毎時	(2-2) ②イ
	性能管理のための記録	電力、温度差、流量などからCOP管理	1/年	(2-2) ②、(6-1) ②
	電気関係記録	制御盤の電圧、電流、電力量記録	毎時	(6-1) ②
③ 保守 点検	設備巡回点検	設備全般のパトロール巡視	2/日	(2-2) ③ア他
		水、ガスもれ点検修理	都度	(6-1) ③イ
		配管、本体の断熱材脱落修理	都度	(5-1) ③ア
	シーズン切替点検	冷暖房切替時期（5月、11月）のメーカー点検	2/年	(2-2) ③ア
	熱源機定期点検	要部点検清掃	1/年	(2-2) ③ア
	ポンプ、ファンの保守点検	ポンプ、ファン清掃手入れ、注油、ベルト交換	1/年	(6-1) ③ア
	自動制御装置点検	計器、自動制御装置の校正、チューニング	1/年	(2-2) ③ウ
		ここに決める以外は別紙「保全基準」による	保全基準	
履歴	年月日	改訂内容		作成者

⑭ガス焚き吸収式冷温水機

カテゴリ	ユーティリティ・エネルギー関連設備
プロセス	「ガス焚き吸収式冷温水機」
管理対象設備	ガス焚き吸収式冷温水機 500RT × 3 基（都市ガス 13A）、一次ポンプ 22kW × 3 基 冷却塔 600RT × 3 基、ファン 5.5kW × 3、冷却水ポンプ 37kW × 3 二次冷温水ポンプ 22kW × 3

項目	管理要点
管理	ガス吸収式冷温水機（GAR）は、○フロンなど環境上問題となる冷媒を使用していないこと、○現在本装置では再生器で都市ガスを使用しているが、廃熱などを利用する機種もあること（ジェネリンク）、○電気使用量が少ないためピーク電力抑制の手段となること、等々の特徴を持っている。 本工場では 500RT 3 基を設置し、負荷に応じて台数制御を行っている。 設備は、大きく「熱源設備」「熱搬送設備」と「冷却水設備」に分かれる。 主たる管理のポイントは下記の通り。 １．「熱源機」は、吸収式、ターボ、ヒートポンプ等々いろいろな機種が併用されることが多いが本工場では吸収式 3 基を設置しており運転優先順位及び運転サイクルなどの運用管理が重要。また、燃焼機器は、適宜性能試験が必要。 ２．「熱搬送設備」は、その系統構成方法、所用圧力・温度、ポンプの台数調整などの管理が大切である。 ３．冷却水設備は本体の清掃と冷却水の水質管理が大切である。 熱源機 ── 運用管理 / 性能管理 熱搬送設備 ── 運用管理 / 温度、圧力管理 冷却水設備 ── 冷却塔管理 / 薬注管理
計測・記録	計測・記録項目は次のとおりである。 １．熱源装置では、燃料量、温度、流量、真空度、運転時間、性能把握などが監視記録項目となる。 ２．熱搬送設備では、系統別に圧力・温度・流量、電力、電流などを監視する。 ３．冷却水設備では「冷却塔」まわりの気温、湿度、冷却水出入口温度を記録する。 　　また、定期的に水質測定を行い、適度なブローや防錆剤、スライム防止剤などの薬品管理の目安とする。
保守・点検	１．吸収式冷温水機は燃焼設備であり、バーナや燃焼室、煙道の清掃は大事な保全項目である。 ２．熱搬送設備では、ポンプ、弁など手入れの他、計器や自動制御装置の保守も大切である。 ３．冷却塔は飛散する水の環境下にあることから汚れ、腐食、摩耗などによる定期的なエレメントの交換などが必要である。

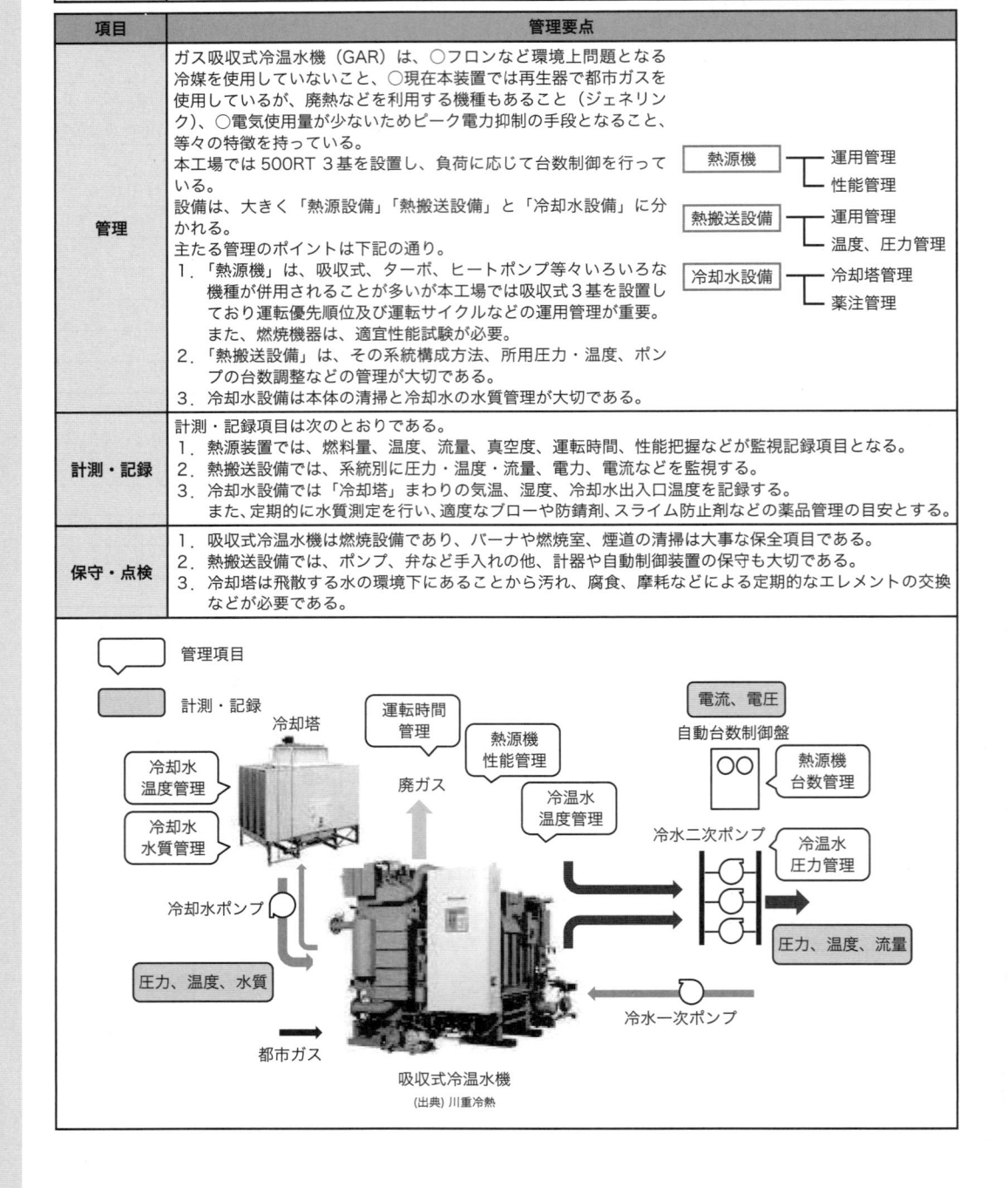

吸収式冷温水機

(出典) 川重冷熱

項目		管理内容	管理基準値	関係資料	告示対比
				管理頻度	
① 運転 管理		空気比の設定	定格負荷時 O₂%=7.0%（m=1.5）以下	取扱い説明書	(1) ①ア
		熱源機の運転台数、燃焼負荷調整	自動台数制御装置(優先機サイクル運転3号→2号→1号)		(1) ①ウ、(2-2) ①エ
		燃料性状管理	都市ガス 13A、40.6MJ		(1) ①エ
		冷温水、冷却水の温度・圧力管理	冷房運転（7-8月）冷水温度7℃、（その他）10℃		(2-2) ①ウ、(6-1) ウ
			暖房運転（11-4月）、温水温度45℃		(2-2) ①ウ、(6-1) ウ
			冷温水ヘッダ圧力は 0.25MPa で変圧制御する		(2-2) ①ウ、(6-1) ウ
			冷温水出入口温度差⊿t=2℃以上目標に運転する		(2-2) ①ウ、(6-1) ウ
			冷却水温度 28℃設定、ファンによる自動制御		(2-1) ①ア
			暖房運転時冷却塔は停止、機内水全ブロー実施		(2-1) ①ア
			冷却水 PH6.5-8.2、導電率 1000 μ S/cm 以下とする		(2-1) ①ア
			定期的ブローや防錆剤、スライム防止剤など薬品を注入		(2-1) ①ア
		ポンプ運転台数管理	一次ポンプは冷温水機と連動運転		(2-2) ①オ、(6-1) ①イウ
			二次ポンプはインバータ機を常用、商用機予備		
			冷却水ポンプは冷却塔と連動運転		
		熱源機廃熱温度管理	定格負荷時廃ガス温度 170℃以下		(3) ①ア
		熱源機の運転時間管理	（運転時間）始業 30 分前、終業 30 分前		(6-1) ①ア
		その他ポンプ、ファンの運転管理	燃焼空気ファンはインバータ運転		(6-1) ①ウ
			抽気ポンプで真空度 550mmHg 以上に管理する		(6-1) ①イウ
		電圧・電流管理	制御盤にて電圧 202V±20V		(6-1) ①カ
			冷温水一次ポンプ 50A、二次ポンプ 50A		
			冷却ファン 15A、冷却水ポンプ 80A		
② 計測 記録		燃焼に関する記録	燃料流量、O₂%（O₂% はメーカー点検時に測定する）	1/日(2/年)	(1) ②
		空調熱源機に関する記録	冷温水温度、圧力、流量、冷却水温度、冷却水水質	1/日	(2-1) ①②、(2-2) ②イ
			機内圧力、真空度	水質(1/月)	
		廃熱回収に関する記録	廃ガス温度（廃ガス温度はメーカー点検時に測定する）	2/年	(3) ②
		冷温水機性能管理のための記録	燃料、温度差、流量から COP 管理	1/年	(2-2) ②、イ (5-1) ②
		電気関係記録	制御盤の電圧、電流、インバータ周波数記録	1/日	(6-1) ②
③ 保守 点検		設備巡回点検	設備全般のパトロール巡視	2/日	(1) ③他
			水、ガスもれ点検修理	都度	(6-1) ③イ
			配管、本体、煙道の断熱材脱落修理	都度	(5-1) ③ア
		シーズン切替点検	冷暖房切替時期メーカー点検	2/年	(2-2) ③ア
		熱源機定期点検	燃焼装置メーカー保守点検	1/年	(1) ③、(2-2) ③ア
			炉内・燃焼装置清掃		
			凝縮器、吸収器などの熱交清掃手入れ	1/2 年	(2-2) ③ア
			煙道熱交換器清掃手入れ	1/年	(3) ③
		ポンプ、ファンの保守点検	ポンプ、ファン清掃手入れ、注油、ベルト交換	1/年	(6-1) ③ア
		冷却塔の定期点検	内部清掃、充填材の不良品交換	1/年	(2-1) ③、(2-2) ③ア
		自動制御装置点検	計器、自動制御装置の校正、チューニング	1/年	(2-2) ③ウ
			ここに決める以外は別紙「保全基準」による	保全基準	
履歴	年月日		改訂内容		作成者

⑮ターボ冷凍機

カテゴリ	ユーティリティ・エネルギー関連設備
プロセス	「(プロセス用)ターボ冷凍機」
管理対象設備	ターボ冷凍機 1000kW × 3(1 基はインバータターボチラー) 冷却塔 1000kW × 3、冷温水ポンプ 55kW × 3、冷却水ポンプ 75kW × 3

項目	管理要点
管理	本設備は、本事業所において○○商品を製造する際に使用する冷水と温水を同時に得ることができるダブルバンドル(DB)型高効率ターボ冷凍機である。 設備は、大きく「熱源設備」「熱搬送設備」と「冷却水設備」に分かれる。 主たる管理のポイントは下記の通り。 1.冷凍機は3台あり、うち1台はインバータチラーであることから運転順位などの運用管理が重要。 2.「熱搬送設備」は、その系統構成方法、所用圧力・温度、ポンプの台数調整などの管理が必要である。 3.冷却水設備は本体の清掃と冷却水の水質管理などが重要。 熱源機 ─ 運用管理 / 性能管理 熱搬送設備 ─ 運用管理 / 温度、圧力管理 冷却水設備 ─ 冷却塔管理 / 薬注管理
計測・記録	計測・記録項目は次のとおりである。 1.熱源装置では、電力、温度、流量、運転時間、性能把握等が監視記録項目となる。 2.熱搬送設備では、系統別に圧力・温度・流量、電力、電流等を監視したい。 3.冷却水設備では「冷却塔」まわりの気温、湿度、冷却水出入口温度を記録する。 また、定期的に水質測定を行い、適度なブローや防錆剤、スライム防止剤等の薬品管理の目安とする。
保守・点検	1.熱源機は、冷媒の管理、凝縮器等の清掃が大事な保全項目である。 2.熱搬送設備では、ポンプ、弁等手入れの他、計器や自動制御装置の保守も大切である。 3.冷却塔は飛散する水の環境下にあることから汚れ、腐食、摩耗等による定期的なエレメントの交換等が必要である。

管理項目

計測・記録

冷却塔

熱源機 性能管理

運転時間 管理

自動台数制御盤

熱源機 台数管理

電流、電圧

冷却水 温度管理

冷却水 水質管理

冷水二次ポンプ

冷温水 圧力管理

圧力、温度、流量

圧力、温度、水質

冷却水ポンプ

凝縮器 洗浄頻度管理

自動洗浄装置

冷水一次ポンプ

電源6.6kV

ターボ冷凍機
(出典)三菱重工業

冷温水 温度管理

項目	管理内容	管理基準値	関係資料 / 管理頻度	告示対比
①運転管理	冷却水の温度など管理	冷却水温度 30℃設定でファンによる自動制御	取扱い説明書	(2-1)①ア、(6-1)①ウ
		冷却水 PH6.5-8.2、導電率 1000μS/cm 以下とする		
		定期的ブローや防錆剤、スライム防止剤など薬品を注入		
	複数熱源装置の負荷調整	インバータ機 3 号常用、他は台数制御		(2-1)①エ
		優先機 3 → 2 → 1 号		
	冷温水の温度設定管理	冷水温度 7℃設定、温水 45℃設定		(2-1)①コ
		冷水、温水出入口温度差⊿t=2℃以上を目標とする		
		凝縮器終端温度差管理値⊿t=2.0℃以下		
		（凝縮器ボール洗浄 2 回 / 日自動洗浄）		
	不要時停止の定義	運転時間は始業 1 時間前起動、終業時停止する		(6-1)①ア
		詳細は「週間計画表」による	週間計画表	
	複数電動機の台数管理	冷温水、冷却水ポンプ台数制御装置による		(6-1)①イ
	ポンプ、ファンの圧力・流量管理	冷水圧力 0.25MPa で自動制御		(6-1)①ウ
		冷却水圧力は 0.15MPa 以上		
	電圧・電流管理	運転制御盤にて高圧 6600V±600V		(6-1)①カ
		低圧 440V±40V、202V±20V		
		冷温水ポンプ 70A、冷却水ポンプ 100A 以下(440V)		
		ターボ機 125A 以下（6.6kV）		
②計測記録	熱源機に関する記録	冷温水流量・温度・圧力、異常監視データ	1/日	(2-1)②
		冷媒圧力、冷却水温度、冷却水水質	水質(1/月)	
		凝縮器など終端温度差記録		
		冷凍機の性能測定	1/年	(2-1)②
	電気関係記録	制御盤の電圧、電流、電力量、周波数	1/日	(6-1)②
③保守点検	設備巡回点検	設備全般のパトロール巡視	2/日	(2-1)③他
		水、ガスもれ点検修理	都度	(6-1)③イ
		配管、本体、煙道の断熱材脱落修理	都度	(5-1)③ア
	熱源機定期点検	メーカー保守点検	1/年	(2-1)③
		コンプレッサなど分解点検	1/4年	
		冷媒など補充	1/年	
		凝縮機、蒸発器など要部清掃手入れ	1/2年	(2-1)③
	ポンプ、ファンの保守点検	ポンプ、ファン清掃手入れ、注油、ベルト交換	1/年	(6-1)③ア
	冷却塔の定期点検	内部清掃、充填材の不良品交換	1/年	(2-1)③
	自動制御装置点検	計器、自動制御装置の校正、チューニング	1/年	(2-1)③
		ここに決める以外は別紙「保全基準」による	保全基準	

履歴	年月日	改訂内容		作成者

3. 個別プロセス・設備の管理規程例

81

⑯ GE コジェネレーション

カテゴリ	ユーティリティ・エネルギー関連設備
プロセス	○○機械工場の「(ガスエンジン式)コジェネレーション」
管理対象設備	(ガスエンジン発電機) 都市ガス 13A、500kW × 3 基 (排熱回収ボイラ) 水管式ドラム型、1.2MPa、0.5t/h × 3 基 (冷却塔) 500kW × 3 基

項目	管理要点
管理	本設備は、当事業所で 2015 年に導入したガスエンジン式自家用コジェネレーション設備である。一般的にコジェネレーション設備には、エンジン式、ガスタービン式などがあるが、本事業所では熱負荷より電気負荷を必要とすることからガスエンジン機を採用している。必要電力が季節により変化するため 500kW 基を 3 基設置し負荷に応じ台数制御を行っている。 主たる管理のポイントは下記の通り。 1.「エンジン」は回転機械であり、燃焼部の保全や要部の温度管理が重要である。また、振動、騒音も大きいので周辺環境対策が必要である。 2.「発電設備」は、熱負荷に見合う最適負荷配分や、予め優先運転順位を決めておき、総合効率の向上を図りたい。 3. 排熱回収設備(ボイラ)は、燃焼設備は持たないもののエンジンの排気を使用するため内部の清掃が必要である。 エンジン ─┬─ 運用管理 　　　　　└─ 性能管理 電気設備 ─┬─ 運用管理 　　　　　└─ 温度、圧力管理 排熱回収設備 ─┬─ 冷却塔管理 　　　　　　　└─ 薬注管理
計測・記録	計測・記録項目は次のとおりである。 1. エンジンでは、燃料流量、運転時間、要部の温度、振動、騒音、性能把握などが監視記録項目となる。 2. 発電設備では、電力、電圧、電流、力率などを監視する。 3. 排熱回収設備では、排ガス温度、蒸気圧力・流量、給水水質・流量などの記録が必要である。 　　冷却水設備では「冷却塔」まわりの気温、湿度、冷却水出入口温を記録する。 　　また、定期的に水質測定を行い、適度なブローや防錆剤、スライム防止剤などの薬品管理の目安とする。
保守・点検	1. エンジンは、燃焼部のノズル、弁などと、ピストン、ギア、軸受など機械部分の摩耗管理が必要である。 　　また、排ガス系統のターボチャージャーやフィルタ、サイレンサーの定期保全が大切である。 2. 発電設備では発電機、保護継電器や計測制御装置の定期保全が必要である。 3. 排熱回収ボイラは、燃焼室がないものの炉内の清掃、要部の摩耗管理などが必要である。

管理項目

計測・記録

冷却水温度

冷却塔管理

電力、電圧、電流、力率

運用管理　　性能管理

蒸気圧力、流量、廃ガス温度

ボイラ管理　蒸気圧力管理

発生蒸気

ドレン回収

都市ガス

燃料量

要部温度

ブロー水

給水タンク　軟水装置

ボイラ給水水質管理　給水水質

補給水

コジェネレーション
(出典) 大阪ガス、三菱重工業

項目	管理内容	管理基準値	関係資料 管理頻度	告示対比
① 運転 管理	エンジンの管理	空気比の管理（エンジンのため管理対象外）	取扱い説明書	(1) ①ア
		燃料性状（都市ガス）13A、40.6MJ		(1) ①エ
		ジャケット冷却水温度 80℃で自動制御		(2-1) ①ア
		潤滑油温度温度 40℃で自動制御		(2-1) ①コ
		エンジン排ガス温度 500℃以下		(3) ①ア
		ジャケット冷却水保有熱はボイラ給水加熱に利用		(3) ①エ
	複数機の負荷調整	（夏季 7-9 月の重負荷シーズン）3 基全負荷運転		(1) ①ウ、(4-2) ①ア
		（その他のシーズン）2 号機 1 基を熱負荷追従運転させる		
	運転時間管理	休日、夜間（22-6 時）は停止する		(4-2) ①ア
	排熱回収ボイラの管理	発生蒸気圧力の管理（0.7MPa）		(2-1) ①コ
		系統蒸気圧力の管理（高圧系 0.7MPa、低圧系 0.2MPa）		(2-1) ①ア
		給水の水質（PH5.8-9.0、硬度 1.0 以下、鉄 0.3mg 以下）		(2-1) ①キ
		缶水の水質（PH11.0-11.8、電導度 400mS/m 以下）		(2-1) ①キ
		廃ガス温度の管理（170℃以下）		(3) ①ア
		蒸気ドレンは全て給水タンクに回収する		(3) ①ウ
		ブロー水の排熱は全量給水予熱として回収		(3) ①エ
	冷却塔の管理	冷却水導電率 1000μS/cm 以下、PH6.5-8.2 で管理する		(2-1) ①ア
		冷却水温度 30℃設定、冷却塔ファンによる自動制御		(2-1) ①ア、(6-1) ①ウ
		定期的ブローや防錆剤、スライム防止剤など薬品を注入		(2-1) ①ア
	ポンプ・ファンの圧力・流量管理	別紙「操作要領書による」による	操作要領書	(6-1) ①ウ
	電圧・電流管理	別紙「操作要領書による」による	操作要領書	(6-1) ①カ
② 計測 記録	エンジンに関する記録	燃料流量、回転数、要部温度、振動、騒音など	毎時	(1) ②
	排熱回収ボイラに関する記録	蒸気圧力・温度、給水流量	毎時	(2-1) ②
		給水電導度、PH		
		廃ガス温度、各系統ドレン温度など	毎時	(3) ②
	コジェネレーション総合性能管理	燃料、発電量、給水、廃熱などから総合性能測定	1/ 年	(4-2) ②ア、(5-2) ②
	冷却塔記録	冷却水温度、水質（水質は 1/ 月）	毎時	(6-1) ②
	電気関係記録	電気制御盤の電力、電圧、電流、力率記録	毎時	(6-1) ②
③ 保守 点検	設備巡回点検	設備全般のパトロール巡視	2/ 日	(4-2) ③他
		水、蒸気、ガス、油もれ点検修理	都度	(6-1) ③イ
		配管、本体、煙道の断熱材脱落修理	都度	(5-1) ③ア
	エンジンの定期保守点検	燃焼室、ターボチャージャーなど開放点検	1/ 年	(1) ③
		エンジンシリンダー部の開放点検	1/4 年	(4-2) ③
		フィルタ、サイレンサーの開放点検	1/ 年	(4-2) ③
		配管、ダクトの清掃手入れ	1/ 年	(6-1) ③イ
		熱交換器など加熱、冷却装置内部清掃手入れ	1/ 年	(2-1) ③
	排熱回収ボイラ保守点検	ボイラの開放点検	1/2 年	(3) ③
		ドレントラップ作動、漏洩修理	都度	(5-1) ③イ
	冷却塔の保守点検	内部清掃、充填材の不良品交換	1/ 年	(2-1) ③
	ポンプ・ファンの保守点検	ポンプ、ファン清掃、注油	1/2 年	(6-1) ③ア
	電気設備の保守点検	発電機の開放点検	1/4 年	(4-2) ③
		開閉装置、遮断器の点検	1/ 年	(4-2) ③
		保護継電器、計器、自動制御装置の校正、チューニング	1/ 年	(4-2) ③
		ここに決める以外は別紙「保全基準」による	保全基準	
履歴	年月日	改訂内容		作成者

【その他共通設備】
⑰ポンプ、ファン設備

カテゴリ	共通設備
プロセス	Ａ工場○○製造プロセス「ポンプ、ファン設備」
管理対象設備	チラー冷却水ポンプ11kW×3基、大型排気ファン22kW×1基 燃料油ポンプ37kW×2基、海水ポンプ55kW×4基 空気圧縮機37kW×2基、22kW×3基 排水処理ブロワ7.5kW×3基

項目	管理要点
管理	本事業所では各製造プロセスで多くのポンプ、ファン類を使用している。○○製造プロセスのポンプ、ファンのうち、最重要設備は上記の18台である。 主たる管理のポイントは下記の通り。 1.「電動機」には交流・直流、誘導・同期、商用・インバータなど種類がある。その種類に応じて管理ポイントが異なるので注意が必要である。共通的には、設置当初のサブ変配置、電圧、ケーブルサイズなどの基本的考えや、運転時間管理、電圧・電流管理そして軸受などの保全管理、定期的な絶縁診断などが中心となる。 2.「ポンプ・ファン」も、その流体、圧力、容量などにより管理項目が大きく異なるので注意が必要である。共通的には、圧力、流量、温度、振動などを管理することになる。
計測・記録	計測・記録項目は次のとおりである。 1. 電動機は、電圧、電流、温度などによりその負荷状態を監視する。 2. ポンプ、ファンは、その圧力、温度、流量、ダンパ・弁開度、振動などにより稼働状況を監視する。
保守・点検	1. 電動機は、軸受、継手など機械部分の注油、冷却ファンのフィルター清掃などが必要である。 2. ポンプ・ファンでは、インペラ、ケーシング、軸受の定期保全が大切である。 また、付属する減速ギヤ、冷却装置、ダンパなど駆動装置及びインバータなどの保全も欠かせない。 現場でよく見かける事例であるが、圧力計、温度計、流量計、電流計などの計器類が故障していることが多い。 これらの計器は、設備の性能監視や異常発見のためのものであり、機械本体と同様に日常の保全を必ず実施すべきである。

電動機 ── 運用管理
       └ 電流管理

ポンプ、ファン ── 運用管理
            └ 温度、圧力管理

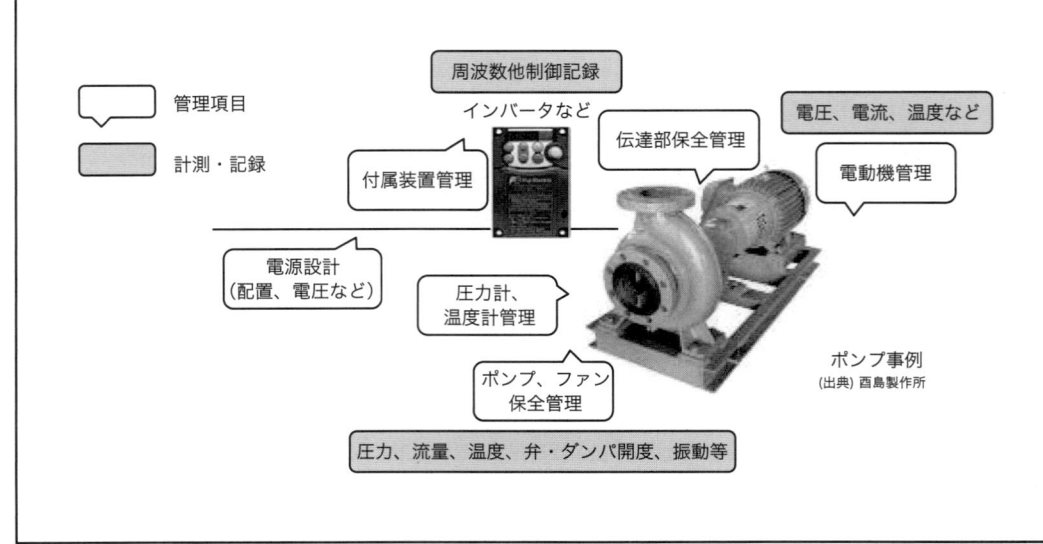

管理項目

計測・記録

周波数他制御記録

インバータなど

付属装置管理

電源設計
（配置、電圧など）

伝達部保全管理

圧力計、
温度計管理

ポンプ、ファン
保全管理

電圧、電流、温度など

電動機管理

ポンプ事例
(出典) 酉島製作所

圧力、流量、温度、弁・ダンパ開度、振動等

項目	管理内容	管理基準値	関係資料 / 管理頻度	告示対比
① 運転 管理	系統別運用管理	冷却水系の運転時間は、始業1hr前に起動、終業時停止	操作要領書	(6-1)①ア
		空気圧縮機は始業30分前に起動、終業時停止		
		ボイラ系は、始業1hr前に起動、終業時停止		
		燃料油系運転時間はボイラ運転と連動制御		
		換気・排気ファンは、始業時に起動、終業時に停止		
		尚、工場が1hr以上停止するときは停止させる		
		海水冷却水系運転時間は、プラント操業と連動させる		
		製造機械は「週間計画表」により運転する	週間計画表	
		排水処理装置は昼夜連続運転とする		
		詳細は「操作要領書」による		
	ポンプ・ファンの圧力、流量管理	冷却水ポンプ吐出圧力は0.15MPaとする	操作要領書	(6-1)①ウ
		大型排気ファンはインバータによる40Hz運転		
		燃料油ポンプ吐出圧力2.5MPa以下とする		
		海水ポンプ吐出圧力0.15MPa以下とする		
		空気圧縮機系統はレシーバ圧力0.6MPaで自動制御		
		詳細は「操作要領書」による		
	電圧・電流管理	制御盤にて電圧202V±20V		(6-1)①カ
		チラー冷却水ポンプ電流25A以下		
		大型排気ファン電流55A以下		
		燃料油ポンプ電流100A以下		
		海水ポンプ電流125A以下		
		空気圧縮機37kW電流100A、22kW電流50A以下		
		排水処理ブロワ電流20A以下		
		本事例以外の管理値は、別表「電動機一覧表」による	電動機一覧表	
② 計測 記録	電気関係記録	各制御盤の電圧、電流、回転数、周波数記録	1/日	(6-1)②
	運転状況記録	各圧力、温度、流量、弁・ダンパ開度、振動など	1/日	(6-1)②
③ 保守 点検	設備巡回点検	設備全般のパトロール巡視	2/日	(6-1)③ア
		水、液、ガス、空気もれ点検修理	都度	(6-1)③イ
		配管、本体、煙道の断熱材脱落修理	都度	(5-1)③ア
	ポンプ、ファンの保守点検	ポンプ、ファン、減速ギヤ、ダンパなど駆動装置、電磁弁など定期保全	1/年	(6-1)③ア
		メカニカルシールのOリング交換	1/年	(6-1)③ア
		絶縁試験、計器・制御装置点検、試運転	1/年	(6-1)③ア
		電動機の分解点検	1/4年	(6-1)③ア
			保全基準	
		ここに決める以外は別紙「保全基準」による		

	年月日	改訂内容		作成者
履歴				

3. 個別プロセス・設備の管理規程例

⑱工場照明設備

カテゴリ	共通設備
プロセス	工場「照明設備」
管理対象設備	汎用水銀灯 400W × 100 台、200W × 100 台 FLR 蛍光灯 40W2 灯型× 1000 台

項目	管理要点
管理	現在、本事業所の照明は水銀灯 200 台、蛍光灯 1000 台で構成している。 照明のエネルギー管理のポイントは、 　●作業場所に対応した照度基準、 　●点消灯時間の管理、 　●器具の清掃、ランプ交換など保全管理、 　●電源を含む定期的なメンテナンスの実行 などである。 なお、近年、高天井用の LED が開発され普及し始めているため順次高効率照明への転換を計画し効率化を図ること。
計測・記録	照度測定 （測定シーズン、時間、天候、場所、測定高さは予め決めておき、毎年同一条件で行う必要がある）
保守・点検	球切れなどの照明機器劣化対策だけでなく、器具の汚れ、腐食などにより照度低下となることから定期的な機器・器具の点検、清掃が重要。 年一度の大掃除の機会等に、器具の清掃も行う必要がある。

管理項目

計測・記録

照度管理　　点消灯管理　　照度測定記録

器具の
清掃管理

項目	管理内容	管理基準値	関係資料 管理頻度	告示対比
① 運転 管理	照明照度の管理基準	A 工場（水銀灯）300 lx		(6-2) ①ア
		B 工場（蛍光灯）500 lx		
		倉庫（水銀灯）150 lx		
		事務所（蛍光灯）350 lx		
		廊下、トイレ（蛍光灯）150 lx		
		ここに定める他は「照明管理表」によるものとする	照明管理表	
	消灯管理	工場点灯 8-18 時		
		事務所点灯 8-19 時		
		トイレは人感センサーによる		
		工場、事務所共に昼休みは消灯励行する		
		会議室は都度点灯する		
		事務所窓際はプルスイッチで晴天日消灯する		
		高天井照明は、手元照明化についても検討する		
		なお、個別には不要時消灯を励行する		
② 計測 記録	照明に関する管理状況記録	照度測定	2 回 / 年	(6-2) ②
		夏、冬の 15 時頃、所定の机上で測定する		
③ 保守 点検	照明装置保守点検	ランプ交換	都度	(6-2) ③ア
		器具の清掃手入れ	12 月に実施	
		天窓等自然光設備の清掃手入れ	12 月に実施	
		なお、器具劣化時には LED 等の高効率機器に更新する		
履歴	年月日	改訂内容		作成者

4．業務部門の管理規程例

　前項では、主に工場、事業場の管理規程例を紹介したが本項では業務部門の管理規程例としてビル保有事業者の例を示す。業務部門の規程といっても、事業者全体並びに設備、機器ごとの規程いずれも、基本的に前項１～３に示したものと変わりはない。

「管理規程作成の留意点」
　注意すべき点としては、業務部門の特徴として、ビル管理などを別法人に委託しているケースやテナントビルなどの場合は、他者と一体となった取組みが求められることもあり、管理規程等による基準の整備やこれに基づく運用は一層重要になる。異なる事業者が一体となり適切なエネルギー管理を実行するにはエネルギー関連データの把握、情報の共有等は必須であるが、オーナーサイドとして、他者に知られたくない情報等が存在するということも考えられる。
　例えば、
　○従業員等に省エネ意識を持たせるにはエネルギー費用等のリアルな実態を伝えることは使用合理化を活性化するためによく行われるが、テナントビル等ではエネルギーコスト構造がオープンになる懸念。
　○このことがオーナ、テナント間の契約上問題となる場合は、マネージメント部分の管理規程作成には注意と工夫が必要。
　しかしながら、省エネ法判断基準においては、賃貸事業者と賃借事業者が共同でエネルギー使用の合理化に取組むと共にエネルギー使用に係る費用の負担方法に省エネ取り組みの成果が反映される仕組み等を構築するよう求めていることもあり、省エネ取組み結果が各企業のエネルギー費用に反映される仕組みが必要といえる。
　業務部門における個別機器や設備の規程については、工場等に比べ設置している設備などは限定されるため比較的作成しやすいが、担当者のエネルギーに関する知見も様々であることから、できるだけ平易な表現等が必要。

　P.90 から P.91 にはビル会社の管理規程例として全社管理編を、P.92 から P.95 にはビルの設備・機器管理編としての管理基準を示す。
　なお後者については前項３で示した設備・機器と同様なものも掲載しているが、各々、設備・機器の管理の考え方の部分は紙面の都合上省略した（表紙についても省略）。

【設備・機器】
　　①空気調和設備
　　②照明設備
　　③給湯設備
　　④ターボチラー設備

業務部門　全社エネルギー管理規程例

社外秘

サンプル

ECCJ ビルエネルギー管理規程

全社管理編

EC ビルエネ管　１００２

ECCJ ビル株式会社

▽制定　　　平成 29 年 4 月
▽改定 1　　平成 30 年 5 月（省エネ法告示改定に伴う見直し）

		管理番号	EC ビルエネ管　1002
カテゴリ ENERGY	ECCJ ビル株式会社 **全社エネルギー管理規程**	制定	2017/4/1	
		改定①	2018/5/23	

<table>
<tr><td rowspan="10">目的及び
適用範囲
（設備概要）</td><td>

1．目的

本規程は、当社がエネルギーの効率的利用の推進を図るために社全体として取組むべき基本的な事項を定めたものである。当社は快適な事務所空間創出とエネルギーの効率的利用の両立を目指すことを企業コンセプトとし、地球環境改善と共にエネルギーコスト削減を図ることを目的とする。

本規程は、当社のエネルギー管理に関する基準を定めたものであり、個別機器、設　備に関しては管理規程の機器管理編に基づき管理のこと。

2．ビル概要

- ○　ビル所在地　　　　　東京都千代田区丸の内 1-1
- ○　用途　　　　　　　　テナントオフィスビル
- ○　竣工　　　　平成 29 年 4 月
- ○　敷地　面積　　　9300m²　　　　　○　建築面積　　　　　5000m²
- ○　延べ床面積　　　30000m²　　　　○　空調面積　20800m²
- ○　規模　　地上 13 階　地下 1 階　　○　構造　　鉄骨造　（CFT, 制震構造）
- ○　用途内訳　共用部　4500m²　　機械室　　1800
  - 　　　　　　　自社使用　管理室　　200
  - 　　　　　　　テナント部　23500（含む駐車場）

3．主要エネルギー使用設備

- ○　受変電設備　　受電電圧　　6.6kV　　契約電力　　1250kW
  - ・3 相主変圧器 2000kVA　1 基、単相 500kVA 変圧器　2 基、進相コンデンサ　1 基
- ○　熱源設備・熱搬送・空調設備
  - ・150RT ターボ冷凍機　1 基、ガス吸収式冷温水器 320RT　2 機
  - ・13A 焚きボイラ 300kg/h　3 基
  - ・冷温水ポンプ○○ kW、送風機○○ kW、AHU、ビルマルチ○○台
- ○　給湯設備
  - ・1.5kW 電気温水器　14 台（1 台 / フロア）
- ○　エレベータ
  - ・三菱エレベータ　4 基
- ○　照明
  - ・32W Hf 蛍光灯　　　8000　　・LED ダウンライト 85W　　40

【設備関連資料及び保管責任部署】

- ・受配電単線結線図　　　　　　　　　　　　　　　　施設課
- ・受変電設備機器図面、説明書、照明機器関連図面　　施設課
- ・空調設備設計図面、エレベータ関連設計図、説明書類　施設課
- ・建築関連資料　　　　　　　　　　　　　　　　　　総務課
- ・電力、ガス契約関連資料　　　　　　　　　　　　　総務課

</td></tr>
</table>

取り組み方針 省エネ目標など 設備投資方針	**5．省エネルギー取組み方針と目標** 5-1　基本的取り組み方針 　　　当社はビル事業において、快適な事務所空間創出とエネルギーの効率的利用の両立をコンセプトに地球環境改善と共にエネルギーコスト削減を図ることができるグリーンビルへの転換をめざすことを基本的な取り組み方針とする。 5-2　省エネルギー目標 　　　①テナント部を含む全ビルの延べ床面積あたりのエネルギー消費量を 2020 年末までに 2016 年基準の 5% 削減とする。また 2020 年までに年間原油換算エネルギー使用量を 1500kL 以下を目指す。 　　　② 2018 年までに契約電力を 1000kW 以下とする。 **6．設備新設及び更新に対する方針** 　　　①エネルギー消費を伴う設備の更新や新設に際しては、必ずエネルギー効率面での評価を行うとともに、省エネ法の判断基準における新設に当たっての措置に規定された基準を遵守する。 　　　②省エネルギーを主目的とする設備新設や更新は、単純投資回収年 6 年未満を原則とし、設備改修等にあたってはテナント影響を最小限とする。 　　　③エネルギー使用合理化に伴う設備投資の計画にあたっては必ず補助金活用の検討を行う。 **7．エネルギー管理委員会規程** 　　　①エネルギー管理統括副委員長は本委員会を 4 半期に 1 回招集する。 　　　②本委員会は、エネルギー管理状況、エネルギー使用量等の情報の発信を BEMS 及び見える化システム並びに年 2 回の定期エネルギー通信で情報の提供を行う。 　　　③その他、詳細は別途定めるエネルギー管理委員会規程に従い運営する。
管理・報告 など	**8．報告、周知徹底、教育など** 　　　①エネルギー管理統括副委員長（エネルギー管理統括者）は半期に一度エネルギー管理委員長である 社長及び役員会にてエネルギー管理状況などについて報告する。 　　　②エネルギー管理統括者は省エネ法に基づく定期報告、及び中長期計画を取りまとめ、毎年国に報告する。 　　　③エネルギー管理統括者は人事担当とともにエネルギーに関する教育を定期的に行う。 　　　④施設課長はエネルギー管理委員会の承認に基づき年 1 回省エネルギーの実施状況についてのビル内パトロールを行うと共に、2～3 年に 1 回程度外部専門家による省エネ診断を受ける。 　　　⑤エネルギー管理統括者は、総務、施設各部門と調整の下、中長期計画に基づく必要な省エネ投資について取りまとめ経営会議に上程する。また、決定した省エネ対策についてはその進捗を管理するとともに効果実績を把握、評価を行う。
その他	**9．その他規程運用など** 　　　①本エネルギー管理規程は、原則 2 年に 1 回第 4 四半期までに見直しを行う。 　　　②見直しに際しては、省エネ法並びに関係法令の動向を踏まえ実施する。 　　　③コストに係る情報等重要機密データについては別途総務課が定める規程によること。テナントが参画する委員会において議論する情報については特に留意すること。

業務部門　個別設備・機器管理規程例

①空気調和設備

カテゴリ ENERGY	ECCJ ビル株式会社 空気調和設備		管理番号	EC ビルエネ管　1005
設備・機器 管理規程			整理番号	5
			ページ	＊1/1

1. 目的
　本管理標準は、ECCJ ビルの空気調和設備に関し、エネルギー使用合理化の視点から定めた管理規程であり、設備担当は本規程に従い管理を行うこと。

2. 適用範囲及び機器仕様
　ECCJ ビルの空気調和設備
　○空調機　AHU7.5kW　5基、11kW　1基
　○換気ファン　11kW　2基

項目	内容	管理基準	参照 マニュアル等	判断基準 告示番号
運転・管理	1. 事務所などの空調は、施す区画を限定し、ブラインドの管理などによる負荷の軽減を図るとともに、使用状況に応じた設備の運転時間、温度、換気回数、湿度などを設定し、過剰な空調とならないよう管理を行うこと。 (1)夏季の冷房温度、冬季の暖房温度は、政府推奨温度に設定すること。 (2)中間期は空調を停止し、主として外気冷房を行うこと。 (3)空調時間の短縮 　①始業時：室内及び外気温度を勘案して運転を開始すること。 　②就業時：就業前に停止し、残業時の空調は申請/許可制とすること。 (4)外気取り入れ機能がある場合 　①室内 CO_2 濃度1000ppm 以下を確保できる範囲で外気量を調整すること。 　②運転開始時の予冷・予熱時は外気をカットすること。 2. 設備の管理は外気条件の負荷変動などに応じて行うこと。 　冷温水の温度、量及び蒸気供給圧力などの設定により総合的なエネルギー効率を向上させること。 3. 同一区画に複数の空調機で構成される場合は、混合損失の防止や稼働機器の選択により総合効率の向上を図ること。	・区画ごとに温度、湿度を設定すること ・夏・28℃、冬・20℃ ・空調開始時刻 　夏・冬：7－20 時 　中間期：8－18 時 ・CO_2 濃度：800～1000ppm ・冷水温度（7.8月）7℃、以外は10℃ 　（冷風温度設定　15℃） ・温水温度（1.2月）55℃、以外は45℃ 　（温風温度設定　35℃） ・稼働機器の選択基準による	空調設備運転管理マニュアル	(1) ①ア. (1) ①ウ. (1) ①カ.
計測・記録	1. 空調条件 (1)空調区画ごとの室内温度、湿度、CO_2 濃度及び外気取り入れ状況（外気温度、湿度、換気回数）の計測記録を行うこと。 (2)空調時間の記録を行うこと。 2. 空調を構成する機器の個別機器の効率及び総合的な効率を高めるための項目（冷温水の温度、量及び蒸気の圧力、量、ファン電流、CO_2 濃度）などの計測記録を行うこと。	1回/日 ダンパ開度、フィルター差圧　1/日 1回/日 1回/日	空調設備運転管理マニュアル記録簿	(1) ②ア. (1) ②イ. (1) ②ウ.
保守・点検	1. 空調機の保守・点検 (1)フィルターの清掃・交換、凝縮器のスケールの除去、冷媒量の点検を行うこと。 (2)ファン及びコイルの清掃、ダンパの点検を行うこと。 2. 自動制御、シーケンスの点検を行うこと。	日常点検パトロール　1回/日 空調機フィルター清掃　1/2月 断熱材の脱落等点検修理　1回/年 計器、自動制御装置の点検校正　1/年	保守点検マニュアル 点検整備記録	(1) ③ア. (1) ③ウ. (1) ③イ.
新設時の措置	1. 負荷の応じた設備を選定すること。 2. 常時負荷変動の大きい状態で使用されるときは、稼働調整しやすい設備構成とすること。 3. 特定エネルギー消費設備に該当する交流電動機は基準エネルギー消費効率以上の効率ものの採用を考慮すること。			(1) ④ア. (1) ④イ. (1) ④ウ.
履歴	**年月日**	**改訂内容**		**作成者**
	2005-3-11	エネルギー管理委員会制定		
	2006-7-25	省エネ法改正に伴い「判断基準」が改正されたため		
	2010-12-1	省エネ法改正に伴い「判断基準」が改正されたため		

②照明設備

カテゴリ ENERGY	ECCJ ビル株式会社 **照明設備**		管理番号	EC ビルエネ管　1006
設備・機器 管理規程			整理番号	6
			ページ	＊1/2

1. 目的
　本管理標準は、ECCJ ビルの照明設備に関し、エネルギー使用合理化の視点から定めた管理規程であり、設備担当は本規程に従い管理を行うこと。
2. 適用範囲及び機器仕様
　ECCJ ビルの照明設備
　○ Hf 蛍光灯　65W 型、約 500 台
　○ LED 照明　15W 型ダウンライト、約 100 台（廊下用）

項目	内容	管理基準	参照 マニュアル等	判断基準 告示番号
運転・管理	1. 照度の基準 　照度基準（JIS Z 9125：2007、JIS Z 9110：2011）を参考に場所ごとに照度を維持すること。 　①事務室 　②会議室 　③玄関ホール 　④応接室 　⑤廊下、トイレ 2. 以下の照明の点灯管理を行うこと。 　①昼休みの消灯 　②昼光を利用した窓際照明の消灯 　③会議室、応接室、書庫、トイレなどは使用時のみ点灯、常時は消灯	 750±200〔lx〕 500±200〔lx〕 500±200〔lx〕 500±200〔lx〕 200±50〔lx〕 目標実施率 （窓際消灯（晴れの日はプルスイッチ「切」）、残業時間帯は執務エリアのみ点灯など）	照明設備管理基準 省エネ行動計画	(3) ①ア.
計測・記録	1. 照度の計測・記録 　①予め測定点を決めて照度を測定・記録 　②計測する高さ（JIS C 7612：1985 に準ずる） 　　室内　　床上 80±5㎝ 　　机・作業台　上面または +5㎝以内 　　通路　　床上 15㎝ 2. 照明の点灯管理記録	定期測定　1 回 / 年 1 回 / 週 省エネパトロール時	照明設備管理基準 省エネ行動計画	(3) ②
保守・点検	1. 定期的な清掃 　①ランプ・器具の清掃を行うこと。 2. ランプの交換 　①管球類の交換を行うこと。 　　蛍光灯（省エネ型ランプ及び Hf ランプ） 　　白熱（電球型蛍光ランプの採用検討） 　②蛍光ランプは、基準照度の 70% 以下で交換すること。	2 回 / 年 ランプ取替時 ［点灯時間］ 10,000h 1,000h	照明設備管理基準	(3) ③ア.
新設時の措置	1. 照明設備を新設する場合は、次に掲げる事項などの措置を講じることにより、エネルギーの効率的利用を図ること。 　①電子回路式安定器（インバータ）を点灯回路に使用した蛍光ランプ（Hf 蛍光ランプ）などの省エネルギー型設備を考慮すること。 　② HID ランプなどの効率の高いランプを使用した聡明危惧など省エネルギー型設備を考慮すること。 　③清掃、光源の交換などの保守が容易な照明器具を選択するとともに、その設置場所、設置方法などについても保守性を考慮すること。 　④照明器具の選択には、光源の発光効率だけでなく、点灯回路や照明器具の効率及び被照明場所への照明効率も含めた総合的な照明効率を考慮すること。 　⑤昼光を使用することができる場所の照明設備の回路は、他の照明器具と別回路にすることを考慮し、選択者が判断できるようにすること。 　⑥不必要な場所及び時間帯の消灯または減光のため、人体感知装置の設置、計時装置（タイマー）の利用または保安設備との連動などの実施を考慮すること。 2. 特定エネルギー消費機器に該当する照明設備に係る機器、事務用機器及び民生用機器を新設する場合は、当該機器に関する性能向上に関する製造事業者などの判断の基準に規定する基準エネルギー消費効率以上のものの採用を考慮すること。			 (3) ④イ.（ア） (3) ④イ.（イ） (3) ④イ.（ウ） (3) ④イ.（エ） (3) ④イ.（オ） (3) ④イ.（カ） (3) ④ウ.
履歴	年月日	改訂内容		作成者
	2005-3-11	エネルギー管理委員会制定		
	2006-7-25	省エネ法改正に伴い「判断基準」が改正されたため		
	2010-12-1	省エネ法改正に伴い「判断基準」が改正されたため		

③給湯設備

カテゴリ		管理番号	EC ビルエネ管　1004
ENERGY	ECCJ ビル株式会社	整理番号	4
設備・機器	**給湯設備**	ページ	＊1/1
管理規程			

1. **目的**
   本管理標準は、ECCJ ビルの給湯設備に関し、エネルギー使用合理化の視点から定めた管理規程であり、設備担当は本規程に従い管理を行うこと。
2. **適用範囲及び機器仕様**
   ECCJ ビルの給湯設備
   小型給湯ボイラ　パコティンヒーター150kW　2基、220kW　1基
   循環ポンプ

項目	内容	管理基準	参照マニュアル等	判断基準告示番号
運転・管理	1. 燃焼空気比の管理基準設定 2. 同　管理基準（別表 - 1）1.25 － 1.4 に適合させること 3. 季節及び作業内容に応じ供給箇所を限定し、給湯温度、圧力、その他効率改善に必要な事項を設定すること。 　(1)給湯温度：なるべく低くすること。ただし、殺菌効果を配慮し60℃〜65℃が望ましい。 　(2)季節、曜日などにより運転時間、給湯箇所を限定すること。 　(3)給湯負荷の少なく夜間などは循環ポンプを停止すること。 　中間期または夏には手洗いの給湯を停止すること。 　(4)熱源機とポンプなどの補機を含めた総合効率を向上させる手段として、貯湯槽内の給湯を有効に使い切るために、熱源設備の運転停止時間を早めること。 　(5)熱源設備が複数の熱源機で構成されている場合は、負荷の状態に応じ稼働台数を調整すること。	定格負荷において 02%＝ 4.5%以下 空気比換算 m ＝ 1.3 相当（ただし、A重油、38MJ、120L/h 給湯温度：65±5℃ 季節曜日別の給湯箇所、運転時間の設定 ● 夜間：循環ポンプ停止 ● 5 月〜 11 月：手洗給湯停止 ● 稼働機器の選択基準の設定 ● 給湯圧力　0.2MPa 以上 ● 給湯温度　夏：60℃、冬：80℃	運転管理マニュアル	(2) ①カ. (2) ①カ. (2) ①キ. (2) ①キ. (2) ①ク
計測・記録	1. 効率の監視、改善に必要な下記などのデータの把握を行うこと。 　(1)給水量、給湯温度 　(2)給湯時間の記録 　(3)電圧、電流の計測記録 　　（電圧は配電元でよい）	電力、燃料流量、温度、圧力など　1回／日 補給水流量、ポンプ電流、貯湯槽温度　1回／日 ボイラ性能試験　1/ 年	運転管理マニュアル	(2) ②イ.
保守・点検	1. 給湯設備の保守・点検を行うこと。 　● 熱交換器に付着したスケールの除去を行う。 2. 自動制御装置の機能維持点検を行うこと。	日常点検　1/ 日 3 回／年 1回／年 メーカー定期点検　1/ 年 計器、自動制御装置の点検校正　1/ 年	点検整備記録 定期自主検査記録	(2) ③ウ. (2) ③ウ.
新設時の措置	1. 給湯設備を新設する場合は、負荷に応じた設備を選定し、負荷の変化に応じた運用が可能なものとすること。 2. 使用量の少ない給湯箇所は局所式にするなどの措置を講ずること。 3. ヒートポンプシステム、潜熱回収方式の熱源設備の採用を検討すること。 4. 特定機器に該当する場合は、製造事業者などの判断の基準に規定する基準エネルギー消費効率以上のものを採用すること。			(2) ④ア. (2) ④オ. (2) ④オ. (2) ④カ.
履歴	年月日	改訂内容		作成者
	2005-3-11	エネルギー管理委員会制定		
	2006-7-25	省エネ法改正に伴い「判断基準」が改正されたため		
	2010-12-1	省エネ法改正に伴い「判断基準」が改正されたため		

④ターボチラー設備

カテゴリ ENERGY	ECCJ ビル株式会社 **ターボチラー設備**	管理番号	EC ビルエネ管　1004
設備・機器 管理規程		整理番号	3
		ページ	＊1/1

1. 目的
　本管理標準は、ECCJ ビルのターボチラー設備に関し、エネルギー使用合理化の視点から定めた管理規程であり、設備担当は本規程に従い管理を行うこと。

2. 適用範囲及び機器仕様
　ECCJ ビル 空調用ターボチラー設備
　　○水冷ターボチラー 500kW　2 基（1 基はインバータ）
　　○冷温水ポンプ　7.5kW　2 基
　　○冷却塔　750kW　2 基、冷却ファン 5.5kW　2 基
　　○冷却水ポンプ　7.5kW　2 基

項目	内容	管理基準	参照 マニュアル等	判断基準 告示番号
運転・管理	1. 空調を構成する機器の個別効率と総合的な効率を向上するために、空調負荷別、季節別に出入り冷温水温度、出入り冷却水温度などの基準値を設定し管理すること。 2. 負荷に応じて稼働台数、機器を選択すること。 　● 夏 　● 中間期 　● 冬 3. 熱搬送設備が複数のポンプで構成されている場合は、負荷変動などに応じ冷水ポンプの運転台数の調整または稼働機器の選択により、効率の向上を図ること。	夏季：5/15－9/15運転（運転時間7－20時） 冷水温度（7.8 月）7℃、中間期 10℃ 出入口温度差 5℃制御 インバータ制御による 　冷水圧力 0.25MPa 冷却水温度設定 32℃、圧力 0.5MPa 冷凍機終端温度差 2℃以下	運転管理マニュアル	(1) ①ウ. (1) ①エ. (1) ①オ.
計測・記録	1. 総合的な効率を改善するために必要な①～⑧の項目の計測記録 ①冷媒の蒸発圧力、②冷媒の凝縮圧力、③冷水温度（往）、④冷水温度（還）、⑤冷却水温度（入口）、⑥冷却水温度（出口）、⑦冷水流量 ⑧成績係数（高位発熱、期間）	 2回 / 日 1回 / 年	運転管理マニュアル 運転日誌 点検整備記録	 (1) ②イ. (1) ②
保守・点検	1. 空調構成機器の配管・ダクト・フィルターなどの目詰まり清掃を行うこと。 2. 空調設備の自動制御装置、シーケンスの保守・点検を行うこと。	3回 / 年 1回 / 年	点検整備記録 定期自主検査記録	(1) ③ア. (1) ③イ.
新設時の措置	1. 高効率機器の採用 2. 部分負荷運転時に効率の高いシステムとなるよう、適切な台数分割、制御システムを採用すること。 3. 特定機器に該当する場合は、製造事業者などの判断の基準に規定する基準エネルギー消費効率以上のものの採用を考慮すること。			(1) ④イ. (1) ④イ. (1) ④ウ.

履歴	年月日	改訂内容	作成者
	2005-3-11	エネルギー管理委員会制定	
	2006-7-25	省エネ法改正に伴い「判断基準」が改正されたため	
	2010-12-1	省エネ法改正に伴い「判断基準」が改正されたため	

ビルのエネルギー原単位管理ツール（ESUM, ECTT）活用のすすめ

　省エネルギーセンターでは、ビル等建築物の原単位を管理するツール（ESUM）を開発し、センターのHP^{（※）}で無料公開している。本ツールは、ビルの立地、フロアの用途や使用条件、構造、エネルギー消費設備のスペックやその使い方等を入力することにより現状のエネルギー原単位を計算すると共に、今後取組もうとする様々なる省エネ対策をインプットすることにより、省エネ対策後の原単位を算出できるものとなっている。

　このツールを効果的に使えば
- 昨年は原単位がその前に比べ悪くなったけど猛暑の影響だったのか？
- 執務室の設定温度を1℃下げたら、あるいは営業部門だけ就業時間を1時間ずらしたらいったいどのくらいエネルギー原単位やコストが改善されるの？
- すべての照明を省エネ型に変えるとか、照度を下げたらどのくらい原単位は下がるのか？
- このビルで可能な省エネ対策をすべて行ったら現状からどこまで原単位は下げられるのか？

などといった答えが簡単に求まります。
　この ESUM（イーサム）の入力項目を絞るなどし、より簡易で使いやすくしたものが ECTT（エクト）です。

　　　（※）https://www.eccj.or.jp/audit/esum6/index.html
　　　　　　https://www.eccj.or.jp/audit/ectt/index.html

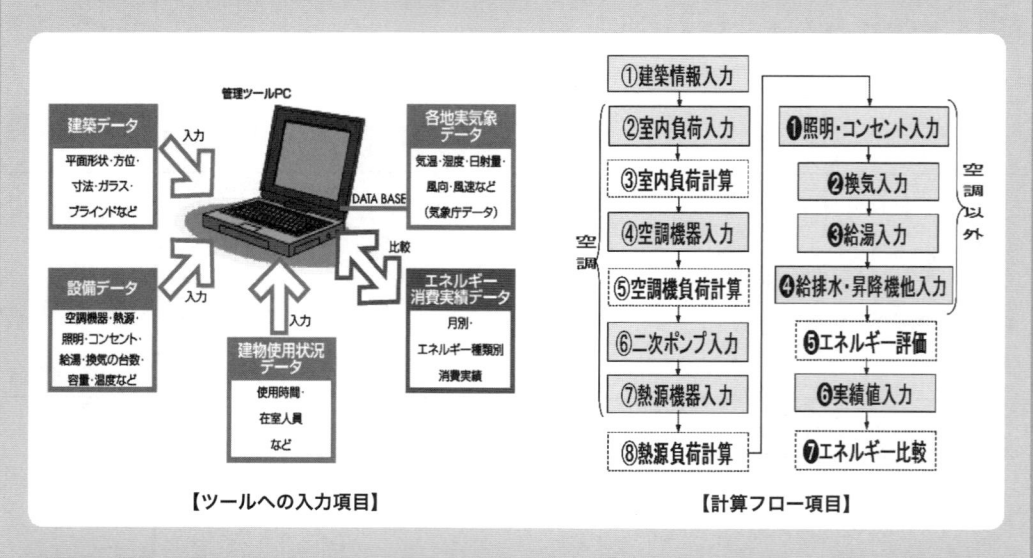

【ツールへの入力項目】　　　　　　　　　　　【計算フロー項目】

★平成30年4月の省エネ法告示改正では、新たに貸し事務所業のベンチマークが規定されたが、この事業者が自身のエネルギー削減余地を計算する際に用いるツールは、上記の ECTT をベースに開発されたもので資源エネルギー庁のHPでダウンロード可能。
http://www.enecho.meti.go.jp/notice/topics/003/zip/potential-tool.zip

第**4**章

第4章　判断基準の内容を理解する

　前章までは、エネルギーの管理の基本的な流れや管理各層の役割、実態把握の必要性を述べ、管理規程（管理標準）の重要性や作成にあたっての視点・要素などについて具体的な作成例とともに紹介してきた。すでに述べたようにエネルギーの管理規程にはマネージメントに係る部分と個別機器や設備の管理などに関する部分が必要となるが、特に後者をまとめるにあたっては、エネルギー使用機器や設備ごとの特徴や具体的な管理ポイントを把握しておかなければならない。幸いわが国には、省エネ法において事業者がエネルギー使用合理化を推進するために必要な判断の基準を告示として規定している。これを活用し、この内容を理解したうえで管理規程をまとめることが大切である。

１．判断基準の構成

　現行の判断基準の構成（平成 30 年 4 月現在）は、次頁**図 -20** に示すように、基準部分と目標部分に分かれ、この各々に事業者全体、事務所、工場などにおいて遵守すべき事項を規定している。このうち基準部分の詳細構成に関しては、すでに第 2 章の**表 -1** に示したように、平成 30 年 4 月の告示改正で事業者全体として取り組むべき事項が明記された。具体的には、Ⅰ-1 として "すべての事業者が取り組むべき事項" として、従前の基準部分の冒頭に記述されていたアからクまでの 8 項目が (1) ～ (8) までに見直された（次頁参照）。これに続き I-2 の 1 として "工場単位・設備単位での取り組みの基本的実施事項" が新たに追加され、そのあとにⅠ-2 の 2 として、これまでもあった "専ら事務所その他これに類する用途に供する工場等におけるエネルギー使用合理化に関する事項" と "工場等におけるエネルギーの使用の合理化に関する事項" を位置付けた。

　本章では今般改正された基準部分の要点を解説する。なお、2-1 の "専ら事務所その他これに類する用途に供する工場等におけるエネルギー使用合理化に関する事項" と 2-2 の "工場等におけるエネルギーの使用の合理化に関する事項" については従前と変わりないが、特に留意すべき項目をピックアップし解説したい。

　なお、2-1 及び 2-2 の詳細な説明については、省エネルギーセンター発刊の『平成 25 年度改正 省エネ法の解説　工場・事務所・事業場編』において逐条的に解説しているのであわせてご覧いただきたい。

基準部分　基準部分の詳細は図 -9 参照

├─ **I-1**　すべての事業者の取組み
│　　　　(1) ～ (8) …**表 -3**

└─ **I-2**　工場単位・設備単位での取組み

　├─ **1**　基本的実施事項
　│　　　　(1) ～ (6) …**表 -4**

　└─ **2**　エネルギー消費設備等に関する事項
　　├─ **2-1**　専ら事務所等
　　│　　　　(1) 空気調和設備・換気設備
　　│　　　　(2) ボイラ設備・給湯設備
　　│　　　　(3) 照明・昇降機・動力設備
　　│　　　　(4) 受変電・BEMS
　　│　　　　(5) 発電専用コ・ジェネ
　　│　　　　(6) 事務・民生機器 (7) 業務用機器
　　│　　　　(7) その他
　　│
　　└─ **2-2**　工場等
　　　　　　(1) 燃料の燃焼の合理化
　　　　　　(2) 加熱・冷却・伝熱の合理化
　　　　　　(3) 廃熱回収
　　　　　　(4) 熱の動力変換
　　　　　　(5) 放射・伝導・抵抗等による損失防止
　　　　　　(6) 電気の動力・熱への変換

目標部分

├─ ・エネルギー消費原単位又は電気需要平準化評価原単位を、
│　　中長期的に年平均１％削減（全体又は工場等毎）

├─ **1**　エネルギー消費設備等
│　　├─ **1-1**　専ら事務所等
│　　└─ **1-2**　工場等

└─ **2**　その他

図 -20　エネルギー使用合理化に関する判断基準の構成（H30 年 4 月現在）

２．基準部分各項目の解説

Ⅰ-1 すべての事業者が取り組むべき事項

　主にマネージメントに関する事項を規定した"Ⅰ-1 すべての事業者が取り組むべき事項"は下記の通りであるが特に (3) の責任者の配置等に関しては責任者、責任者を補佐する者、現場実務を管理するもの各々の責務が明記されている（**表-3**）。

Ⅰ-1 すべての事業者が取り組むべき事項
(1) 取組方針の策定
(2) 管理体制の整備
(3) 責任者等の配置等
　①責任者の責務
　　ア　省エネ実施状況把握
　　イ　方針に従った業務指示、目標達成に対する監督
　　ウ　遵守状況把握、取組み方針見直し、報告
　　エ　人材育成
　②責任者を補佐する者の責務
　　責任者と現場実務管理者間の意思疎通の円滑化等
　③現場実務を管理する者の責務
　　ア　省エネ実施状況把握
　　イ　方針、指示を踏まえた業務実施
　　ウ　分析と報告
(4) 資金・人材の確保
(5) 従業員への周知・教育
(6) 取組方針の遵守状況の確認等
(7) 取組方針の精査等
(8) 文書管理による状況把握

表-3　Ⅰ-1 すべての事業者が取り組むべき事項

〔上記各項目の解説〕

「(1) 取組方針の策定」とは

　省エネ活動は改善活動であることから、明確な「目標」や運用方針などが示されなければならない。この目標は精神論ではなく、定量的な数値目標と期限などを設定することが重要であり、下記のような視点での取りまとめが求められる。

- 「取組方針」や「目標」はできる限り定量化する。
- 目標達成のための「ロードマップ」等を作成する。
- 設備の運用や新設・更新のための基準を定める。

　また、特定事業者にあっては中長期計画との整合を図る。

なお、平成30年3月の見直しでは、設置している"工場等"の表現を"全ての工場等"と改めた背景は、本判断基準が、特定事業者だけあるいはエネルギー管理指定工場だけが遵守すべき事項ではなくエネルギーを使用し事業を営むものはすべて対象であることを改めて強調することを狙いに改定されたといえる。

「(2) 管理体制の整備」とは

ここもまた"全ての工場等"に改めたうえで、全体として効率的かつ効果的なエネルギー使用の合理化を図るための管理体制の整備を求めている。「入れ物（組織）作って機能せず」とならないようにしたい。具体的には、下記の2点がポイントとなる。

- 比較的規模の大きな事業者の場合は、事業者全体として、主にマネージメントを担う体制（本社等）と現場実務を行う活動体制（工場、事業場等）を分けて整備したほうが良い。さらに後者において組織（部門）ごとといった複数の体制となる場合は、実務現場を取りまとめる体制が必要となる。
- マネージメント中心の本社等管理部門と工場等実務管理部門はエネルギー管理統括者などを中心に密接に連携し事業者全体として PDCA を回すこと。

「(3) 責任者等の配置等」とは

平成30年3月の見直しで、大きなポイントとなった部分である。これまでエネルギー管理体制には責任者（特定事業者及び特定連鎖化事業者にあっては「エネルギー管理統括者」）を配置することとされるものの具体的に実施すべき事項は明示されてなかった。しかし、今回の見直しでは、**責任者の責務**として、全ての工場等におけるエネルギーの使用の合理化に関する業務の実施状況を把握すること、また、取組方針の遵守状況や現場からの報告を踏まえ、次期の取組方針の案を取りまとめ、取締役会等の業務執行を決定する機関への報告を行うことなどとされた。責任者や責任者を補佐する者、現場実務の管理者各々の役割を明示することにより、より具体的かつ実効性のある行動を促すことを狙いとしている。

このうち、エネルギー管理企画推進者といった、**責任者を補佐する者の責務**としては、責任者と現場実務を管理する担当者の間の意思疎通の円滑化を図ることなどが主たる狙いであり、**現場実務を管理する担当者**は、現場状況の把握、取組方針などの指示を踏まえたエネルギー使用合理化活動の確実な実行や、実施状況の分析と結果についての責任者への報告などが主たる業務とされている。要するに、エネルギー管理統括者やエネルギー管理企画推進者などの責任者を形式的に配置するのではなく、その責務を明確にし、管理体制を実効あるものにすることがまさに求められていると言える。「省エネ活動」とは、法の遵守のために実施するものではなく、自らのコスト合理化や CO_2 削減といった環境改善のためにボトムアップとトップダウンの両輪により実施するもので、更に言えば、単に現場における自主管理活動（QC活動）の一環として捕らえるものでもなく、より経営的視点で取組むべき全社活動といえる。

「(4) 資金・人材の確保」とは

ここで挙げる資金には、高効率機器や設備、プロセスの新設や更新に係る費用のほか、管理

標準に基づいて実施するエネルギー消費設備の運転、保守管理、エネルギー使用状況の分析、コンサル活用、従業員への周知・教育、広報など直接的、間接的にエネルギー使用合理化に繋がる資金として整理、確保すべきである。また、人材の確保とは、エネルギー技術者といった専門技術者だけでなく、エネルギー管理者に限らず、エネルギー管理指定工場等以外の工場等を含めた事業者全体として省エネを推進するために必要な人材全般を指している。ただし、自らのこういった人材の確保や育成は、事業者の規模や業務内容などによっては困難なことも考えられる。このような場合は、エネルギー事業者やソリューション事業者等サードパーティを活用する、あるいは省エネ診断や補助金の活用、人材教育などを、省エネルギーセンターなどの外部専門家の支援により実施するといったことが重要である。

「(5) 従業員への周知・教育」とは

従業員への周知は省エネに限ったことではないが、職場の管理者などから取組方針を単に伝達するだけでなく、省エネを推進する意義や策定した取組方針の考え方、目標達成に及ぼす影響などを含め、すべての従業員の省エネに対する理解や意識の向上につながる情報伝達が重要である。具体的な方法としては、活動方針、活動経過の周知とフォローアップ（会議、発表会、掲示板、社内 LAN など）、普及教育（部門教育、見学会、外部講師など）などが挙げられる。

「(6) 取組方針の遵守状況の確認等」とは

PDCA サイクルにおける C（Check）、A（Act）に当たる部分だが、取組方針の遵守を徹底させるため、その遵守状況を確認、評価し、取組が不十分である場合には改善の指示を求めている。平成 30 年 3 月の見直しではさらに踏み込み、事業者は客観性を高めるため内部監査等の手法を活用することの必要性を検討しつつ、とされている。

省エネ活動は改善活動の繰り返しであるため当該担当者だけの取り組みは往々にしてマンネリに陥りやすい。省エネの取り組みには、社内外を問わずさまざまな意見、切り口を模索しなければならない。遵守状況確認の具体的な方法としては、管理規程（管理標準）に基づく管理状況、設備の保全状況、新設、更新計画の実施状況、エネルギー管理体制の機能状況などがあるが、これらをチェックし評価することにより改善していく。

「(7) 取組方針の精査等」とは

取組方針や遵守状況については、その評価方法を定期的に精査し、必要に応じて変更することが求められている。これは、経営状況の変化により取組方針自体に変更が必要となる場合、また事業体制や生産構造の変化、設備の更新など、さまざまな経営環境変化に伴い評価方法の見直しなどが必要となる場合があるためである。より実体に即した見直しが求められている。

「(8) 文書管理による状況把握」とは

事業者は、(1) 取組方針の策定 (2) 管理体制の整備 (3) 責任者等の配置等　(6) 取組方針の遵守状況の確認等　及び (7) 取組方針の精査等の結果を記載した書面を作成、更新及び保管することにより状況を把握すること、としている。

エネルギー使用合理化状況を把握するには上記の各項目に関する文書による保管が必要であり、これによりこれまでの省エネ取り組みや改善状況などが関係者全体で情報共有可能となりさまざまな分析などにより今後のより効率的な管理や省エネ活動への改善が可能となる。当然のことであるが、上記に挙げた項目以外にも関係規程類、部門活動の資料、会議議事録、エネルギーデータ、国や自治体への定期報告書などの資料についても適切な保管が求められるためエネルギー管理規程等に保管基準などを明記する必要がある。

I-2 工場単位・設備単位で取り組むべき事項

工場単位・設備単位で取り組むべき事項は、P.100 の **図 -20** に示す基準部分の I-2 に規定されているが、このうち下記（**表 -4**）の基本的実施事項は I-1 と同様、今回新たに規定されたもの。これらは省エネルギーを推進するために認識しておくべき必要な事項である。

1　基本的実施事項

(1) 設備の運転効率化や生産プロセスの合理化等による生産性の向上を通じ、エネルギーの使用の合理化を図ること。

(2) エネルギー管理に係る計量器等の整備を行うこと。

(3) エネルギー消費量の大きい設備の廃熱等の発生状況を、優先順位等をつけて把握分析し課題を抽出すること。

(4) 既存の設備に関し、エネルギー効率や老朽化の状況等を把握分析し、エネルギーの使用の合理化の観点から更新、改造等の優先順位を整理すること。

(5) エネルギーを消費する設備の選定、導入においては、エネルギー効率の高い機器を優先するとともに、その能力・容量に係る余裕度の最適化に努めること。

(6) 休日や非操業時等においては、操業の開始及び停止に伴うエネルギー損失等を考慮した上でエネルギー使用の最小化に努めること。

表 -4　I -2 工場単位・設備単位での取り組みにおける基本的実施事項

〔上記各項目の解説〕

(1) の運転効率の改善や生産性の向上、あるいは歩留まりの改善などはまさに省エネルギーに直結する事項であり、また、(4) の設備の老朽化や保全不良もエネルギー損失とイコールであることから、適切なメンテナンスや設備更新を計画的に整理し実行することが重要である。

(5) は、設備の選定に当たって、その能力や容量等の余裕はできるだけ絞るとともに負荷変動に対し柔軟に対応できるような設備や機器構成を考えるべきである。一般的に新しい設備の導入を計画する場合、能力不足などを懸念し容量決定などにおいて安全率を見すぎた選定を行い結果的に効率面で損をするといったことが起きやすい。どんなに最新の高効率機器や設備に転換したとしても、高効率な運転ポイントから逸脱している、あるいは "思いのほか負荷の変動が多く効率的にベストなポイントでの運転が維持できない" といった問題を生じやすいため注意が必要である。要するに、オーバースペックをできるだけさけるとともに、負荷変動が想定される場合はたとえば台数制御やインバータなど変動にフレキシブルに対応できるようなシステムの構成を考えなければならない。

(6) は固定的エネルギーの削減であり、必要なときだけに必要なエネルギーを使うという省エネ推進の基本中の基本ともいえる事項である。(3) も実態の把握と課題抽出という省エネの最重要事項であり、エネルギーのダイレクトな損失となっている廃熱などの発生状況の把握分析に加え圧力や温度に対する供給レベルの適正化などを求めているといえる。これらの実態を知るためには計測、計量が極めて重要であることから (2) では計量器等の計画的な整備を求めているものである。

　この「1-2 工場単位、設備単位で取り組むべき事項」では上に述べた 1 基本的実施事項をうけ 2 のエネルギー消費設備等に関する事項として、2-1 に "専ら事務所その他これに類する用途に供する工場等におけるエネルギー使用合理化に関する事項" を、2-2 に "工場等におけるエネルギーの使用の合理化に関する事項" を 規定している。以下にこのポイントを述べる。

2-1「専ら事務所」の判断基準のポイント

　前項で述べたようにエネルギー消費設備などに関する判断基準は、事務所系と工場系に分かれている。その理由は大きく２つある。

　一つは、事務所系のエネルギー使用は、「事業の付帯的位置づけ」であるのに対して、工場系のエネルギー使用は、まさに「主体的設備（生産等設備そのもの）」での利用である。したがって、「判断基準」では、管理すべき範囲、内容の面でより具体的な管理を求めているといえる。もう一つは、事務所系の設備の場合、ある程度種類が限定される。例えば「空調機」「ボイラ」「電源設備」など設備別に分類しやすい。しかしながら、鉄鋼、化学、電力、ガス事業者などの工場系では、業種によりさまざまな設備やプロセスがあり、設備ごとに整理することは不可能である。このため「判断基準」の項目分類方法が、事務所系は「設備別分類」、工場系は「（エネルギー使用合理化）課題別分類」とされている。

　この判断基準の告示での正式な表現は "専ら事務所その他これに類する用途に供する工場等におけるエネルギー使用の合理化に関する事項" としている。簡単に言えば業務部門でのエネルギー使用設備であり、オフィスや教育研究施設、病院、自治体施設、スーパーなど小売施設などがこれにあたり、一方、特定５業種（製造、鉱業、電力、ガス、熱供給事業）や「「上下水道事業」「廃棄物処理事業」「農林水産業」「建設業」などは「工場系」の判断基準を使用するのが望ましい。言い換えれば、この工場系以外が「専ら事務所系」で管理すると考えるのが良い。

　以下にこの判断基準を要約しポイントを解説する。（網掛けが告示の要約文章）

(1)「空調・換気設備」
1)「空調・換気設備」とは何か

　小型のパッケージエアコンなどもあるが、一般的な大型空調設備は**右図**のとおりである。熱源機（EHP、GHP、GAR など）、熱搬送機（ポ

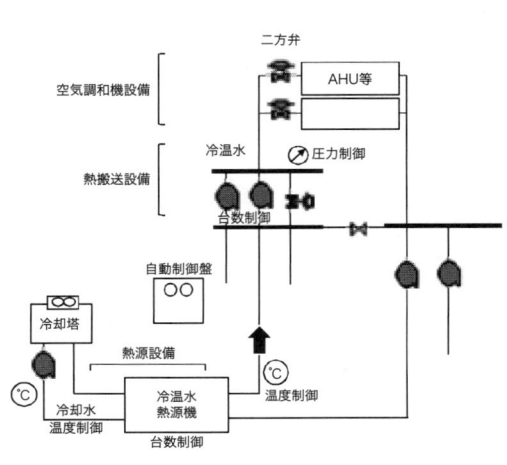

ンプ、ファンなど）、空気調和機（AHU、FCU など）、自動制御装置などから構成されている。

判断基準では、空調・換気設備の冒頭に以下の内容が記載されている。

判断基準項目番号　(1) ①管理項目ア、

　空気調和設備を施す a) 区画を限定し、b) ブラインドの管理等による負荷の軽減、設備の c) 運転時間、d) 室内温度、e) 換気回数、f) 湿度、g) 外気の有効利用等について管理標準を設定する。なお、冷暖房温度は、h) 政府の推奨する設定温度を勘案した管理標準とすること。

　一般的に「空調」の省エネというと、温度設定による「ガマンの省エネ」をイメージされることが多いが、ここでは「その前にやるべきことがある」としている。空調対策のポイントとしては、下記などが挙げられる。

- a)「区画」の限定（間仕切り、スポット空調など、無駄な空間まで空調を使用していないか）
- b) ブラインドを上手に使用するよう基準を定める
- c) 運転開始や停止時間の設定（朝、夕の「空運転」防止）**（右図）**
- d) 室内温度（ここで、温度設定をルール化する）
- e) 換気回数（室内汚染対策）
  - ・過剰な換気は、外気の侵入負荷が増加する
  - ・「CO_2 濃度管理」では、AHU の OA ダンパ開度や、換気扇運転時間を調整する **（右図）**
  - ・「CO_2 自動調整装置」を導入する
- f) 湿度管理（過剰な湿度は、空調負荷を増加する）

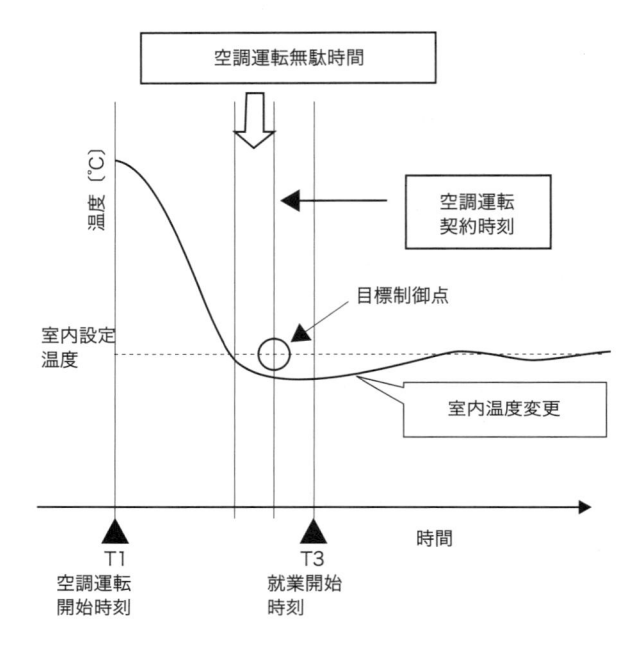

空調機の「ムダ運転時間」が発生
（出典）省エネルギーセンター

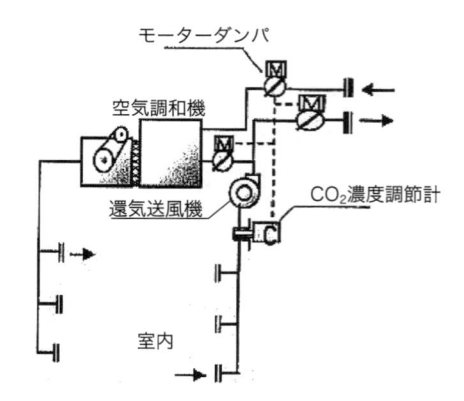

OA ダンパの「CO_2 制御」事例

g）外気の有効利用（特に中間季に、過剰な空調停止）

　　・「窓」の開放、「送風運転」

　　・「フリークーリング設備」の導
　　　入など

　　・フリークーリング設備は、年間
　　　冷房装置などで冬季に「熱源機」
　　　を停止し、「冷却塔」を有効利
　　　用して、外気冷房を行う方法で
　　　ある。**（右図）**

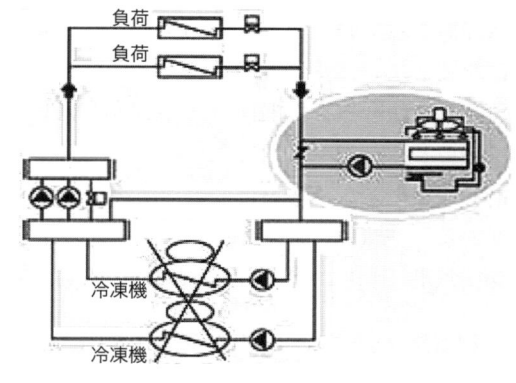

判断基準項目番号　**(1) ①管理項目イ、** 　燃焼を行う設備は「空気比（後記）」 を設定すること。

**冬季冷房は熱源機を止めて
「フリークーリング」**

つぎは、「空気比」管理を求める基準である。

a）空調設備で「燃焼を行う設備」とは

　　・「ガスストーブ」

　　・大型機として「ガスヒートポンプ（GHP）」「吸収式冷温水機（GAR）」などがある。

　　このうち、事業者自身が「空気比」管理を必要とするのは「吸収式冷温水機」であろう。

ガスヒートポンプ（GHP）は、実質エンジンであり、メーカー調整に委ねられる。

b）「空気比」とは何か

　　日常耳慣れない言葉であるが、空気比はエネルギー管理をする上でつぎのことから重要である。

　　・物を燃やすには燃焼空気が必要である。

　　・その理論的空気量は、計算式で求められるが、実際空気量は、この理論値より若干高め
　　　になる。それは、燃料と空気が完全には混合しないからである。

　　・この時、実際空気量 A と理論値 Ao の比率（倍数）を「空気比 m という。（m=A/Ao）

　　・空気比が少ないと

　　燃焼不良で、黒煙発生や未燃分損失が発生し、場合によっては一酸化炭素中毒事故などに
つながる可能性もある。

　　・空気比が大きいと燃焼は良くなるが、廃ガ
　　　ス損失が大きくなりエネルギーの無駄が増
　　　加する。したがって、最適な燃焼範囲に管
　　　理する必要がある。図で示すと**右図**となる。

c）「空気比」の調整は、燃焼を行うすべての設備
　　に必要

　　例えば、家庭の小型ガスコンロにも「燃焼調
　　整レバー」がついているように、不慮の事故も
　　考えられることから、必ず調整が必要である。

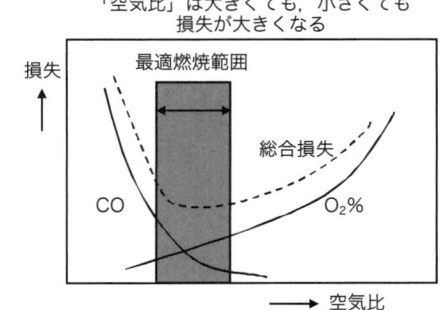

d)「空気比」は、どのように測るか

　　ここが一番の問題である。大型の設備には「排ガス酸素計（O$_2$計）」が設置されているが、空調など小型機には設置されていない。大半が、メーカー調整に頼ることになる。また、燃焼状態を見て、「炎の色、長さ」で確認する方法もある**(右図)**。（O$_2$計があればm=21/(21-O$_2$)で計算）

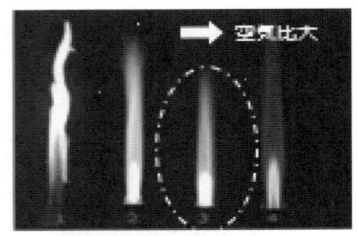

最適な炎の色、長さを確認しておくこと

計算によって求める場合には、簡単な計算方法として次がある。空気比（m）とは、その燃料の燃焼に必要な理論空気量（A_0）に対する、実際に供給した空気量（A）の比をいい、次式で定義される。

$$空気比（m）= \frac{A}{A_0}$$

省エネ法は、空気比は燃焼設備から出る排ガス中の残存酸素濃度（O$_2$）〔%〕を測定することにより、次式から求めることとしている。

$$空気比（m）= \frac{21}{21 - O_2}$$

　　なお、管理標準の設定にあたっては、安全の確保や環境の保全に留意しつつ、完全燃焼を達成できる可能な限り空気比の低減を図るよう求めている。

　　また、ボイラーについては、別表第1（A）（1）（P.196）で設備の区分ごとに、一定の燃焼負荷範囲での燃料の種類に対応した基準空気比を掲げているので、参照されたい。

判断基準項目番号　**(1) ①ウ、**
　季節変動に応じて冷温水、冷却水等の「温度」「圧力」を設定すること。

　　ここでは、セントラル空調方式における「系統の温度、圧力運用管理」のことを挙げている。例えば、「熱源機」の「冷水温度」は高いほど、「圧力」は低いほど仕事量が少なく、省エネ運転となる。したがって、季節（負荷）に応じて、過剰な温度、圧力にならないように、弾力的に管理する必要があるということである。具体的には、以下などがポイントとなる。

a)「冷水温度」の管理例

　• 盛夏期（7-8月）
　　　冷水温度　7.0℃
　　　冷水二次ヘッダ圧力　0.35MPa

　• その他の冷房期
　　　冷水温度　10.0℃
　　　冷水二次ヘッダ圧力　0.30MPa

b)「総合的エネルギー効率向上」

　　ここは非常に大事なポイントである。

　図は空調系統において、「冷却水温度」を変化させた場合の、各動力変化を示したものである。

・冷却水温度を「低くする」と、冷凍機の動力は下がるので省エネとなる。

・一方、冷却水ポンプ、ファンの動力は増加する。

つまり、一方は省エネ、他方が増エネの関係（「トレードオフ」）となるので、やみくもに冷却水温度を下げてはならない。最適運用ポイントは、「V 型曲線（合計）」のボトムの温度である。

　これは、「冷水温度」についても同様である。

　現場で行われていることの多いケースとして、冷水、冷却水温度を「初期設定のまま（年間固定）」

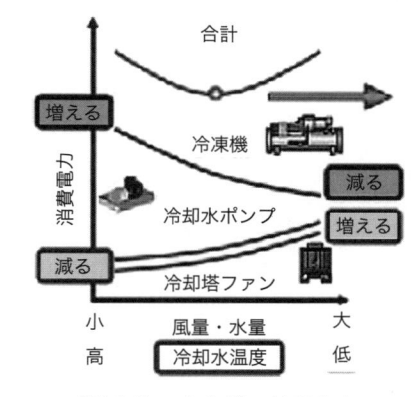

「総合的エネルギー効率向上」
を図る必要がある

で運用されていることがある。こうしたことは絶対に改めるべきである。最適な設定値を、日常管理の中で常に確認しておくことが大切である。

判断基準項目番号　**（1）①エ、**
　複数の熱源機構成では季節変動や負荷変動に応じた台数調整等によりエネルギー効率向上をはかる。

「複数熱源機」の管理について、挙げている。

　近年、空調熱源機の性能向上はめざましく、つぎつぎと新製品が市場に出てきている。これら熱源機の適切なエネルギー管理を行うには、機器の特性の違いなどを知る必要がある。
空調熱源機の種類には、

・ターボ冷凍機

・吸収式冷温水機

・空冷モジュールチラー

などがあるが、需要側の使い方は、同じ種類のものを複数台設置する場合や、異なるタイプを組み合わせ使用するなどさまざまである。管理のポイントとなるのは、次の点である。

a)「熱源機」の特性

　・性能（COP）、特に部分負荷性能の差

　・容量、負荷調整範囲（モジュール化方式）

　・起動停止、負荷追従などの応答性（レスポンス）

　・省エネ機能（インバータ機能、廃熱回収）

　・電気式、燃焼式か、空冷式、水冷式か

　・その他の機能（デマンド対策、デフロースト制御、遠隔監視保全）

b）具体的特性事例

　　例えば、機種による性能（特に部分負荷特性）の違いを見てみたい。

　　年間冷房施設で「インバータターボ機」を使用すると、性能（COP）が 10 以上期待できる季節もある。**図**に示すように、設備の特性をよく理解した上で、負荷により、「運転機」と「台数」を選択する必要がある。

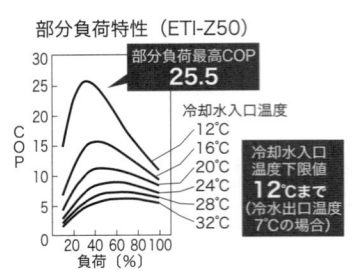

部分負荷特性（ETI-Z50）

（提供）三菱重工サーマルシステムズ社

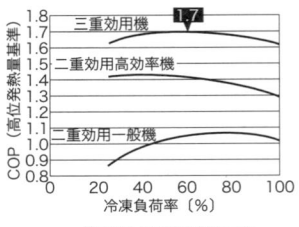

吸収式冷凍機の性能曲線事例

（出典）川重冷熱工業

性能の違いを確認しょう

　よくある事例であるが、吸収式冷凍機を複数台設置しているにも関わらず、台数調整をしておらず、当初にメーカーが設定したままの状態で、あるいはメーカーの取扱い説明どおりに運転しているケースが多くある。これではエネルギー管理としては失格である。メーカーに頼らずに、設置している機器の各々の特性や負荷側の状況をまず知る必要がある。

　熱源機の性能は、保全状況により大きく変化する。定期的に性能を確認しておく必要がある。

判断基準項目番号　**（1）①オ、**
　　複数のポンプは季節負荷変動等に応じ台数調整をすること。

「ポンプ」台数制御の管理を挙げている。

　冷水、冷却水ポンプなども複数機運用されることが多い。先にも述べたように、「性能」「特性」「容量」など、それぞれに個性があり、熱源機同様に、季節（負荷）に応じて台数管理が必要である。

a）「台数制御」の効果

　下図は、台数制御による効果事例である。

　1台の大型機を運転するより、小型機を複数台使用し台数制御した方がエネルギー総合効率は向上することが多いことがわかる。このほか、「インバータ機」との総合運用も考慮したい。

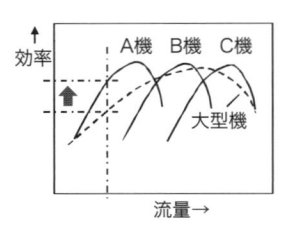

複数機台数調整効果

「ポンプの台数管理」にも注意する

「高効率ポンプ」とは何か

最近、「高効率ポンプ」と呼ばれるものが出てきている。例えば、

- 高効率モータ（「IE3（トップランナー機）」）（下図）
- 三次元翼車、ケーシング
- 翼車、ケーシングのコーティング

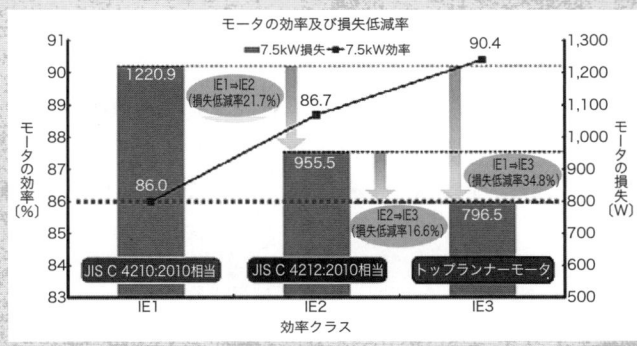

「2015 トップランナーモーター」　提供：日本電機工業会

既設ポンプのリフレッシュ事例　提供：西島製作所

- メカニカルシールグランドなど

これらのポンプについても、検討すべきである。

判断基準項目番号　**(1)①カ、**
　同一区画に複数の空調機がある時は「混合損失」を防止すること。

　「混合損失」防止について注意する必要があるとしている。隠れた増エネであり、意外と盲点になることから、しっかりとした管理をすべきである。

a)「空調混合損失」とは

　近年、ビルの「インテリジェント化」が普及し、個別空調機（ビルマルチなど）などにより、オールシーズン「全自動運転」されることが多くなった。

111

図の部屋は、窓際（ペリメータゾーン）と、室内（インテリアゾーン）を個別に空調している事例であるが、空調混合損失の典型である。例えば、全自動運転では、窓際は外気で冷えて「暖房運転」され、室内は熱負荷により「冷房運転」状態となることが考えられる。その結果、温風と冷風が混合し、お互いを干渉することになり、空調負荷が増加しエネルギー損失が生じることになる。

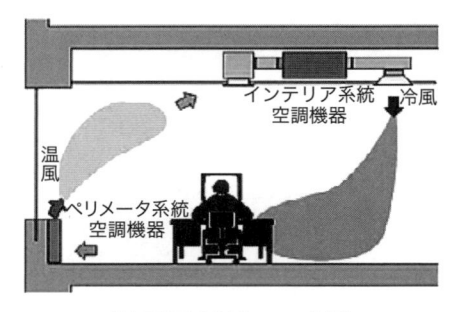

「空調混合損失」の事例
（出典）省エネルギーセンター

b）「混合損失」の防止策

このような現象は、大部屋などで「ビルマルチエアコン」を複数台設置している場合も同様に考えられる。「全自動」であっても、自動運転に任せきりであってはならないということである。ぜひ、相互の「温度設定」見直しや、外気利用に努めていただきたい。

判断基準項目番号　(1)①キ、
換気を施す区画を限定し、換気量、運転時間、温度等設定すること。

「(1) 空調」管理項目の最後は、換気（専用）設備の運転管理である。

例えば、都心ビルの地下には「駐車場」を設置している事例が多い。こうした駐車場はほとんどの場合、排気ガス汚染対策のため、大型ファンが複数台設置されている。これらの運転管理方法を整理しようというものである。管理のポイントをいくつか挙げると下記がある。

a）具体的な換気装置の運用方法

- 自動車の出入り頻度（台数）を分析する。
- この分析結果から、曜日、時間別に換気ファンの運転台数を調整する。
- 間欠運転の検討。
- 室内ガス濃度（CO や CO_2）を測定して、回転数や、ダンパ開度を調整する。

この他、厨房、電気室、ボイラー室などで、大型換気扇を連続運転している場合も同様である。

◇コラム◇ ・・・・・・・・・・・・・・・・・・・・・・・・・・・・・・・

空調設備省エネのワンポイント

①「保全」は、最大の省エネ

図は、空調機「フィルター」の汚れによる動力増加割合を示したものである。1年後のフィルター目詰まり時点で消費電力差は約20%、年間消費電力量差は約10%にもなる計算である。

（消費電力増加の割合 (%)）

縦軸：100, 120, 140

フィルター目詰まり時点で消費電力差約20%

年間消費電力量差約10%

フィルターを清掃しない場合

フィルターを年1回清掃する場合

毎日フィルター清掃する場合

横軸：運転精算年数〔年〕　0　0.5　1　1.5　2

「フィルターつまり」の影響　（提供）ダイキン工業

112

　下図は、空調機が使用される中でも特に酷使されがちな、「商店」「食堂」「厨房」などにおける「室内機」内部の汚れ事例である。通常のオフィスではここまでの汚れにはならないであろうが、いずれにしても定期的なメンテナンスを怠ると、照明の LED 化による省エネ効果をも相殺してしまうほどの損失となる場合がある。したがって、使用している設備や機器は定期的な点検と保全により照明性能を維持することが重要である。

「室内機」の中は悲惨な状況になっている場合がある

②「空調熱源機」の性能調査
　もう一つ、メンテナンスの例を挙げると「性能（効率）管理」も重要となる。
先にも述べたように、「熱源機」にはいろいろな種類がある。その中で「吸収式冷温水機」「ターボ冷凍機」などのチラー設備は、性能変化が早い機器に該当する。その要因の多くは、やはり汚れによるものである。エネルギー管理をするうえで当然ながら、その汚れが性能劣化、エネルギー損失にどう関わってくるのかを知る必要がある。そこで、簡易な「管理事例」を紹介したい。
　（「簡易」性能管理事例）
　一般的な、チラーの性能（COP）は、次式で計算される。
　　COP ＝ 出力／入力 ＝ 冷水熱量／燃料（電力）熱量
　この中で、「出力（温度差×流量）」の測定が難しい。それは「温度」は測っているが、「流量計」が設置されていないことが多いためである。
そこで次の方法を勧めたい。
　「簡易 COP」＝ $4.186 \times Q \times (t_2 - t_1) / (40.6 \times F)$
　　（Q）流量：熱源機の定格流量（銘板値 m³/h）
　　（t_1）冷水出口温度：メーター値（℃）
　　（t_2）冷水戻り温度：メーター値（℃）
　　（F）燃料流量：ガスメーター積算値（m³/h）など
　　　（電動ターボは電力計よみ $3.6 \times P$（kW）を使う）

正確に言えば、

・燃料Ｆは温度、圧力換算が必要
・流量Ｑは負荷により変動することがある
・負荷率、冷却水温度で性能は変化する

など、際限がなくなる。それでは、「そんなことはわからない」ということになり、結局何もできずに終わってしまうことになる。しかし、多少のバラツキは許容の上で、少なくともt_1、t_2、Ｆの３点を測定し傾向管理を行えば、性能の低下や異常に気づくことができ、早期発見につなげることができる（**下図**）。

F燃料（電力）

(t_1）冷水出口℃

(t_2）冷水戻り℃

「吸収式冷温水機」の性能管理

③「冷却塔」床への散水

　些細な取り組みのようであっても、決して無駄ではない事例を最後に紹介する。

その方法は散水である。一般に、熱源機の「冷却塔（クーリングタワー）」は、ビル屋上の照り返しにさらされ、厳しい環境で稼働している。そこで、図のように、地下の余剰「湧水」を屋上床面（冷却塔まわり）に散水する方法により効果を上げた例がある。高価な水道水では難しいが、適当な排水などが近くにあれば、試してみたい取り組みである。

「屋上冷却塔」床面に散水した事例

（2）ボイラー、給湯設備

事務所系で使用するボイラーは、主として「空調熱源用」である。

> 判断基準項目番号　**（2）①ア、**
> ボイラ容量、燃料に応じて「空気比」を設定すること。
>
> 判断基準項目番号　**（2）①イ、**
> 空気比は「別表第1（A）」の値を基準とすること。

いずれのボイラーもまず「空気比」の調整が重要であるが、これについては「空調」のところで詳しく述べたので、ここでは補足にとどめる。

「空気比」の管理値には、「別表第1（A）」を基準とし、ボイラーの大きさ（蒸発量）や、燃料種別ごとに、基準空気比が規定されている。例えば、「小型貫流ボイラー（ガス焚き）」であれば、空気比は 1.25-1.40 の範囲であり、つぎに、ボイラーの「圧力」「温度」「運転時間」の管理に留意する必要がある。

> 判断基準項目番号　**（2）①ウ、**
> 蒸気の圧力、温度、運転時間を決め、過剰な燃料供給等をなくすこと。

a）圧力、温度の管理

「圧力、温度」については、消費先の要求に沿って、過剰な供給とならないよう調整すべきである。例えば、ボイラーの「蒸気圧力」を下げると、どのような効果が生み出せるか**下図**をもとに考えてみたい。

①「実線」と「破線」

実線と破線の二本の縦線があるが、実線が「飽和蒸気熱量」で、破線が「飽和水熱量」を示している。ボイラー「仕事量」は、右の実線で決まり、消費先の「熱利用量」は、実線と破線の「差（幅）」で決まる。注意したいのは、右の実線グラフの「傾き」である。縦軸圧力による傾きは少ない。それに比べて左の破線グラフの傾きが大きいことがわかる。

②効果

これは、ボイラーの圧力を下げても、ボイラーみかけの仕事量（燃料）減少は思ったより少なく、反面「熱利用量」は

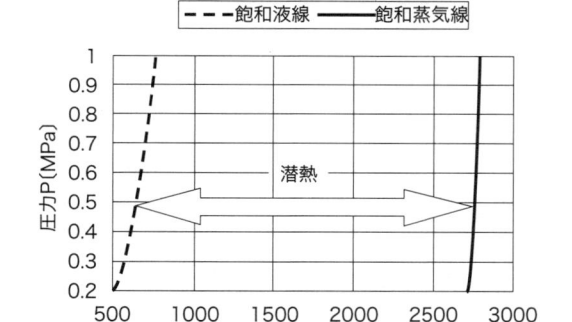

飽和蒸気の圧力と比エンタルピーの関係
（出典）省エネルギーセンター

ボイラー運転圧力引下げ効果は、潜熱の増加である

大きくなるということである。したがって、「圧力」をできるだけ引下げて運転する方が、蒸気保有熱量が有効に活用されることになる。これが減圧運転の理由である。

b)「運転時間」の管理

　　ボイラーの起動は、その起動特性を十分考慮することが大切である。また、停止は「残圧」の有効利用を図り、ムダ運転のないように、早めに停止すること。なぜならば、ボイラー燃料の消費は、実負荷だけでなく、「本体」「連絡配管」の放散熱で、定格蒸発量の 10% 以上を消費するからである。

> 判断基準項目番号　**(2)①エ、**
> ボイラー給水の水質は JIS を参考に管理すること。

(JIS B 8223 : 2015（抜粋）)

	形式		産業用水管ボイラ	丸ボイラ		
区分	最高使用圧力	（MPa）	1 以下	1 以下		
	伝熱面蒸発率	〔kg/m²h〕		30 以下	30 超 60 以下	60 超
	補給水の種類		軟化水	原水	軟化水	
	処理方式		アルカリ処理	アルカリ処理		
給水	pH（at25℃）		5.8 ～ 9.0	5.8 ～ 9.0		
	硬度	（CaCO₃：mg/L）	1 以下	60 以下	1 以下	
ボイラ水	pH（at25℃）		11.0 ～ 11.8	11.0 ～ 11.8		
	酸消費量（pH4.8）	（CaCO₃：mg/L）	100 ～ 800	100 ～ 800		
	酸消費量（pH8.3）	（CaCO₃：mg/L）	80 ～ 600	80 ～ 600		
	電気伝導率（at25℃）	（mS/m）	400 以下	600 以下	450 以下	400 以下
	塩化物イオン	（Cl：mg/L）	400 以下	600 以下	500 以下	400 以下
	りん酸イオン	（PO₄：mg/L）	20 ～ 40	20 ～ 40		
	亜硫酸イオン	（SO₃：mg/L）	10 以上	10 以上		
	ヒドラジン	（N₂H₄：mg/L）	01 ～ 1.0	0.1 ～ 1.0		

JIS B 8223 ボイラ水質管理基準

　　つぎに判断基準では、ボイラー給水の「水質管理」について記載している。表は JIS の基準である。ボイラー水は長い期間で濃縮し、スケール発生のもとになる。また、PH などは配管腐食の原因となっている。缶水ブローや、薬品注入を適正管理しなければ、多量のエネルギー損失や、ボイラー寿命の思わぬ短縮につながることになる。

> 判断基準項目番号　**(2)①オ、**
> 複数のボイラー設備を使用する場合、総合的なエネルギー効率を向上させること。

a) 総合効率の向上

　　再び「総合効率の向上」が挙げられている。ボイラーにも、「水管ボイラー」「炉筒煙管ボイラー」「小型貫流ボイラー」など、いろいろな機種がある。当然、それぞれに特徴があり、起動時間は短いが、保有水量が少なく、高頻度で起動停止を繰り返すもの、また、その逆のものなどである。また、大型施設では、「コジェネレーション」蒸気を使用しているところもある。それらの特徴を考慮した、総合的効率向上を要求している。

b) 機種ごとの特性比較

　「性能差（カタログ値）」だけで運転機を選択するのは間違いである。負荷変動や起動停止損失により、結果的にマイナス効果になることもあるので注意したい**（右表）**。

　厳密な比較は蒸気条件や運転パターン、メーカーによる性能の違いなどにより異なり、詳細な検討が必要であるものの大雑把に特性を比較すると**右表**のようになる。

	水管ボイラ	炉筒煙管	小型貫流
性能	△	△	○
保有水量	○	○	△
起動時間	△	△	○
操作性	△	○	○
保守性	△	△	○
水質管理	○	○	△

「ボイラ」特性比較例

c)「ボイラー」判断基準のまとめ

　以上が、事務所系「ボイラー」に要求される「判断基準」であり、これをまとめると**下図**のようになる。

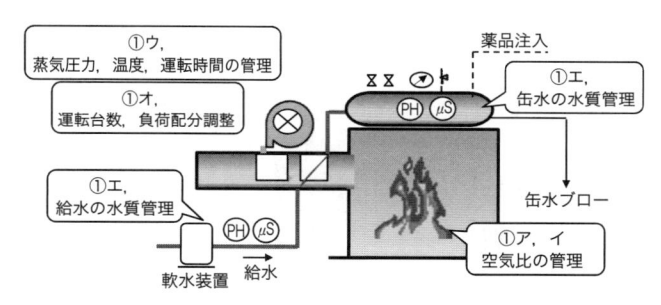

「事務所系ボイラー」判断基準のまとめ

判断基準項目番号　**(2) ①カ、**
　給湯設備は季節、作業に応じて給湯時間、温度、圧力等を設定すること。

判断基準項目番号　**(2) ①キ、**
　給湯設備は負荷変動に応じて熱源機とポンプ等補機を含めた総合効率を向上させること。

判断基準項目番号　**(2) ①ク、**
　複数の熱源機は負荷状況に応じて台数制御を行うこと。

a) 給湯機の管理項目

　つぎは、同じボイラーでも、少し異なる「給湯機」の判断基準である。蒸気ボイラーと大体同じことを要求しているので、**右図**にまとめて説明したい。

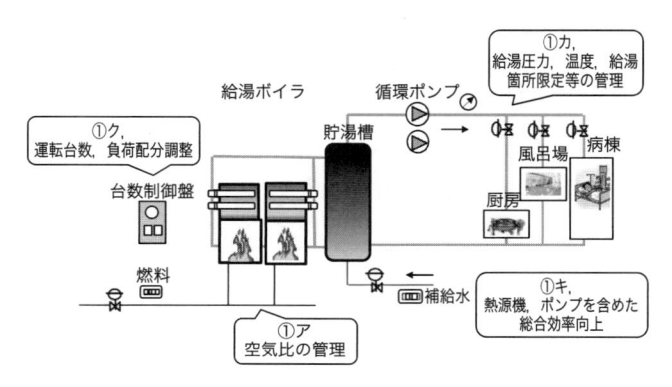

「給湯機」判断基準のまとめ

「圧力」「温度」「給湯時間」などについては、先のボイラーと同様であるが、異なる点は「給湯時間」「給湯範囲」について、特別な注意が必要であるということ。

b）給湯機の「空気比」基準は

給湯ボイラーも、大型のものは「空気比」の管理が必要である。ただし「別表第1（A）」は給湯ボイラーの記載がない。給湯ボイラーは「次式」により、「蒸発量 t/h」に換算して、この表を参照していただきたい。

$$給湯機相当蒸発量（t/h）= \frac{給湯ボイラ容量（GJ）}{2257}$$

ボイラーの管理事例から

【給湯系統の事例】

　右図はある病院の、「貯湯槽」を備えた大型給湯施設である。設置状況としては、建物が複数あり、お互いに距離がある。夜間には消費量が極端に減る特徴がある。そこで、「貯湯槽」の残湯量を調整して「熱源機」を停止した。

　ところが、運用してみると、深夜に関わらず「熱源機」が、「追っかけ（バックアップ）運転」を繰り返すことになった。詳しく調べてみると、各棟間を「単純循環」することにより、多量の放熱損失が発生していたことが原因であった。夜間の系統切り分けや、必要不可欠なエリアは、個別給湯器方式への切替などを考慮する必要があることを示した事例である。

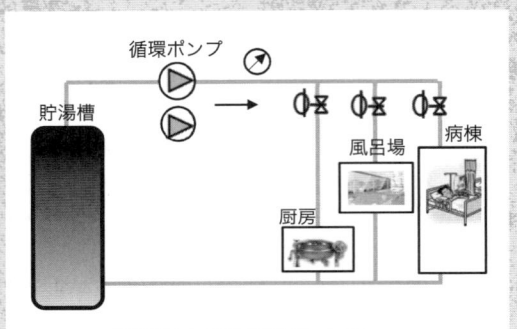

給湯系の循環損失は大きい。
必要な個所に必要なだけ

〈見落としやすいボイラの保全管理項目の一例〉

・バーナの定期清掃（摩耗、腐食など）

・付着物、蒸発管の外部清掃、腐食減肉検査

・煙道、廃熱回収設備の清掃、要部腐食点検

・監視計器や制御装置の清掃手入れと再調整

・緊急遮断など保安装置の手入れ、試験

・安全弁、ドレントラップなどの分解点検

・付属ポンプ、ファン、ストレーナの分解手入れ

(3) 照明、昇降機、動力設備

判断基準項目番号　**(3) ①ア、**
　照明設備は JIS 等の規格により過剰照明をなくすこと。

判断基準項目番号　**(3) ①イ、**
　昇降機は時間帯や曜日により、停止階や台数制限等効果的運転を行うこと。

判断基準項目番号　**(3) ③ウ、**
　動力設備は動力伝達部や電動機における機械損失を低減するように保守点検すること。ポンプ、ファン等の流体機械の場合は、流体の漏えい、配管・ダクトの抵抗を低減するように保守点検すること。

照明の話題から

　最近は高効率照明などの改善事例が多く見られるようになった。例えば、

① 「タスク照明」

　最近のオフィスではパソコン業務が増加しており、過剰な照明はかえって迷惑である。このため大部屋などでは全体照度を下げ、手元照明により補完する方法がとられるようになってきている。いわゆる「タスク・アンビエント照明」（**右図**）である。

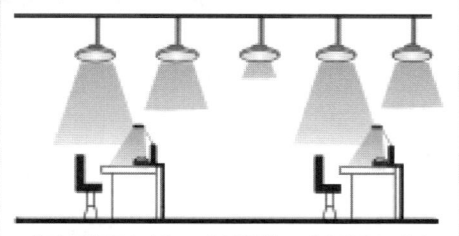

「手元照明（タスク照明）」を活用しよう

② 照明器具の性能比較

　下図は少しデータが古いが、各種照明器具の性能（発光効率 lm/w）を比較したグラフである。図でも明らかなように高効率な器具は確実に効果が出ることから、先行投資の意味で更新を早めたいものである。

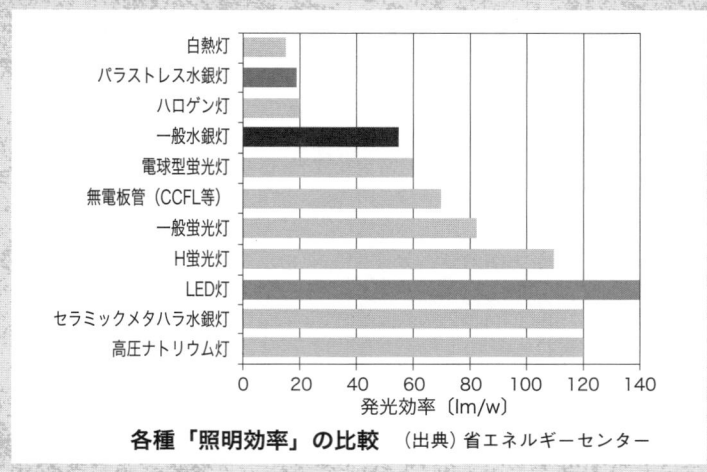

各種「照明効率」の比較　（出典）省エネルギーセンター

a)「照明管理基準」

　　まず、ポイントとなるのは初期照度設定の問題である。近年、照明器具の高効率化が進み、照明効率は従来の「白熱灯 15%」時代から、今日では「LED150%」を超えるものが出てきている。したがって、改めて「適正照度」の管理基準を見直すべきである。

　　方法は、JISZ9110 による「照明基準」が付録に掲載されているので、参照されたい。

　　なお、新 JIS には「演色性（Ra)」や「グレア（まぶしさ）」なども追加されたので、併せて管理したい。

b) エレベータ制御

　　下図は、大型ビルのエレベータに使用されている「群制御システム」である。各エレベータの稼働状態を自己判断して、運転台数、停止階、待機位置、待ち時間などの最適制御を行う。

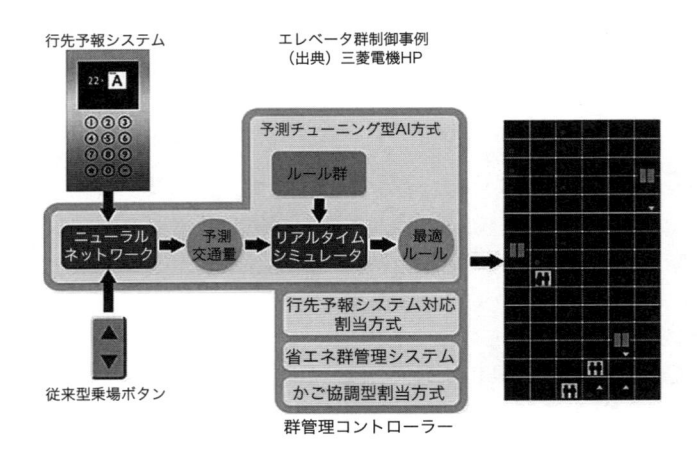

「エレベータ群制御方式」事例　提供：三菱電機

　　また、このような最新方式によらずとも、自分たちで稼働状態を分析し、管理室で運転選択を行うことも可能であることから、出来る範囲で検討していくことが大切である。また、エスカレータについても、「人感センサー」制御が普通になってきた。

c)（3）①ウでは

　　その他の「動力設備」について説明している。事務所系で動力設備というと、上水、排水、地下水ポンプなどが該当する。

　　ポンプなどにおける機械損失には次のような種類があり、目や耳など、人間の五感による点検監視が大切である。

- ベルトゆるみ、張りすぎ
- ベアリングの摩耗、グリス切れ
- モータ連結カップリングの摩耗
- 配管漏れ、グランド漏れ
- フィルタ、ストレーナつまり

d)「省エネベルト」の活用

　　最近「省エネベルト」が普及している。その種類としては、V ベルトや平ベルトタイプが

あり、3〜5% 程度の損失が改善できる。

e)「動力設備」の判断基準のまとめ

下図に「動力設備」の管理ポイントを示す。

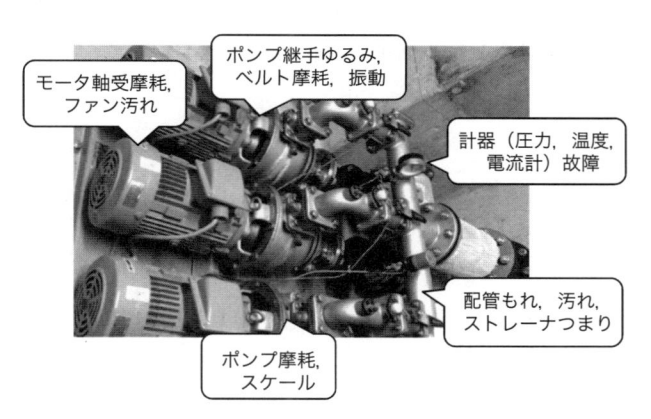

モータ軸受摩耗，ファン汚れ

ポンプ継手ゆるみ，ベルト摩耗，振動

計器（圧力，温度，電流計）故障

配管もれ，汚れ，ストレーナつまり

ポンプ摩耗，スケール

「動力設備」判断基準のまとめ

（4）受変電設備、BEMS

電気の専門的分野に入っていく。

挙げられているのは、どのビルにもある「受変電設備」である。これには「閉鎖型（キュービクル）」、「開放型（ラック型)」の種類がある。

> 判断基準項目番号　**(4) ①ア、**
> 変圧器、無停電装置は部分負荷における効率を考慮して台数調整、負荷配分を行うこと。

a)「変圧器」の負荷率管理

変圧器の効率曲線は、**下図**のように 50% 負荷率付近がもっとも高い。さらに「無負荷損失（うず電流損失、ヒステリシス損失など）」という、負荷がゼロでも内部損失が残存することが特徴である。

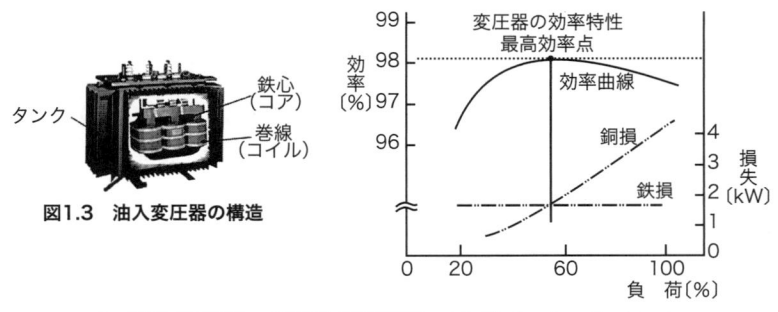

タンク

鉄心（コア）

巻線（コイル）

図1.3　油入変圧器の構造

変圧器の効率特性
最高効率点

効率（%）

効率曲線

銅損

鉄損

損失（kW）

負 荷〔%〕

「一般的変圧器」の効率曲線事例　（出典）省エネルギーセンター

121

例えば、夜間非操業時であるからと安心できない。この図では 1.7kW の電力を消費している。

　　年間損失 =1.7kW × 8760h × 20 円 /kWh= 約 30 万円 / 年

　仮に、建物の築年数が長く、負荷率が極端に低い変圧器があれば、負荷の再配分 **（下図）** や、変圧器の小型化更新（トップランナー機種）を検討すべきである。

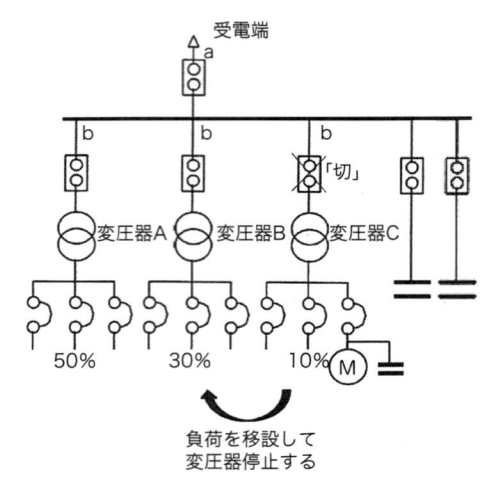

変圧器の「負荷率」は適正か

　ただし、この時に注意しなければならないのは、安易に負荷移設を行い、「図面」の訂正がなされない場合には、その後に、誤操作あるいは勘違いなどによる感電事故などにつながる危険性があることである。図面の訂正と、現場への「注意札」などを必ず掲示すること。

判断基準項目番号　**（4）①イ、**
力率 95％以上とすることを基準としてコンデンサを制御すること。

判断基準項目番号　**（4）②、**
電圧、電流等の電気の損失を低減する事項の運転記録を行うこと。

　電力系統のエネルギー管理において力率管理は重要であるため、判断基準においても上記のように力率改善を規定している。力率とは交流回路における皮相電力（電圧×電流）に対する有効電力の比をあらわし電圧と電流の位相差Φの余弦となる。つまり、電圧をＶ，電流をＩ、その位相差をΦとすると実際に仕事をする有効電力Ｐは下記になる。

　　　　　$P = V \cdot I \cdot \cos \Phi$

　このことは力率が悪い（cos Φが小さい）と必要な電力Ｐを得るには余分なＩが必要になるということであり、電力系統での損失の増となる。要するに力率は 1 （100％）が最も効率が良いということである。

　このため電力会社では電気料金体系の中に「力率割引制度」を設けて下式で料金を割引き

している。

　力率割引後の基本料金（円 / 月）＝

　　基本料金（円 / 月）×（185％ －実績力率 %）×契約電力（kW）

　また、損失は「電力会社」だけでなく、「事業者」構内配電線でも発生することから、力率管理は大切である。

　（4）②の「計測・記録」では、構内の電圧、電流などを記録するよう求めている。

　電気の損失は、（電流）の 2 乗に比例する。したがって、電流をできるだけ低くして運転すべきである。このため、日常から配電盤で電圧、電流の監視、管理をする必要がある。

判断基準項目番号　**(4) ④ウ、**
電気を使用する設備を総合的に管理評価するため BEMS の採用を考慮すること。

　（4）④の「新設時の措置」に関する項目事例である。ここでは「BEMS」の導入を推奨している。「BEMS（ビル・エネルギー・マネジメント・システム）」とは**右図**のような仕組みになっている。

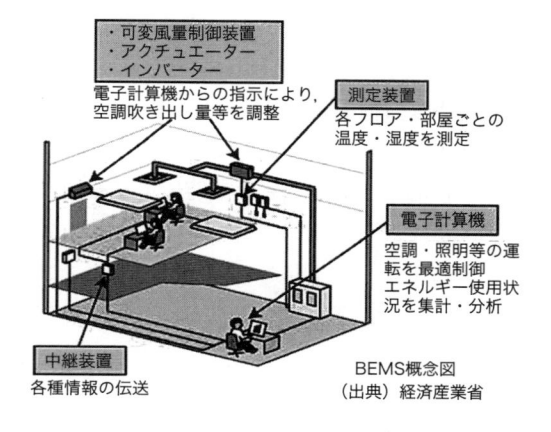

「BEMS」の事例図

　簡単に言えば、ビルなどにおいて、電気、燃料など、エネルギー使用先に計測器を設置して、その使用状況を集中監視記録（操作・制御含むこともある）する設備である。省エネ活動にも有効であり、「国の支援制度（補助金）」も設けられている。

　なお、導入にあたっては、初めから大がかりな「監視装置」を計画するのではなく、手軽な無線による「（メーカー）遠隔監視システム」などを利用する方法もあるので、検討されたい。

　最後に、「受配電設備」の判断基準のポイントを**下図**にまとめた。

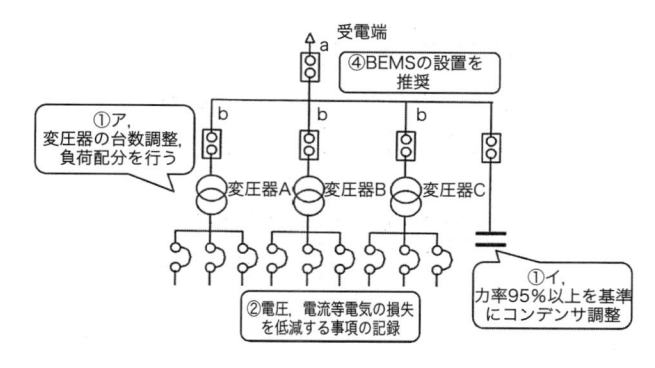

「受変電設備」のまとめ

(5) 発電専用設備、コージェネレーション設備

東日本大震災以降、大規模ビルや商業施設に、BCP の観点からも「発電設備」を併用することが多くなった（ただし、非常用発電機は、運転時間が少なく「判断基準」の対象外である）。

> 判断基準項目番号 **(5) ①ア、**
> 専ら発電専用設備は、高効率運転が維持できるように管理すること。
> また、複数発電設備の並列運転に際しては個々の機器特性を考慮して総合的な効率向上を図ること。

ここでは、まず、発電専用設備の、高効率運転維持と複数機の並列運転について記載している。

a) 発電専用設備

　ビルの発電設備は、「エンジン駆動型」が多い。発電設備は、一般的に「部分負荷」運転時の効率が低いことから、適正な負荷配分を行うことが大切である。

b) 複数発電機の負荷配分方法

　適正な負荷配分では、高効率化を求めるだけでなく、次のようなことも考慮する必要がある。

- 大型機より、意図的に「小型機」を複数台設置する。
- 目的、高性能、運用機能により機種選択する。
- デマンド抑制策、電気平準化策としても利用する。
- 買電か、自家発かの選択は、シーズン、時間帯で考える。

> 判断基準項目番号 **(5) ①イ、**
> コージェネレーション設備は発生する熱および電気が十分に利用されるように負荷の増減に対応すること。また、複数機の並列運転に際しては個々の機器の特性を考慮して総合的な効率向上を図ること。

c)「コージェネレーション」設備

　コージェネレーション設備（コジェネ機）の最大の注意事項は、発生する電気、熱を十分に使い切ることである。

　文字通り、コジェネ機からは、電気と熱（蒸気など）が発生するが、一般的なビルでは、「電気」は必要だが、「熱」の需要が少ないことが多い。コジェネ機は、「電気」と「熱」を使い切ってはじめて、総合効率が高くなるものである。しかし、熱を使い切れず、放散（ガスバイパスなど）すれば、買電が有利となり、運転する理由がなくなってしまう弱点がある。

　そこで、以下を考慮すべきである。

- 「熱負荷」に見合う発電容量を、できれば複数機設置
- 台数制御により、できるだけ高負荷で運転する
- 熱負荷が少ないときは「熱負荷追従運転」とする
- デマンド対策など、やむを得ないときだけ「発電優先運転」とする

d) 複数コジェネ機の並列運転

　複数コジェネ機の運転選択は、熱負荷（蒸気、温水など）の大きさに応じて行う必要がある。一般に、コジェネ機の駆動方式には「ガスエンジン」と「ガスタービン」がある。例え

ば、「熱負荷」の大きな建物には「ガスタービン」が有利（「熱」の発生大）であり、そうでなければ「ガスエンジン」が望ましい。このようにコジェネ機も駆動方式によって一長一短があることから、性能の差とともに、特性を十分把握して配分すべきである。

 **コ　ラ　ム**・・・

発電効率の LHV と HHV
　一般に、「発電効率（燃焼機器も同様）」というが、近年「低位発熱量基準（LHV）」と、「高位発熱量基準（HHV）」が併用され、一部の市場で混乱している。承知のように「低位」は、計算上の発熱量から、発熱に寄与しない「水分蒸発損失」を差し引いた（真）発熱量をいう。したがって、文字通り「高位発熱量」より「低位」が低いことから、「低位で計算した効率」が高くなるのは当然である。ちなみに、一般ボイラーなどの性能計算は、JIS により「低位発熱量」を使用するが、省エネ法定期報告、温対法 CO_2 報告、発電用性能計算などでは「高位」を使用している。

（6）事務用機器、民生用機器

ここでは、身近な、事務用機器、民生用機器の管理を挙げている。

判断基準項目番号　**（6）①**
　事務用機器は不要時運転がなされないように管理すること。

　事務棟には、次のような機器が汎用化してきた。先にも紹介したように、ビルにおけるエネルギー消費量の、実に２割強が、これらの機器で使用されており、ぜひ見直すべきである。

- パソコン　　・炊飯器
- 複合機　　　・テレビ
- 冷蔵庫

a)「不要時運転」の停止

　これらの機器は、それぞれの負荷を調節することができないものが多い。したがって、エネルギー管理としては「on か、off か」のどちらかになる。長く席を離れるとき、昼休み、夜間などは確実に切るなど、ルールを決めて、遵守させることが肝要である。
　例えば、

- パソコン「画面照度」は 70% 以下とする
- パソコン、多機能機は「省エネモード」とする
- 外出時はパソコン電源「切」励行
- 夜間は多機能機（FAX 除き）電源「切」励行
- 湯沸しポットは都度電源「入」とする
- 冷蔵庫内の不用品、長期保存品の整理
- 冷蔵庫温度設定の緩和
- テレビは「元電源」で「切」にする
- 「充電器」などはその都度使用する

など、多くの方法がある。

ある実験から

① 家庭用テレビの実験

　参考までに数年前の 40 インチ液晶テレビで電力（W）挙動を測定してみた結果を下図に示す。

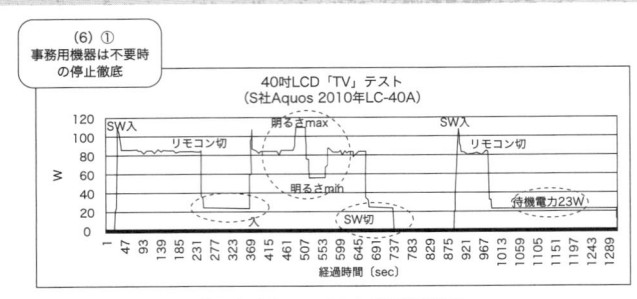

「テレビ」の電力挙動事例

・画面照度 max では 120W、min にすると 60W
・リモコン「切」では 20W 消費が残る
　つまり、画面照度により、消費電力は半分にできる。
　そのほか、リモコン「切」はしない、「元電源切」励行などもある。
　当然ながら最近のテレビではエネルギー消費効率はさらに改善されているがメーカーへのヒアリングを含めこういった性能チェックは実施したいものである。
② 「エネルギースターマーク」（右図）
　エネルギースターマークとは、パソコンなどのオフィス機器について、消費電力に関する基準を満たす商品につけられる国際的マーク。日本、米国など 9 か国・地域が実施しており、このマークの商品を選定したい。

(7) 業務用機器

　事務所系の最後は、「業務用設備」である。

　平たく言えば「商売道具」として使用されている場合が多いため、省エネ活動の対象にすることによる顧客影響を心配し後手に回ることが多い。効率的な使い方を考え、無駄なエネルギーを削減することは、エネルギーコスト削減に直結するものでまさに「省エネ活動に聖域なし」といえる。

> 判断基準項目番号　**(7) ①**
> 　業務用機器は季節や曜日、時間帯、負荷量、不要時などについて管理すること。

　主な設備は、厨房機器、大型冷凍・冷蔵庫、医療機器、計算機システムなどである。これらの機器についても、やはり「不要時の停止」が待機電力の削減とともに省エネのポイントとなる。

a)「冷凍・冷蔵ショーケース」など

　　この設備は、閉店時間帯も含めて年中作動していることから、省エネ効果は大きい。

　　例えば、

　　　・夜間閉店時「ナイトカバー」の使用

　　　・「照明」消灯、高効率化

　　　・高効率熱源機器

　　　・商品に見合う「温度設定」

　　　・外気侵入による結露、発霜の防止

　　　・出入口扉などの密閉度対策　などが必要である。

b)「材料等試験室」など

　　試験機などは、一定の温度環境のもとに使用される必要があるため、出勤と同時に電源を投入して「ウォーミング」をすることが多い。つまり、試験頻度に関わらず、待機電力を多量消費することになることから、試験工程の集約などにより稼働時間を削減する必要がある。

2-2「工場等」の判断基準のポイント

　　省エネ法が指す「工場」とは、（施行令4条）に「5業種」として明示されている「製造業、鉱業、電気・ガス・熱供給業」の5つである。農林水産業、上下水処理場、ごみ焼却場、建設業などは、ビルという見方をされるが、エネルギーの使い方が工場的であるため実態的にこの工場等の判断基準で管理することが望ましい。

　　さて、「工場の判断基準」は、専ら事務所の判断基準のような「設備別分類」とは異なり、先にも触れたように「（省エネ）課題別分類」で整理されている（P.26、27参照）。このために、設備ごとに管理標準をまとめるようとする場合、各項目ごとに記述された告示（P.177参照）をチェックする必要がある。

(1) 燃料の燃焼

　　まず、「燃料の燃焼」について記載されている。本件は「事務所系」にもあったことから、ここではそこで記載がないものに絞って説明したい。

判断基準項目番号　**(1) ①エ、**
　　燃料を燃焼する場合は、燃料の粒度、水分、粘度の性状に応じて、燃焼効率が高くなるように運転条件を設定する。

　　「燃焼」については、事務所設備より、さらに深い管理を要求している。「燃料の性状」という問題である。工場では「灯油」「都市ガス」だけでなく、「重油」「石炭」「副生ガス」など、各種の燃料が使用されることから、その性状を十分に確認して燃焼調整を行う必要がある。

　a)「燃料の性状確認」とは

　　　例えば、わかりやすく自宅の「ガスコンロ」を考えてみたい。転勤などで引越しをする際に、都市ガスの種類は何か、コンロの調整（部品交換）が必要か、など、確認する必要がある。そのようなことを「性状確認」という。これは非常に単純な例えだが、ガスの性状でいえば、熱量、比重、圧力、燃焼範囲、毒性などである。

b) 燃料の種類と性状

いくつかの燃料の「性状」を整理すると以下のようになる。

- 重油の性状—熱量、比重、圧力、燃焼範囲、毒性など
- 石炭の性状—熱量、S 分、粒度、水分など
- ガスの性状—熱量、比重、圧力、燃焼範囲、毒性など

(2) 加熱、冷却、伝熱の合理化

（2）は「熱を効率的に伝えること」について説明している。これを、（2-1）「プロセス用」の加熱設備、（2-2）「空調、給湯」設備に分かれている。

(2-1) 加熱設備等（プロセス設備）

> 判断基準項目番号 **(2-1) ①ア、**
> 蒸気等の熱媒体を用いる加熱設備等については必要とされる温度、圧力、量および供給する温度、圧力、量について設定し、過剰な供給をなくすこと。

> 判断基準項目番号 **(2-1) ①コ、**
> その他、加熱等の管理は被加熱物の温度、加熱に用いられる蒸気等熱媒体の温度、圧力、量等に係る事項を設定すること。

a)（2-1）加熱設備などにおける①加熱及び冷却並びに伝熱の管理におけるアは、熱媒体に対する要求である。「熱交換器」をイメージすればよくわかる。例えば、蒸気「圧力、温度」が、過剰供給にならないように調整しなければ、熱放散や絞り損失が発生することになる。圧力、温度は、第 3 章の燃焼管理でも述べたように「必要とする条件（設計値など）」を十分に確認した上で、「供給条件（運用値）」を決定することが大切である。

コには、熱媒、被加熱物の双方が、記載されている。上の①アにも「熱媒」記載があり、混乱することもあるが、結果的に、「熱媒条件（圧力、温度）」は、①アで決定されるので、①コは、「被加熱物（冷却物）」側の温度管理を求めていることになる。

> 判断基準項目番号 **(2-1) ①ケ、**
> 加熱等を行う設備で用いる蒸気は「適切な乾き度」を維持すること。

①ケでは蒸気の適切な乾き度を維持することを求めている。

a)「蒸気の乾き度」とは

「飽和蒸気」を使用するとき、文字通り飽和状態であることから、少しの温度低下（放熱）で、蒸気は湿ってしまう。この湿り具合を「湿り度（または、逆に乾き度）」という。

b)「蒸気の乾き度」低下の影響と対策

下記に簡単に整理する。

- 「乾き度 α」とは、蒸気の湿り具合を評価する指標である。式にすると以下となる。

  蒸気の保有熱量＝（飽和蒸気熱量－飽和水熱量）× α ＋飽和水熱量

① 乾き度 α が低いと蒸気の保有熱量が下がる
② 負荷側熱交換器の接触伝熱効率が低下する
③ 乾き度の改善方法
　・運転「蒸気圧力」を過度に下げない
　・過剰なボイラ負荷変動を控える
　・アキュームレータ、ドレンセパレータなどを使用する
　などが挙げられる。
　つぎは、各種製品の熱処理に利用される「工業炉」に関する判断基準である。

判断基準項目番号　**(2-1)①イ、**
　工業炉等は設備の構造、被加熱物の特性、熱処理の工程に応じて熱効率を向上するようにヒートパターンを改善すること。

判断基準項目番号　**(2-1)①ウ、**
　加熱等を行う設備は、被加熱物の量、炉内配置について設定し、過大、過少負荷を避けること。

判断基準項目番号　**(2-1)①エ、**
　複数設備の適正な負荷調整

判断基準項目番号　**(2-1)①オ、**
　加熱を反復して行う工程では、待ち時間を短縮すること。

---

a)「ヒートパターン」
　「ヒートパターン」とは、工業炉などに挿入する被加熱物に対する加熱パターン「加熱時間－濃度曲線」のことをいう。加熱温度や加熱時間、加熱冷却温度勾配などを管理値としてあらかじめ決めておくことが製品品質面だけでなく省エネの観点からも重要である。下図は陶磁器焼成炉とヒートパターンの例である。

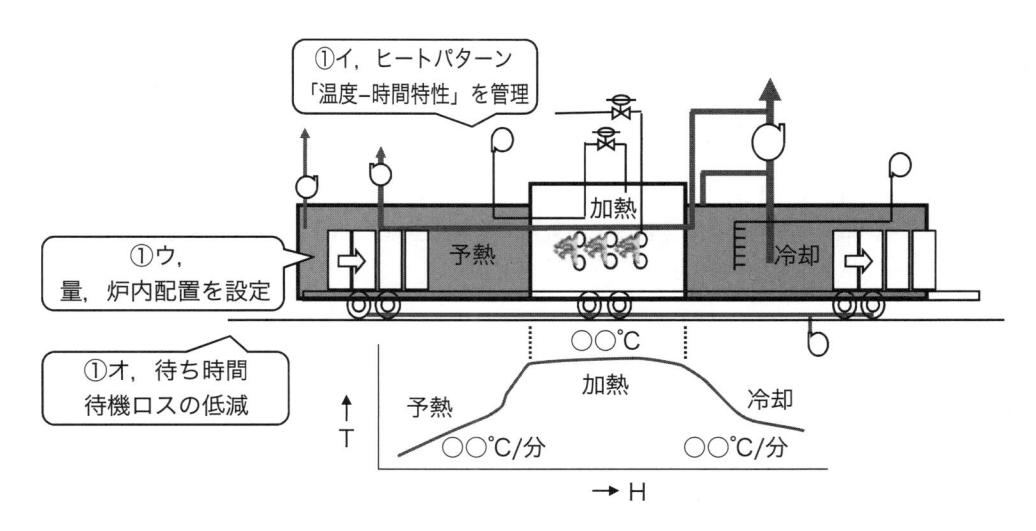

「ヒートパターン」は適正か？
「連続炉」の管理事例

- ヒートパターンの設定
- 被加熱物の「量」や「炉内配置」適正化
- 複数機の負荷配分（「運転台数」選択）
- 「待ち時間」の短縮（「生産調整」）

判断基準項目番号　**(2-1) ①カ、**
加熱を断続して行うことのできる設備は、運転を集約すること。

　バッチ式工業炉は、その運転時間を集約して、起動停止損失を防止する必要がある。断続的な運転は、起動停止損失が大きいためである。

a)「加熱、冷却」のまとめ

　　整理すると**下図**になる。

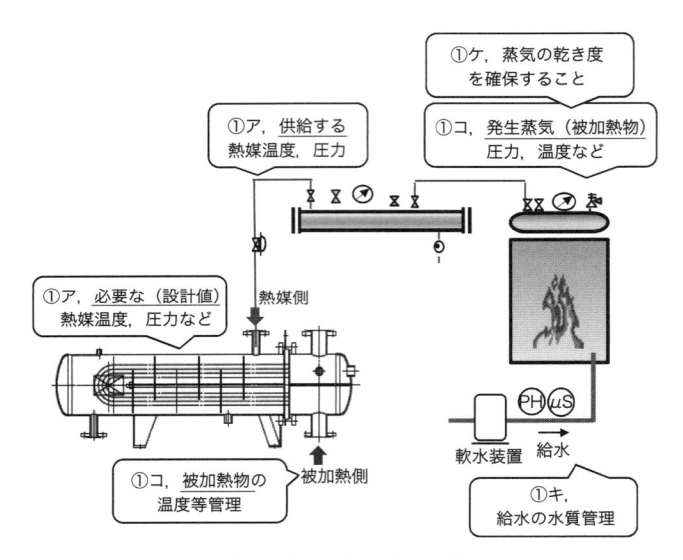

「(2-1) 熱媒、被加熱物」などのまとめ

(2-2) 空気調和設備、給湯設備

判断基準項目番号　**(2-2) ①ア、**
製品製造や貯蔵、作業員のための作業環境維持のための空気調和については区画を限定し、運転時間、温度、換気回数、湿度について管理すること。

判断基準項目番号　**(2-2) ①イ、**
工場内事務所等の空気調和については区画を限定し、ブラインド使用、運転時間、温度、換気回数、湿度、外気の有効利用について管理すること。

　もう一つの加熱（冷却）設備である「空調等」について説明している。

a) 工場と事務所の空調の違い

　　①ア、イに「よく似た文章が２つ」記載されている。

①アは工場棟、①イは工場内事務所のことである。同じ空調でも、「品質管理」のための空調と、人のための「保健空調」とは異なることを説明している。**（下図）**

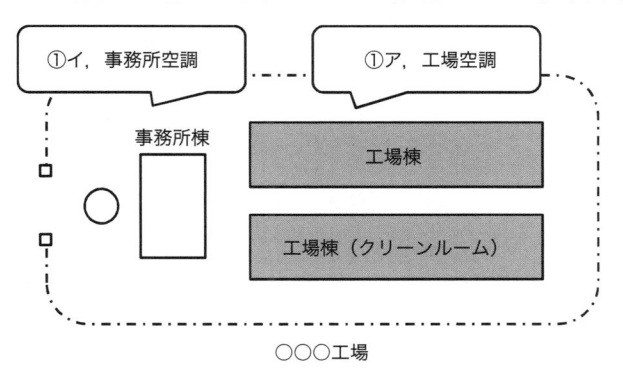

①イ，事務所空調

①ア，工場空調

事務所棟

工場棟

工場棟（クリーンルーム）

○○○工場

b）空調の保全管理事例

判断基準項目番号　**（2-2）③ア、**
　　空気調和設備を構成する熱源、熱搬送、空気調和設備は保温材や断熱材の維持、フィルターの目詰まりおよび凝縮器付着スケールの除去等保守点検を行うこと。

判断基準項目番号　**（2-2）③ウ、**
　　空気調和設備、給湯設備の自動制御装置の保守管理。

　　保全管理について少し紹介しておきたい。特に工場では、大型空調システムが稼働している反面、これらの維持管理が十分でないことが多い。フィルタ取替や洗浄など、意外と手間のかかるものだが、しっかりとした保守を求めている。また、熱交換器などの汚れ管理手段として「終端温度差管理」方法がある。「終端温度差」を傾向管理すれば、熱交換器の汚れが予測できることになり、むだのない維持管理ができる。また、「周辺計測器」や「自動制御装置」の定期的な手入れ、校正、チューニングなども忘れてはならない。

c）空調保全管理のまとめ
　　右図に空調システム保全の判断基準をまとめる。

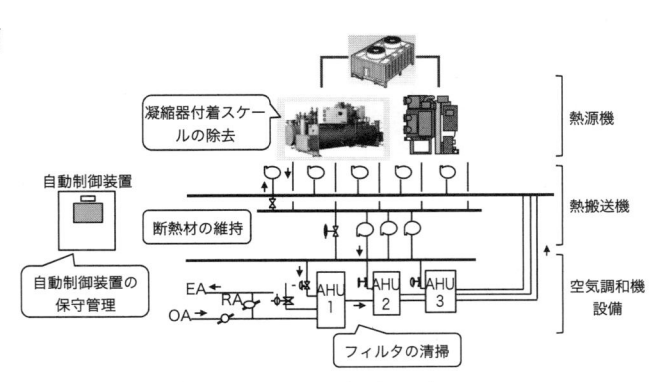

凝縮器付着スケールの除去

熱源機

自動制御装置

断熱材の維持

熱搬送機

自動制御装置の保守管理

EA　　　　AHU　AHU　AHU
　　RA　　1　　2　　3

OA

フィルタの清掃

空気調和機設備

「空調システム」保全のポイント

「自然空調」について

　多数の工作機械が稼働している大規模「部品製造工場」の空調事例を紹介したい。この工場では、次のような問題があった。

　　・発熱マシン負荷が大半であり、人は少ない
　　・高天井建物が多く、夏の環境は特に悪い
　　・油煙がおおく、空調室内機はすぐに汚れる
　　・排気ファンが多数稼動している
　　・床面も油や水で汚れている

　いわば、空調効率のとても悪い建物であった。

　そこで、同工場では、「自然空調方式」を導入した。外気を取り入れ、内蔵するシャワー効果により、潜熱冷房を行うしくみにしたのである。これによって、問題の悪条件にも適合でき、これまでと比べて涼しく、換気効果も優れ、従業員にも好評な環境となった。工場の熱容量や、屋根の構造や強度、既存空調設備との協調など詳細な検討が必要ではあるが、成層空調方式への転換などといった新しい空調方式への改善などを含め検討すべき技術といえる。

（3）廃熱の回収利用

　廃熱の回収利用は省エネルギーを推進する上で、最も重要な対策の一つである。平成28年3月の告示改正により、事業者が未利用熱を購入した場合、原単位計算において使用熱量から差し引くことができるようになった。

「未利用熱」活用の評価について（平成28年3月 告示改正）

　「未利用熱利用」評価制度は、利用先がなく、捨てられていた廃熱の回収努力を、定期報告書「原単位」計算に、直接反映させて評価するしくみである。以下のその内容を簡単に紹介しておきたい。

①「未利用熱」の定義

　「他事業者へ提供しなければ、省エネ法判断基準に従って取組を行っても発生を抑制できず、廃棄することが見込まれる熱」をいう。

　　・化石燃料起源の廃熱（廃ガス、廃水など）
　　・自社では消費先がない熱
　　・特殊（地下鉄排気、変電所廃熱など）

②「対象外」の未利用熱（資源エネルギー庁）

　　・ボイラ蒸気など、需要残余分（負荷調整できるため）
　　・自然エネルギー（河川水、地熱、雪氷熱など）
　　・再生可能エネルギー（太陽光、風力など）
　　・バイオ燃料やごみ焼却炉の廃熱（化石燃料外）

③「定期報告書」での具体的評価方法
・未利用熱の「供給者」
従来どおり「販売熱 GJ」に記載するので原単位の改善に反映される。
・「購入者」
2017 年 7 月報告から「報告書」様式を変更し、下表の「未利用熱購入 GJ」欄が追加されている。

<未利用熱の購入者>

エネルギーの種類	単位	使用量		販売した新生エネルギーの量		購入した未利用熱の量	
		数量	熱量GJ	数量	熱量GJ	数量	熱量GJ
産業用蒸気	GJ						
産業用以外の蒸気	GJ						
温水	GJ						
冷水	GJ						

熱の使用量には、未利用熱も含めた熱の総量を計上します。
購入した未利用熱のみを計上します。

「未利用熱」購入分だけ原単位が改善する

合計熱量＝使用熱量 − 販売熱量 − 未利用熱消費量
（新）原単位＝合計熱量 kL ／密接な関係値（m² 等）
この結果、購入した熱が「未利用熱」である場合、その分、原単位が改善することになる。

判断基準項目番号　**（3）①ア、**
　排ガスの廃熱回収利用は、設備等に応じ廃ガス温度または廃熱回収率について管理すること。
判断基準項目番号　**（3）①イ、**
　廃ガス温度および廃熱回収率は「別表第2A」の値を基準にすること。

「判断基準」では、日常管理項目として「廃ガス温度」が記載されている。
a) 廃ガス温度の管理と「別表第2（A）」（1）
　ボイラーについては、参考資料「別表第2（A）」に紹介しているが、大きさ、燃料別に、廃ガス温度の基準値が提示されている。ここで注意したいのは「測定点」である。「廃ガス温度」の測定場所は、排熱回収装置の出口（煙道入口）であり、先の「空気比」は、燃焼室の出口である（ただし、Eco 内蔵型の場合は Eco 出口）。イメージを**右図**に示す。

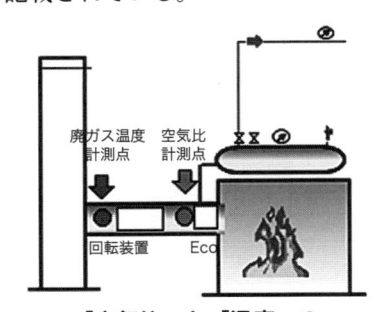

廃ガス温度計測点　空気比計測点

回転装置　Eco

**「空気比」と「温度」の
測定点は異なる**

b) 工業炉の廃熱回収率管理と「別表第2（A）」（2）
　また、工場炉の廃熱回収率についても、参考資料「別表第2（A）」に基準が示されているので、参照されたい。工業炉の場合は、用途により燃焼温度が大きく異なる。例えば、溶解炉（1000℃以上）、乾燥炉（200℃）などがある。したがって、単純に「温度」だけでは廃熱管理ができない。そこで「廃熱回収率％」で管理することを推奨している。「廃熱回収率」の計算方法は参考資料にも紹介しており繰り返しになるが**上表**のとおりである。

判断基準項目番号　**（3）①ウ、**
　蒸気ドレンの廃熱の回収利用については、回収を行うドレンの温度、量、性状の範囲について設定すること。

a) 蒸気ドレンの回収利用

　廃熱には、もう一つ「蒸気ドレン」がある。ドレンは回収して、保有熱を有効利用するのが基本であるが、「性状等」で回収できないこともある。したがって、回収する範囲を、あらかじめ社内で共有しておくことが大切である。

b)「回収範囲」の設定

　ドレン回収では、次のような範囲の設定が必要である。

- ドレンの温度（低くて回収に値しない）
- ドレンの量（温度は高いが、量が少なく回収効果小）
- ドレンの水質不良（電導度、鉄分など回収障害）
- 遠距離（回収コスト大、採算不良）

ドレンの回収方法について

　蒸気ドレンの回収利用方法としていろいろな技術が紹介されている。例えば、下記のような方法である。

　①「オープン式」と「クローズド式」

　　低圧ドレンは、開放型給水タンクに回収利用する「オープン方式」と、ドレンポンプで直接給水系に回収する「クローズド回収方式」（**下図**）がある。

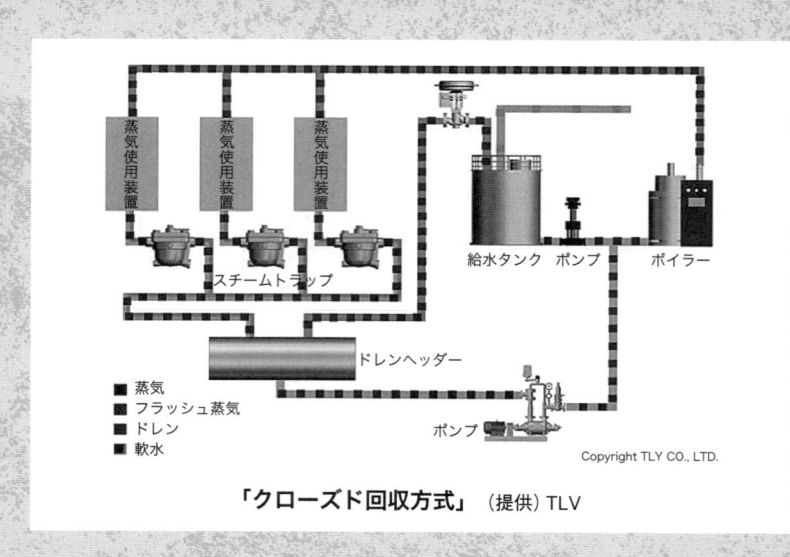

「クローズド回収方式」（提供）TLV

② 「フラッシュタンク回収方式」

　「高圧ドレン」を、フラッシュタンクに回収して、フラッシュ蒸気を低圧蒸気として再利用する方式である（下図）。

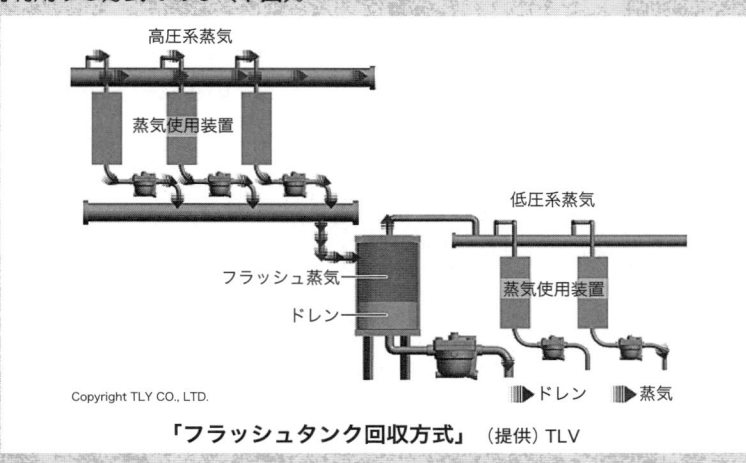

「フラッシュタンク回収方式」　（提供）TLV

③ 「間接回収方式」

　「汚染したドレン」や、「温排水等」などを、熱交換器を利用して熱回収する方式である。

④ 「フラッシュ蒸気」回収機器

　蒸気利用の現場で、フラッシュ蒸気をよく見かける。

　フラッシュ蒸気は、大きな熱損失につながることから、最近新しい回収技術が普及してきている。

　なお、フラッシュ蒸気の活用事例としては、「廃蒸気熱交換器」「スチームコンプレッサ」「スクリュー式コンプレッサ」などがある。

⑤ 「ドレントラップ」の種類と用途

　一般的に、ドレントラップの寿命は短い（5年程度）。このため、ドレントラップの特徴を認識し、用途に応じて使い分けることが寿命を延ばす秘訣である（下図）。

	フリーフロート式	バケット式	ディスク式	サーマル式	オリフィス式(2)
形式					
差圧（背圧）	◎	○	○	○	○
耐久性（寿命）	○	○	×	×	△
ウォータハンマ	△	○	◎	△	○
外気影響，凍結等	△	×	△凍結には強い	○	○
取付方向	あり	あり	◎	△	あり
スケール付着	◎	◎	△	△	×

「ドレントラップ」の種類と特徴

> 判断基準項目番号 **(3)①エ**
>   加熱された固体若しくは流体が有する顕熱、潜熱、圧力、可燃性成分等の回収利用について範囲を設定すること。

a) 加熱された流体、固体とは

　　まず、加熱された「固体」「流体」とはどのようなものかというと、ボイラであれば「連続ブロー水」、工業炉であれば「加熱材料」などである。いずれも、加熱により相当な熱量を保有したまま、大気中に廃棄されることが多い。

b) 熱回収の事例

　　例えば、工業炉では熱処理された材料は「冷却工程」で保有熱を放出してしまう。この冷却に使用した空気を**下図**のように再循環して、材料の予熱工程に有効利用することが可能である。

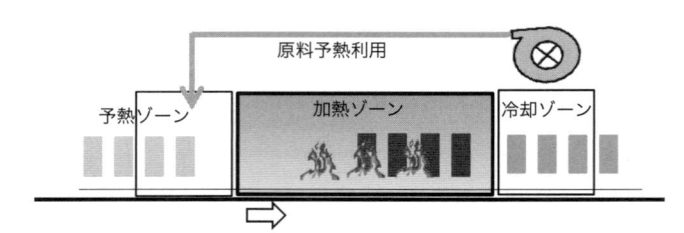

「加熱された固体」を材料予熱に利用している

　　ここでも、蒸気ドレンと同じように、回収する範囲（温度、圧力、水質、廃ガス性状など）を社内で共有しておきたい。以下、いくつかの固体、流体の管理事例を紹介する。

- ボイラーブロー水量の適正管理や熱回収（給水予熱）
- 工業炉の、製品冷却熱利用（原料予熱）
- 製鉄所のコークスや半製品熱利用（回収ボイラー）
- 化学工場蒸留塔の留分冷却熱利用（バイナリー発電など）
- リネン連続洗濯機の温排水利用（ボイラー給水予熱）
- エンジンのジャケット冷却水熱利用（ゼネリンク）
- コンプレッサ出口空気の保有熱利用（除湿熱源）

c) 廃熱回収利用のまとめ（**下図**）

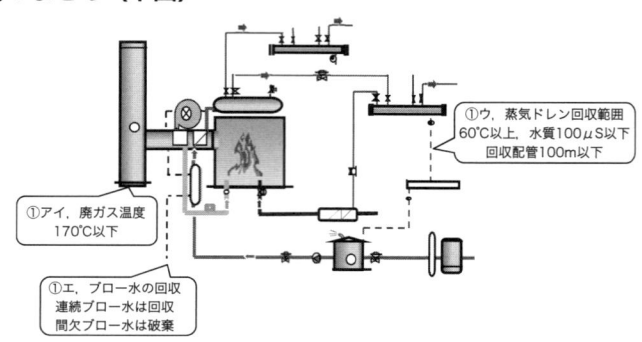

①ウ，蒸気ドレン回収範囲
60℃以上，水質100μS以下
回収配管100m以下

①アイ，廃ガス温度
170℃以下

①エ，ブロー水の回収
連続ブロー水は回収
間欠ブロー水は破棄

「設備保全」は大きな省エネのテーマ

　すでに何回か述べているが、電気や燃料といったエネルギーでその機能を発揮する設備や機器は、適切な保全（メンテナンス）を怠ると大きなエネルギーの損失となる。

①設備保全のポイント

　省エネルギーの観点からみた設備保全のポイントとしては、

- 故障を減らす。
- 仮に故障しても最小限で食い止め、短時間で復旧させる。
- 診断技術など、保全スキルの向上を図る、といったことであり、

何よりも「設備の性格をよく知ること」が大切である。機械の特性を把握し効率の低下や異常の兆候をいかに捉えるかが設備やエネルギーの担当者の課題ともいえる。

②「保全履歴書（カルテ）」の活用

　そこで、必要となるのが主要な設備ごとの「保全履歴（カルテ）」である。「保全履歴簿」はこれまでの担当者の管理ノウハウが凝縮された大切な「技術の伝承資料」でもあり、エネルギー管理規程とともに活用されなければならない。下図は、「保全履歴簿」の一例である。

保守履歴簿(保守台帳)事例				
	重油燃焼用「高圧重油ポンプ」			
台帳記号	大区分コード	中区分コード	小区分コード	設備番号
	機械装置	ボイラ	燃料ポンプ	
	M	B	P	105-A
仕様	ポンプ	***機械(株)、***型、19**年製造		
		流体　C重油、比重0.93		
		揚程　入口0.35MPa、出口5.2MPa		
		温度　105℃		
	電動機	***電機(株)、***型、19**年製造		
		電圧　440V		
		周波数　60Hz		
		出力　75kW、3600rev		
		絶縁種別　F種		
	その他			
図面等				
保守履歴	年月日	状況	備考	記入者
	..**	メカニカルシール漏れ(子書と交換)		**
	..**	電動機カップリング偏振動大(25/100mm)	(2001-56)参照	***
		ギアカップリング分解手入れ、グリスアップ		
		振動値5/100mmに収まる		
	..**	スチームトレース配管破口、更新		****
		10φ鋼管、約10m		
	..**	電動機固定子巻線絶縁補強工事施工(メーカーにて)	(2001-101)参照	*****

「保全履歴簿」の一例

③ 故障の統計分析

さらに、保全記録をもとに「統計分析」を行うこと。設備の弱点部位を抽出し、保全方法、頻度（保全周期）、交換部品確保などを見直す必要があり、有効である。

④「他社事故事例」の参照

また、社内の故障だけでなく、メーカー、関連企業、情報紙などから得られる故障事例などを収集し、「予防保全」的に自社設備に反映することも大切である。

⑤「バスタブカーブ」

高機能の機械も、いつかは必ず故障する。次の図は、設備の故障頻度を示した「バスタブカーブ」である（風呂桶に似た曲線のためバスタブと呼ばれている）。

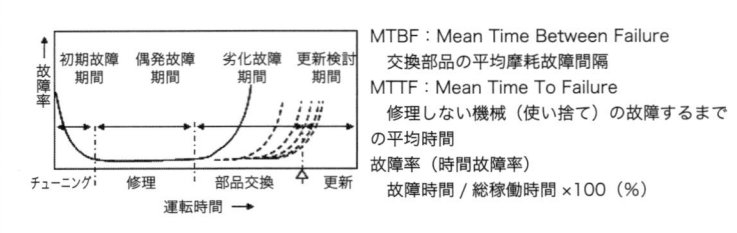

MTBF：Mean Time Between Failure
　交換部品の平均摩耗故障間隔
MTTF：Mean Time To Failure
　修理しない機械（使い捨て）の故障するまでの平均時間
故障率（時間故障率）
　故障時間／総稼働時間 ×100（％）

「設備の年齢」は、今どこだろうか？

機器や部品の耐用年数とともに故障履歴などから、この設備が「偶発域」「寿命域」のいずれかを判別し、更新時期の有用な判断データとすることが必要である。

⑥ 設備が能力発揮のために必要なものは

設備が、本来の能力を発揮するには、「初期性能」だけではなく、そこには正しい使い方、適切なメンテナンスなど、人の技量が大きく影響することを認識しなければならない（**下図**）。

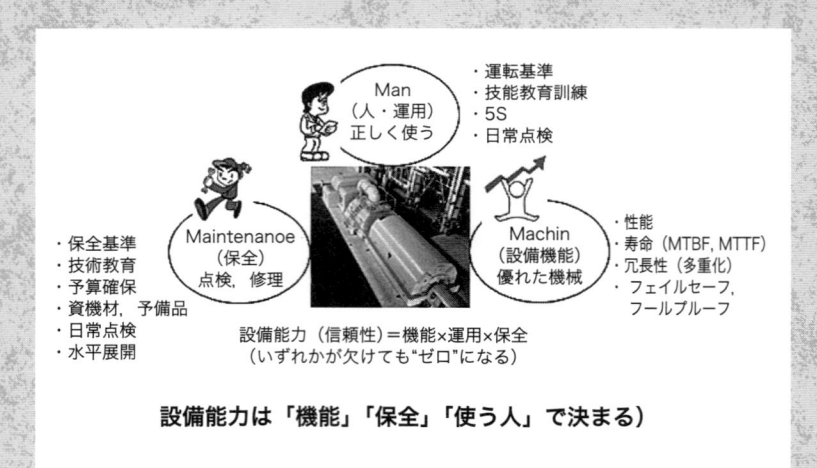

設備能力は「機能」「保全」「使う人」で決まる）

⑦「保全方法」の種類

　一般的に、保全方法を分類するとつぎの図のようになる。ある一定周期ごとに保全を行う「TBM（周期保全）」から、故障させない改良を行う「MP（保全予防）」まで、設備の重要性や用途に応じて最適保全方法を選択する必要がある。

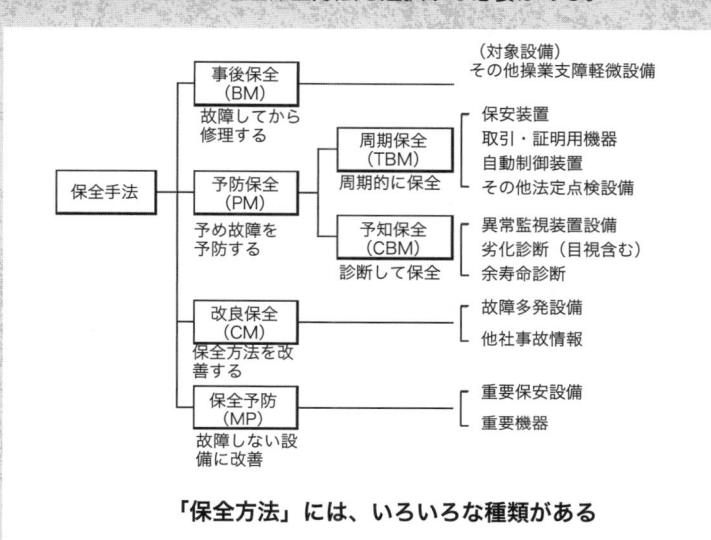

「保全方法」には、いろいろな種類がある

⑧「最適保全方法」の見直し例

　次の「フロー図」は、各設備や機器の保全区分方法を示したものである。

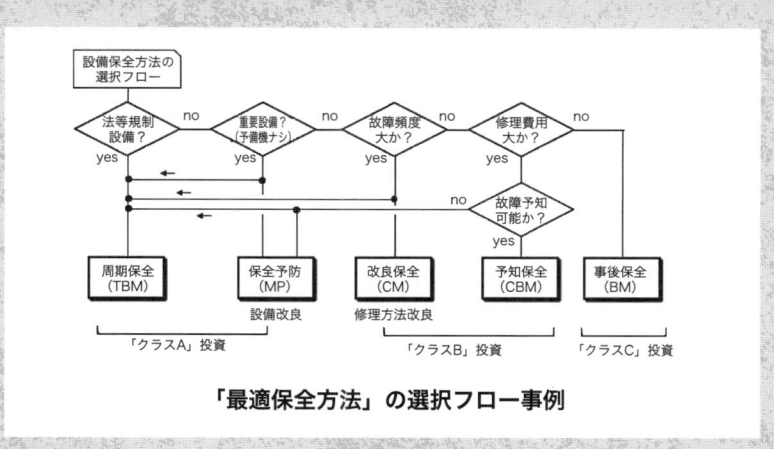

「最適保全方法」の選択フロー事例

- 「TBM」：法令などで定める設備など、重要機器
- 「CBM」：診断などで故障が予知可能な機器
- 「MP、CM」：故障頻度が著しい設備など
- 「BM」：設備稼働中に停止して修繕可能な機器

⑨ 「設備保全計画表」

　以上を分析評価したうえで、下図のような設備更新予定などを記載した「保全計画表」を作成する。当然、機器を更新する際は、より信頼性の高い機器の採用はもとより、本稿「判断基準（④新設時の措置）」や「判断基準（Ⅱ目標）」にかかげる省エネに関する改善対策も、併せて考慮しなければならない。

性格別分類	件名ID別	汽力区分別	新旧別	定検関連別	ランク別	予算件名	■年度		■年度	■年度	■年度	■年度
							1U	--	B	--	増B-T	--
							2U	B-T	--	B	--	増B-T
経劣件名	件 代		関	E	2号SHスプレーバイアス制御器修繕			0	0	0	0
経劣件名	件 代		関	B	1号密封油ポンプ修繕 工事	0			0	0	0
経劣件名	件 代		関	A	2号メタクラ母線支持板修繕工事			0	0	0	0
経劣件名	件 代		関		起変母線連絡バスダクト支持板修繕工事	0		0	0	0	0
経劣件名	件 代		関		1号メタクラ計器用 変圧器枠修繕工事	0		0	0	0	0
経劣件名	件 代		関		2号メタクラ計器用 変圧器枠修繕工事	0		0		0	0
経劣件名	件 代		関		起変メタクラ計器用 変圧器枠修繕工事	0		0		0	0
経劣件名	件 代		関	B	77KV甲母線計器用変圧器修繕工事	0		0	0	0	0
経劣件名	件 代		関		77KV乙母線計器用変圧器修繕工事	0		0		0	0

「設備保全計画表」事例

⑩ 「保全履歴図表」

　また、保全計画にはつぎのような保全履歴などを「図表」の形で残せば、さらに弱点部位が一目瞭然となる。

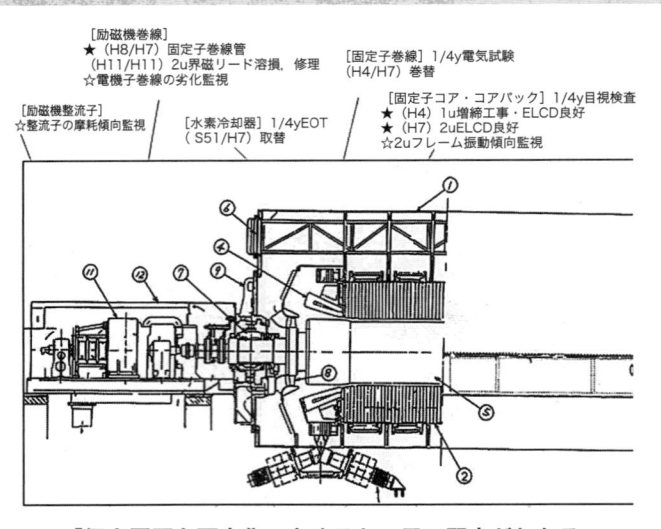

「保全履歴を図表化」をすると一目で弱点がわかる

　適正な保全管理は、「省エネ活動」と一体であるということを認識して取り組むことが重要である。

(4) 熱の動力等への変換の合理化

(4-1) 発電専用設備

発電設備では自家発電設備や事業用発電設備を問わず多くのエネルギーを使用することから、その管理は重要である。

判断基準項目番号　**(4-1) ①ア、**
・発電専用設備にあっては、高効率の運転を維持できるように管理すること。
・また、複数の発電専用設備の並列運転に際しては、個々の機器の特性を考慮の上、負荷の増減に応じて適切な配分をすることにより総合的な効率向上を図ること。

ここで挙げられているのは、これまでも何度か出てきた「高効率運転」の維持と「適正負荷配分」である。

a) 発電設備の高効率運転の維持方法

火力発電所を例に挙げ、その管理項目を以下に整理した。

○高効率運転の維持方法

- 蒸気条件を設計図に近づける
- 復水器の真空度維持に努める（洗浄度管理）
- 空気予熱器など熱交換器の性能維持（清浄度、漏えい率）
- 所内補助蒸気の低減、ドレン回収に努める
- 所内補機動力の低減に努める
- ボイラー空気比（1）①、排ガス温度管理（3）①

いくつか具体的に説明すると、

①蒸気条件の維持

火力発電所で「熱の動力等変換」設備はタービンである。タービンは蒸気の出入口熱落差を動力に変換することから、この熱落差を規定値に維持することが、最も大切な管理項目となる。そして、この熱落差を決めるのがボイラーである。ボイラーにはバーナチルト、SH/RH分配ダンパ、再循環ガス、スプレー水など蒸気温度を調整する機能があり、その操作順位も決まっていることが多いことから、これを順守することが肝要となる。

② 復水器の真空度管理事例（**右図**）

「復水器」は、タービンで仕事を終えた蒸気が、冷却されて水に戻る箇所

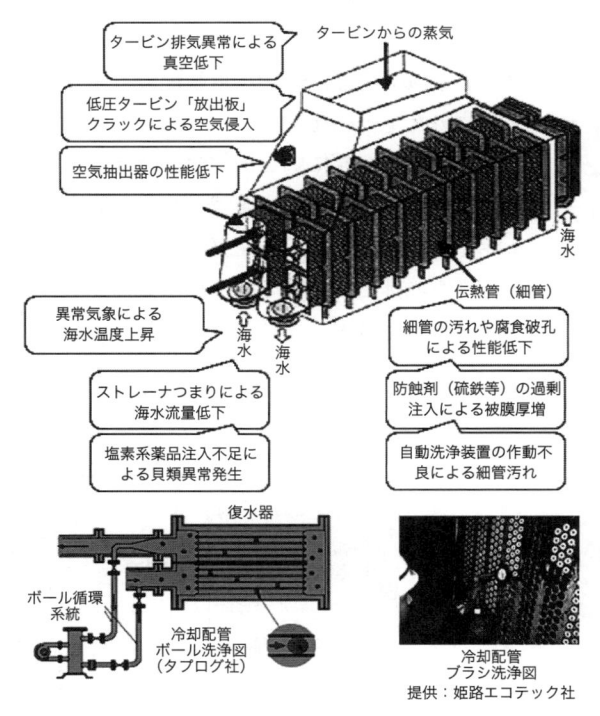

「復水器」の管理事例

タービンからの蒸気
タービン排気異常による真空低下
低圧タービン「放出板」クラックによる空気侵入
空気抽出器の性能低下
海水
伝熱管（細管）
異常気象による海水温度上昇
海水
細管の汚れや腐食破孔による性能低下
ストレーナつまりによる海水流量低下
防蝕剤（硫鉄等）の過剰注入による被膜厚増
塩素系薬品注入不足による貝類異常発生
自動洗浄装置の作動不良による細管汚れ
復水器
ボール循環系統
冷却配管ボール洗浄図（タプログ社）
冷却配管ブラシ洗浄図
提供：姫路エコテック社

である。

　復水器の性能を表す「真空度」は、冷却水温度や細管の汚れに左右されるほか、特異なケースとして空気漏えいなどもある。特に汚れ対策には「終端温度差」管理などによる定期的な洗浄（逆洗、ボール洗浄など）が大切である。

③ 空気予熱器の漏えい率管理事例（**下図**）

　ボイラーの燃焼空気を予熱する「空気予熱器」は、一般に「再生式（回転式）」が使用されることが多い。ここでもスートブローによる定期的な清掃を行う必要がある。また、回転体とケーシングの隙間から、燃焼空気の漏えいが発生しやすい点にも注意が必要である。漏えいは送風機の動力損失だけでなく、廃ガス損失増加にもつながるので適正な維持管理が重要である。

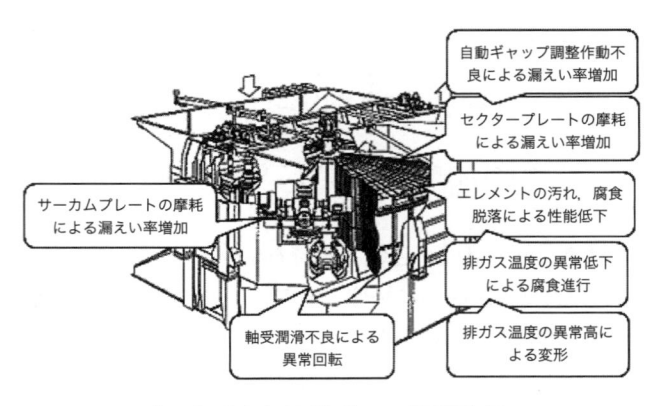

「再生式空気予熱器」の管理事例

b) 複数発電設備の負荷配分方法（**下図**）

　一般的に発電設備は複数台で並列運転される。それぞれの負荷配分は、容量、性能、制御性、運用性などを総合的に判断して効率向上を図る必要がある。

　負荷の領域に応じた適切な負荷配分方法
- 個々の発電効率を考慮した経済負荷配分
- 個々の燃料種類に応じた総合的発電単位による経済負荷配分
- 地域の潮流、電圧降下を考慮した発電所負荷配分
- 発電所の動特性（応答速度等制御性）を考慮した負荷配分
- 地域環境排出規制等を考慮した負荷配分
- 設備の劣化度等を考慮した負荷配分

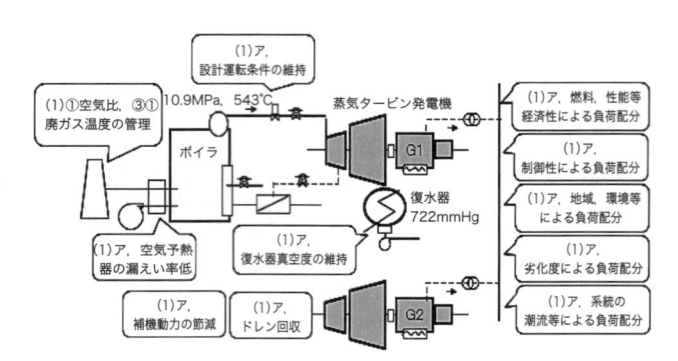

「複数発電機」の負荷配分方法

判断基準項目番号　**（4-1）①イ、**
　　火力発電所の運用にあたっては、蒸気タービンの<u>部分負荷における減圧運転</u>が可能な場合は管理方法を設定すること。

a) 部分負荷時の「減圧運転」（**下図**）

　　負荷配分の結果、やむなく部分負荷運転をする場合の措置として、ボイラーの「減圧運転」を推奨している。

　　部分負荷における「減圧運転」の効果
　　・ボイラの蒸気温度が上昇し、タービン効率が改善する
　　・タービンガバナ弁が開き，絞り損失が低減する
　　・タービン蒸気が部分噴射から全周噴射に近づき、タービン効率が改善する

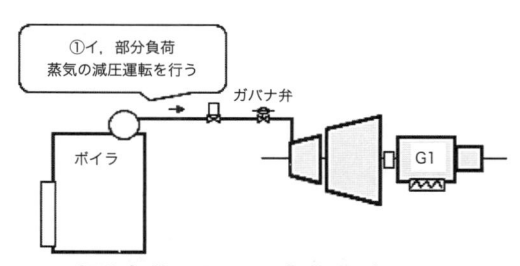

部分負荷における「減圧運転」

　　最近の大型ボイラー（変圧貫流型）は、初めから部分負荷時には減圧運転を行うように設計されているが、既設のドラム型ボイラーなどにおいても、部分負荷時に、蒸気圧力を下げ（減圧）て運転し、蒸気タービンの弁絞り損失低減や、蒸気温度の上昇を図るよう示している。

b) 発電設備の判断基準について補足（**下図**）

　　発電設備の現場や、専門家の間でもよく耳にするのが「判断基準は（4-1）だけでよいのか」という声である。答えは「NO」である。発電設備は「（1）燃焼装置」から「（6）電気の動力変換設備」まで、すべてに関係する機器の集合体である。したがって、それぞれの設備ごとに管理標準を分けて作成することが望ましい。

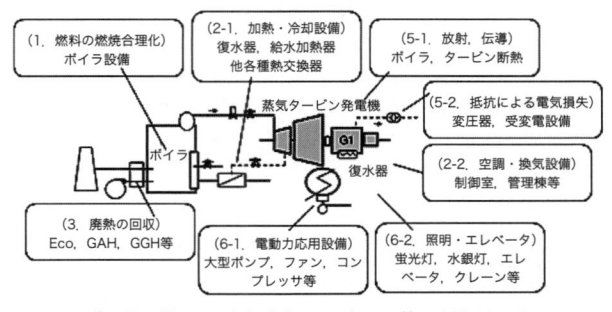

「発電設備」は（1）-（6）まで全ての管理が必要です

「発電設備」の判断基準まとめ

(4-2) コージェネレーション設備

> 判断基準項目番号 **(4-2) ①ア、**
> ・コージェネレーション設備に使用されるボイラ、ガスタービン等の運転管理は、発生する熱および電気が十分に利用されるよう、負荷の増減に応じた総合的な効率を高めること。
> ・また、複数のコージェネレーション設備の並列運転に際しては、個々の機器の特性を考慮の上、負荷の増減に応じて適切な配分をすることにより総合的な効率向上を図ること。

「コージェネレーション設備（熱・電併給設備をいう）」の判断基準である。

a) 熱、電気を使い切ること（**下図**）

　　コージェネレーション設備は熱効率が高く、最近では総合効率80%クラスも少なくない。しかしながらその効率は、発生する電気と熱（蒸気、温水など）を100%使い切って達成されるものである。一般に工場などでは、電気は必要であるが、熱の使い道が少ないところが多い。このような時「熱放散（バイパス）運転」をすると、たちまち効率は低下することになるのが欠点である。

　　コジェネは「発生熱、電気」を全量使い切ることが大切
- コージェネレーションは発生する熱、電気を全量利用して初めて高効率運転ができる。
- 熱に余剰が出ると、余剰分を廃棄する排気バイパス等ため効率が大幅に低下する。
- 電気に余剰が発生すると「部分負荷運転」を行うので効率が低下する。
- 従って、いずれも余剰が発生しないような設備容量選定が必須である。

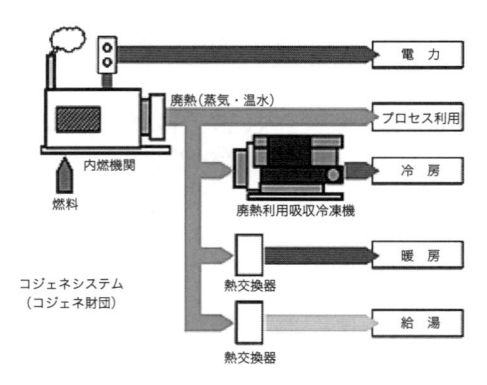

「コージェネレーション」の概要図 （提供）コージェネ財団

b) 部分負荷運転を避けること

　　コージェネレーション設備のもう一つの欠点は、部分負荷における効率が低いことである。電気負荷が少ないからと無理な部分負荷運転をするのであれば、買電系統に切り替えた方が経済的であることが多い。

c) 熱、電気いずれか余る時の対処事例

　ところが、現実には「熱、電アンバランス」運転や、部分負荷運転を行うことが多いのが実態となっている。それでは、どのような回避策があるか、下記に整理する。

　①設備は小型機を複数台設置して、台数制御する。

　（つまり初期容量計画時の問題）

　②余剰蒸気を空調熱源、動力源として活用する。

　③余剰蒸気などを近隣工場に供給する（共同エネルギー事業）。

　④逆に熱が足りないときは、回収ボイラーに「追焚きバーナ」を設置して、ボイラー容量を増やす。

d) コージェネレーション判断基準のまとめ（**下図**）

　先の発電設備同様に、コージェネも（4-2）だけの管理ではいけない。やはり (1) − (6) まで、ほとんどが関係する。したがって、（4-1）同様に、ここでも管理標準を複数の構成設備にわけて作成することを推奨する。

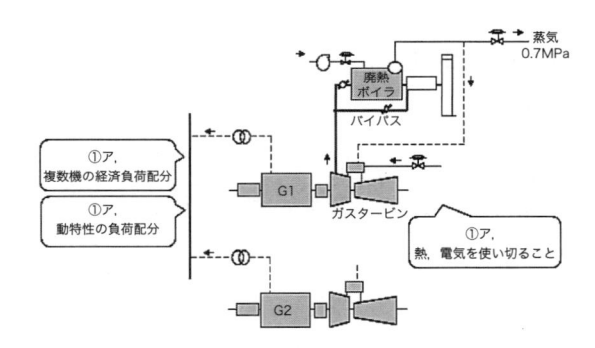

「コージェネ（4-2）」の判断基準まとめ

判断基準項目番号　**（4-2）①イ、**

　抽気タービン、背圧タービンをコージェネレーション設備に使用するときは抽気圧力または排気圧力の許容される最低値について設定すること。

---

a) 蒸気タービン式コージェネレーション設備

　蒸気タービンの中で、「抽気タービン（タービン段落の途中から蒸気を抽出して供給する）」「背圧タービン（排気をそのまま供給する）」の注意事項を説明している。

「法定資格者」に相談すること

　（4-2）①イ . は、非常に大切な部分を指摘している。

　それは、省エネだけを考えて運用すると、思わぬ機械の故障につながる恐れがあるという

点である。したがって、運用改善などを行う場合は、その効果と副作用を常に考えて総合判断することが大切である。ちなみに、国では重要な設備に「法定資格者制度」を定め、この主任技術者などの意見を尊重することになっている。例えば次のような設備である。

（発電設備）―電気主任技術者、ボイラー・タービン主任技術者

（ボイラー設備）―ボイラー技士、ボイラー整備士

（環境設備）―公害防止管理者

（空調熱源機等）― 高圧ガス製造保安責任者

（危険物）―危険物取扱者

　「省エネ活動」とはいえ、関係する事案は、必ず以上のような法定責任者の意見を反映しなければならない。

（5）放射、伝導、抵抗等によるエネルギー損失防止

（5-1）放射、伝導等による熱の損失防止

　省エネ課題の中で、比較的大きなポテンシャルを持つのが「熱放散」である。

判断基準項目番号　**（5-1）①ア、**
　熱媒体およびプロセス流体の輸送を行う配管等々の断熱化の工事は JIS A9501 等の規定により行うこと。

　断熱施工方法についての説明である。断熱工事は、JIS に準じてしっかりと施工することが望ましいが、現場では、「機械の点検頻度が多い」「復旧に費用がかかる」などの理由で、裸管のまま放置されていることが少なくない。取扱いが簡単で、比較的安価な簡易エコカバーなども市販されているので活用されたい。

判断基準項目番号　**（5-1）①イ、**
工業炉を新たに炉床から建設するとき
・「別表第3（A）」に掲げる炉壁外面温度を基準とすること。
・既存の工業炉についても施工上可能な場合は「別表3（A）」を基準とすること。

　工業炉の、外壁温度管理についての説明である。「工業炉」は、汎用的なボイラーや熱源機に比べて特殊用途が多いことから、熱放散が大きい状態のまま放置されることが少なくない。「別表第3（A）」（参考資料に掲載）では主に炉内温度500℃以上の炉に対する「外壁温度」の目安を提示しているので参考にすべきである。

　なお、（5-1）①イ.の本文中に、断熱材の仕様として「かさ密度1.0（加重平均値）以下の断熱材を使用」と書かれているが、この仕様に該当する断熱材は、主として「セラミックファイバー」クラスのものを指している。

> **判断基準項目番号　(5-1) ②、**
> 　加熱等を行う設備ごとに、炉壁外面温度、被加熱物温度、廃ガス温度等の損失状況を把握するために必要な事項を計測し、この結果に基づく熱勘定分析を行い記録すること。

　ここでは、工業炉などの計測記録項目の中で、「熱勘定分析」を推奨している。熱勘定とは「性能管理（効率管理)」のことであり、この関係の記録を求めている。

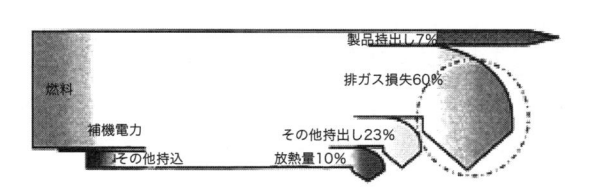

「工業炉」の熱精算事例

　図は、工業炉の熱精算事例である。蒸気ボイラーなどにおいても同様に実施したい。

> **判断基準項目番号　(5-1) ③ア、**
> 　断熱工事等、熱損失防止のために講じた措置の保守点検を行うこと。
>
> **判断基準項目番号　(5-1) ③イ、**
> 　スチームトラップは、その作動不良等による蒸気の漏えい、及びつまりを防止するために保守点検を行うこと。

　保全に関する管理事項として、「断熱材」と「ドレントラップ」を挙げている。特に、日常放置されがちであるのがドレントラップの故障（つまりや漏れ（吹きっ放し))である。なかでもドレン回収系統では、故障が目視で判別困難なこともあり、何年も放置されると「生蒸気」であるだけに思わぬ大きな損失を来すことになる。
　（例)　5kg/h. 台の漏れは、約 12 万円 / 年 . 台の損失になる。

(5-2) 抵抗等による電気の損失防止

　電気の損失について、挙げている。「電気」は、必ず「熱」の形で放散される。そして、その熱の元となるのが「抵抗」である。したがって、ここでは回路抵抗をできるだけ減らすよう求めている。

> **判断基準項目番号　(5-2) ①ア、**
> 　変圧器、無停電電源装置は、部分負荷における効率を考慮して、全体の効率が高くなるように稼働台数の調整および負荷の適正配分を行うこと。

> **判断基準項目番号　(5-2) ①イ、**
> 　受変電設備の配置の適正化および配電方式の変更による線路の短縮、配電電圧の適正化を図り、配電損失を低減すること。

a）イ．「配電方式」の変更など

　　専門的な言葉がいくつか出ているので、下記に要点を説明する。

　　①受変電設備「配置」の適正化とは

　　　　線路電圧は、省エネ的には、できるだけ負荷端まで高圧で配電するのが望ましい。な
ぜなら、損失が（I^2R）、つまり、電流の2乗で増加するからである。したがって、低圧
に落とす「変電設備」は、できるだけ負荷のそばに配置することが望ましい。

　　②「配電方式」の変更とは

　　　　配電方式とは、線路の回路構成などをいう。簡単に言えば、ケーブルサイズは太く、
電圧は高く、回路は単相より3相で、そしてできればループ方式で配電することが望ま
しい。いずれも「回路抵抗」を減らすためである。

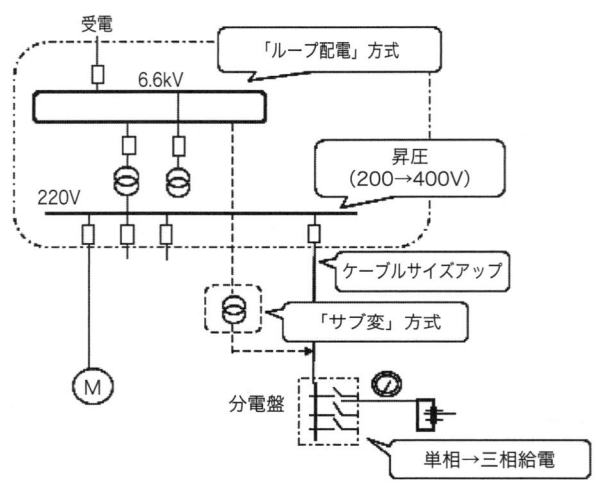

「配電方式」の変更事例

判断基準項目番号　**(5-2) ①ウ、**
　　受電端力率は95%以上を基準として管理すること。

判断基準項目番号　**(5-2) ①エ、**
　　進相コンデンサは、これを設置する設備の稼働または停止に合わせて稼働、停止するように
管理すること。

---

a）エ．「進相コンデンサ」の調整

　　「進相コンデンサ」による力率調整
方式には、「受電側設置」「負荷側設置」
の2つの方法がある。

　　基本的には、「負荷側」に設置する
ことが理想であるが、小さな負荷の
集合体などの場合には、一括して「受
電側」に設置することが多い。

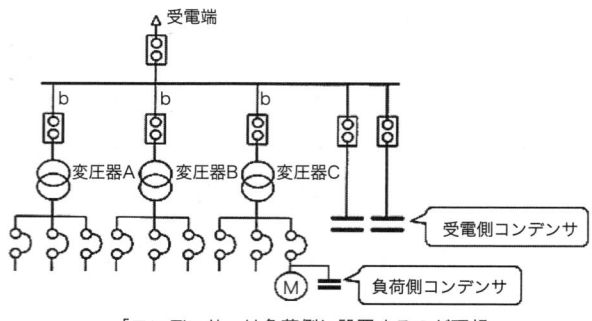

「コンデンサ」は負荷側に設置するのが理想
「コンデンサ」の設置場所事例

「深夜」の力率事例から

　下図は、深夜力率の事例である。進相コンデンサを調整しないと、深夜操業停止時の力率が大きく「進相状態」になってしまうことになる。

「進相は、割引料金には無関係だから問題ない」と思われている人もいるようである。しかし、そうしたことはなく、次のような弊害がある。

・無負荷電流が大きくなり、線路損失が増える。

・線路電圧が上昇し、機器の寿命が短縮する。

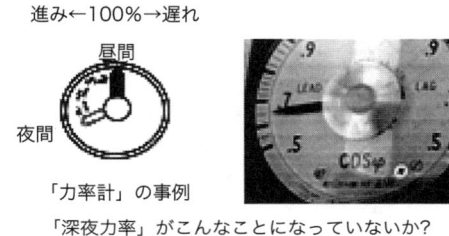

進み←100%→遅れ

昼間

夜間

「力率計」の事例

「深夜力率」がこんなことになっていないか？

「深夜力率」の事例

　コンデンサに「専用遮断機」が設置されているのであれば、夜間は適宜台数を調整して、過剰な「進相」運転を防止したい。

判断基準項目番号　(5-2) ①オ、

　三相負荷に単相負荷を接続させるときは、電圧の不平衡を防止するように管理すること。

a)「電圧の不平衡」について

　電圧の不平衡とは、**図**のように三相回路の各線間電圧が不揃いになることをいう。「不平衡率」は下記の計算式で 3% 以下に管理することが望ましい。

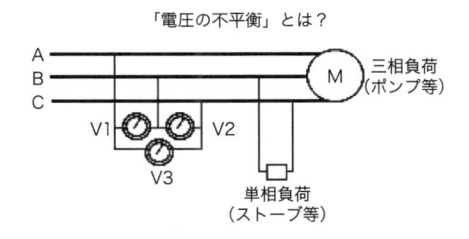

「電圧の不平衡」とは？

A
B
C

V1　V2

V3

三相負荷
（ポンプ等）

単相負荷
（ストーブ等）

$$電圧の不平衡率 = \frac{(Max \times 線間電圧 - 平均線間電圧)}{平均線間電圧}$$

（3%以下が望ましい）

「電圧の不平衡」を時々チェックすること

b）不平衡の弊害は

- アンバランスによる電力損失増加
- 三相モータなどの振動、発熱
- 中性点電位上昇による保護リレー動作不良

c）どのような方法で調べるか

　配電盤の電圧計、電流計の下にある「切替スイッチ」を回して、各線間の不揃いを確認する。

　ただし、測定に際しての注意事項がある。「電流計」の切替スイッチは、測定が終了したら必ず「切（off）」の位置に戻すのがルールである。これは測定回路の接触不良などによる、「CT（変流器）」の過熱焼損事故を防止するためである。

判断基準項目番号　**（5-2）①カ、**
　電気使用設備の稼働について、工場における電気の使用を平準化して最大電流を低減すること。

判断基準項目番号　**（5-2）①キ、**
　電気使用設備への電気の供給は、電気使用設備の種類等に応じて電圧、電流等電気の損失を低減するために管理すること。

　先の省エネ法改正で話題になった「電気需要平準化」について示している。この平準化は、法改正に関わらず電気使用者の永遠の課題であり、深く追求すべきテーマである。

a）「平準化」の理由は

- 電気供給力（発電設備）は「最大電力」で決まる。
- 電気の損失は、電流の2乗で増加する。
- 電気料金（基本料金）は、最大電力で年間契約される。
- 従量料金も累進的に高くなる（三段階料金制）。

b）平準化方法

　下図のように、「カット」「シフト」「チェンジ」の3つの視点がある。

①カット

- デマンドメータなどによる節電活動
- 休み明けなど、集中起動から順次起動へ
- 最大負荷時間帯に自家発を稼働して補填

②シフト

- 「フレックスタイム」導入
- 休み明けの設備稼働時間「相互調整」
- 「夜間、休・祝祭日」への操業移動
- 「蓄電池」設置による夜間シフト
- 「氷蓄熱空調」などによる夜間シフト

③チェンジ

- 電気から燃料エネルギーへ

・太陽光等自然エネルギー利用

電気料金のしくみ
　電気の使用実績に対して「(電気)領収書」の見方がわからない方もいる。電力の全面自由化が始まり、いろいろな供給メニューが各社から出てきており、必ずしも統一されていないが、一例として電気料金に関係する言葉を下表に紹介する。

電気料金に関することば		
項目	種別	内容
基本料金	基本料金	契約種別や契約電力の大きさで決まる基本料金
	同　超過料金	予め決めた契約電力の超過分に関する負担分
従量料金	消費電力量に応じた料金負担分	
	三段階料金制	電力の使用量に応じた累進電気料金制度
	重負荷時	夏季 7-9 月の料金
	昼間	平日 8:00-22:00 等の時間帯料金
	夜間	昼間以外の料金
その他	ユニバーサルサービス	地域に関係なく公平な供給サービスを行うこと
	最終保障サービス	新電力等から供給を受けられないときの保障体制
	力率割引金	力率 85% を基準としてそれより高ければ割引く制度
	燃料費調整額	原油の基準価格に対する変動分調整(四半期毎)
	再エネ促進賦課金	太陽光等再生可能エネルギーの普及負担分
	使用済燃料再処理費用相当額	原子力発電に使用された燃料の再処理費用等相当額
	託送料金相当額	送電線等の供給設備に関する費用負担分
	アンシラリーサービス	電力系統安定化運用に関する費用負担分
	自家発補給	自家発設備の定期修繕、事故時の補給電力に伴う料金
	予備線契約	2 回線受電に伴う契約とその料金

「電気料金」に関係することばを知っているか？

「電気料金」のしくみ

(6) 電気の動力、熱への変換合理化
(6-1) 電動力応用設備、電気加熱設備
　「判断基準」の最後に挙げられているのは、日常、最も汎用的な「電動機」などの省エネである。電動機は、国内で約 1 億台使用され、国内総電力量の 55% を占めると言われている。したがって、1 台ずつの改善効果は少なくとも、すべてが高効率化すればわが国としての省エネ効果はとても大きなものとなる。

> 判断基準項目番号　**(6-1) ①ア**
> 　電動力応用設備については、電動機の空転による電気損失を低減するように始動電流を勘案して、不要時の停止を行うこと。

a)「不要時の停止」
　電気設備は、空運転防止のため「小まめに切る」ことに尽きる。しかし問題は、「不要時」の概念が人により異なること。したがって、ここでは「不要時の定義」を社内で共有することが大切である。例えば次の事例である。

- （照明）—昼休みは一斉消灯
- （駐車場排気ファン）—8:00-10:00、15:00-18:00 運転
- 空気圧縮機は始業 10 分前に起動、終業時に停止

b)「小まめな停止」での注意点

さらにその注意点も記載されている。

例えば大型電動機などは、一旦停止すると再起動に大きな始動電流が流れて「寿命短縮」にもなりかねない。自ずと「最低起動間隔」の制約があるので注意したい。

> 判断基準項目番号 **（6-1）①イ、**
> 複数電動機を使用するときは、それぞれの部分負荷における効率を考慮して稼働台数調整および負荷の適正配分を行うこと。

> 判断基準項目番号 **（6-1）①ウ、**
> ポンプ、ファン等の流体機械については、使用端圧力および吐出量の見直しを行い、負荷に応じた運転台数、回転数の変更等により電動機負荷を低減すること。また、負荷変動幅が定常的な場合は配管やダクトの変更、インペラカット等の対策を検討すること。

a）ポンプ、ファン等の圧力見直し

最新のポンプであれば、省エネの余地はないと思っているケースがある。しかし、最新であっても万全ではない。例えば、新設したポンプなどでは、設計的にかなり「余裕（安全率）」を持っていることが多い。したがって、実運用に合わせて、運転圧力を調整すべきである。例えば、空気圧縮機は 0.7MPa で設計されていても、負荷側で必要なのは最大 0.4MPa である場合、0.5MPa に減圧して運用することなどにより省エネルギーとなる。

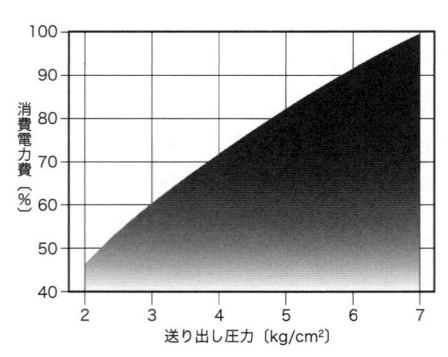

空気圧縮機圧力は0.1MPa下げると約10%省エネ

「空気圧縮機」の特性事例 （出典）省エネルギーセンター

b）ポンプ流量の見直し

「流量」についても同様である。ポンプ自身が過剰設計で、無理やり余剰流量の逃がし（バ

イパス）運用などを行って場合には、「インペラカット」「プーリ比ダウン」「インバータ化」などにより改善したい。

> **判断基準項目番号　(6-1) ①エ、**
> 　誘導炉、アーク炉、抵抗炉等の電気加熱設備は、被加熱物の装填方法改善、無負荷稼働による電気損失の低減、断熱および廃熱の回収利用等により熱効率を向上すること。

a)「電気炉」等の課題

　先に（2-1）加熱、冷却のところで説明したことと、ほぼ同じであるが、電気炉特有の課題もある。それは①変圧器、整流器等「電源設備」の高効率化と、②待機電力、フリッカー対策などの電源対策が必要なことである。

 コ ラ ム

放射温度計使用の注意

　下図は、「加熱炉」のフタ部断熱不良状況である。最近では、放射温度計やサーモカメラが普及しており、このような温度の可視化が容易になっている。

「抵抗加熱ピット炉」ふた部放熱事例
放射温度計には、「放射率」という問題がある

「放射温度計」と測定事例

　しかし、放射温度計の指示は正しいであろうか。実は若干注意が必要である。なぜなら被写体の「放射率 ε」の問題がある。被写体全体が同じ材質であればよいが、さまざまな物体が写る場合には、その測定値（色温度）は、「（設定した）放射率」に該当する被写体だけの温度が正確である。例えば、黒い「酸化鉄（0.80）」と、白い「酸化アルミ（0.35）」では放射率が大きく異なる。しかし同一画面で、あたかも温度差があるかのように表示されてしまう。設定していない放射率側は、ただの「参考値」にすぎないということである。

> **判断基準項目番号　(6-1) ①オ、**
> 　電解設備は、適当な形状および特性の電極を使用し、電極間距離、電解液の濃度、導体の接触抵抗等を管理して電解効率を向上させること。

　電解設備も特徴がある。電解設備は「金属メッキ事業」のほか、塩の電解による「苛性ソーダプラント」などの大規模な装置にも使用されている。

a) 直流電源装置等の高効率化

　この課題については、トップランナー変圧器、サイリスタ整流装置、ケーブルサイズ、接

続方法改善などによる高効率な電源供給を行うことが大切である。

b) その他の高効率化

　電解槽まわりでは、水槽の加熱方法改善、断熱方法、排熱回収利用などについても考慮する必要がある（**下図**）。

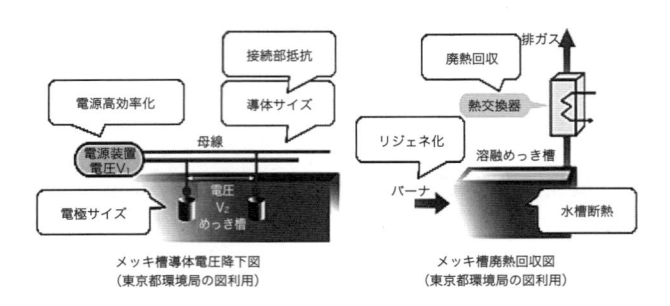

メッキ槽導体電圧降下図　　　　　メッキ槽廃熱回収図
（東京都環境局の図利用）　　　　　（東京都環境局の図利用）

「電解電源装置」の改善事例

判断基準項目番号　**(6-1) ①カ、**
　電動力応用設備等の電気使用設備ごとに、その電圧、電流等電気の損失を低減するために必要な事項を管理すること

---

a) 電圧、電流の管理（「電力計」ではだめか）

　電気設備の管理においては、電圧、電流（特に電流）の定期測定が大切である。計器が設置されていない場合には、試運転などの機会に「クランプメータ」で測定し、設計値と比べながら、良否を判断しておきたい。

　なお、電力計で代替管理できないかとの声を聞く。答えは「NO」である。電力計では、「負荷側」が異常なのか、それとも「電源側」なのか 判別できないからである。

判断基準項目番号　**(6-1) ③ウ、**
　電気加熱設備および電解設備は、配線の接続部分、開閉器の接触部分等における抵抗損失を低減するように定期的に保守点検すること。

　電気回路の保全について特に注意している。

　大電流が流れる「電気加熱炉」「電解炉」などでは、開閉器内部や、接続部分などの保守点検整備を求めている。

　特に、炉まわりの塵埃や湿気の多い環境では、保安上も定期的な清掃と絶縁管理が欠かせないものである。ややもすると製造機械本体の保全を優先してしまうことで、電気設備が等閑になる結果、ケーブルなど配電系統の延焼事故の危険がある。実際にこうした管理による火災は、近年においても後を絶たない。

(6-2) 照明設備、昇降機、事務用機器、民生用機器

　この項目は、事務所系で説明したので省略する。

高効率電動機に変えたら「増エネ」になった

　高効率電動機（IE3 など）については、先に説明したが、更新時のトラブル事例を一つ補足しておきたい。

　新電動機は効率が高く、同じ負荷に接続すると、結果的に「より高速」「出力増」になる。つまり、インバータをより高い周波数で運転することと同様、「余計な仕事」をして消費電力が増加（増エネ）することになる。したがって、導入に際しては「負荷（流量、圧力など）の再調整」が必要である。

3．判断基準におけるよくある質問

　ここまでは判断基準で示された管理の主なポイントを解説してきたが、本項では事業者から寄せられたよくある質問を Q & A 形式でまとめた。

（1）燃焼・加熱関連事項

Q1 **（燃焼）「空気比」の管理は全てに必要か**

A1 　「空気比」とは、燃焼に必要な「理論空気量」と「投入空気量」の比率であり、燃料と空気の混合の関係で、理論値より若干余分な空気が必要である。

　この調整を怠ると、エネルギー損失だけでなく、燃焼不良による一酸化炭素中毒や爆発事故を誘発することもある。たとえ、家庭用コンロなどの小規模燃焼機器であっても必ず空気比の調整は必要である。

　ただし、「判断基準」では、次の設備は「空気比」そのものの数値管理までは求めていない。

- エンジン、ガスタービン
- 燃焼量 50L/h 以下の小設備

Q2 **空気比の基準「別表第 1A」は必須か**

A2 　「別表」は、あくまでも目安であり、燃焼機器の使用実態、燃料の種類、特性などに合わせて、管理値を設定することが大切である。例えば、次のような要件を考える必要がある。

- 設備の制御機能、劣化度
- 黒煙が発生しやすい
- 燃料転換したボイラー
- バイオマス燃焼ボイラー
- 環境規制値（Nox、Sox など）

Q3 「空気比」を測っていないが

A3 小型の燃焼機器で「空気比（O₂）」を測定していることは少ない。ではどうするか。

Q3 「空気比」を測っていないが

A3 小型の燃焼機器で「空気比（O_2）」を測定していることは少ない。ではどうするか。
- 「目」で、炎の色、長さをみる
- バーナの圧力、空気量などのメーター値で確認する
- 定期整備の際に「簡易 O_2 計」で確認する

Q4 （燃焼）「都市ガス」の燃料性状とは

A4 工場系では、「燃料の性状」による最適燃焼管理を求めている。しかし、石炭、重油などの性状は良くわかるが、「都市ガス」の性状となると難しいのではないだろうか。ガス事業者に確認することが必要である。都市ガスの性状とは、つぎのようなことをいう。
- ガスの種類 （LPG、13A、16C など）
- 熱量 （50.8MJ、45MJ、18.8MJ など）
- 圧力 （低圧ガス、中圧、高圧など）
- 定格燃焼量 （110m³/h など）

Q5 「燃焼設備」には多くの管理項目が必要か！

A5 ボイラーなど燃焼設備の管理標準事例で、「空気比は管理しているが、廃ガス温度の管理がない」ものが見られる。「燃焼設備」には、多くの判断基準が該当（**右図**）するので、ぜひ、並行して管理していただきたい。

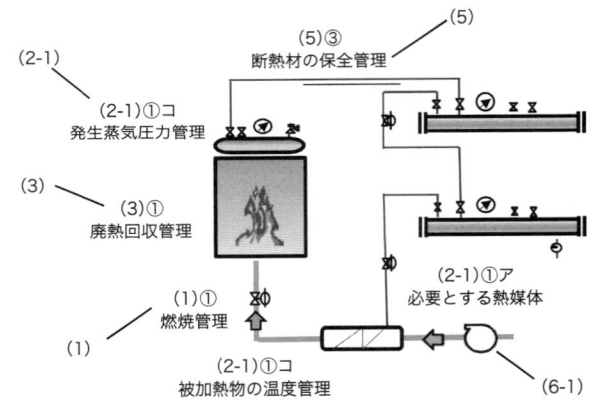

「燃焼設備」には多くの管理項目が関係する

（2）廃熱回収に関する事項

Q6 （廃熱回収）「排ガス」と「廃ガス」

A6 廃熱回収のところで二つの言葉が使い分けられている。

判断基準項目番号 **(3) ①廃熱の回収利用**

（ア）排ガスの廃熱の回収利用は、廃ガスを排出する設備等に応じ、<u>廃ガスの温度又は廃熱の回収率について管理標準を設定する。</u>

（イ）アの管理標準は、別表第2（A）に掲げる・・を基準として設定。

「排」ガスは、燃焼室（火炉）の出口
「廃」ガスは、煙突入口のガスをいう。

Q7 「廃熱回収装置」がないときの管理は

A7 　「別表第2（A)」には、廃ガス温度の管理基準を提示している。つまりこのような温度を目指して、廃熱回収に努めようという意味である。それでは、廃熱回収装置がないボイラーの管理方法はどうするか。この場合「別表」は参考にならない。そこで、次のように管理する必要がある（資源エネルギー庁）。

- 「廃ガス温度」を定期的に測定し、そのポテンシャル（温度、熱量）を確認する。
- そして、なぜ「廃熱回収」しないのか、その理由を社内で共有しておくこと。

　例えば、つぎのような理由が考えられる。

a) 容量が小さく、設置コストが回収できない
b) 稼働率が低く、設置コストが回収できない
c) 腐食性ガスで、回収装置の寿命が短い
d) ばいじん量が多く、回収装置がすぐつまる

(3) 蒸気関連事項

Q8 「ドレントラップ」の故障確認方法は

A8 　蒸気ドレンの回収系統は、閉鎖ループのためトラップの作動不良（もれ、つまりなど）が目視できない。そこで、次のような方法をお勧めしたい。

a) もれ（吹き放し）の確認方法
- 本体温度高、異音や振動大
b) つまり（閉塞、作動しない）の確認方法
- 本体温度異常低（冷たい）
- 本管のウォータバンマリング頻発
c) 「トラップチェッカー」による方法
　「トラップチェッカー」は、本体の温度、振動などにより、故障を定量的に評価するものである。もちろん「聴診棒」などを利用した、「五感」監視でも十分である。
d) トラップの「寿命」は短い
　トラップは、意外と寿命が短いものである。漏えいなどによる熱損失は膨大であり傾向管理したい。

Q9 （熱の動力変換）「蒸気駆動装置」の管理は

A9 　製鉄所、化学工場、火力発電所などの大型プラントでは、「蒸気駆動」送風機、ポンプ、コンプレッサが使用されている。これらの原動機設備は、「判断基準(1)〜(6)」のいずれで管理するかという問題である。

　これらは、「(4-1) 発電専用設備」で管理することを勧める。特に（4-1）には、①高効率運転、②総合効率管理という大きな命題があり、日常管理上重要である。

　一部には、「(4-1)は、"発電専用設備"と書いているので該当しない」という人もいるが、それは誤解である。「発電専用設備」という言葉は、（4-2）コージェネレーションに対する言葉（「モノジェネ」のこと）である。そして何よりも、蒸気駆動装置は、

157

まさに「(4) 熱の動力等変換設備」であり、「省エネ法の解説（資源エネルギー庁）」でもそのように記載している。

なお、付帯設備に応じて「(2-1) 加熱冷却」「(3) 廃熱回収」「(5-1) 断熱装置」「(6-1) 電動力応用」も併せて管理したい。

 コラム

なぜ「蒸気駆動装置」か

蒸気駆動、電動機駆動の両者を比較し、蒸気駆動が、今も使用される理由を整理してみた。
- 高圧蒸気の減圧ロス（レットダウンロス）が回収できる
- 余剰蒸気を有効利用（発電、動力併用）できる
- 大容量機の電源装置、始動電流対策が回避できる
- 回転数調整、低速運転、大出力が必要である

蒸気駆動装置は、効率が低いが、パワーが大きい。

	蒸気駆動	電動機
POWER	○	△
始動力	○	△
高速性	△	○
始動電流	○	×
効率	×	○
操作性	△	○
保守性	△	○

「蒸気駆動」「電動機駆動」の比較)

---

(4) 空調・電気関連事項

Q10 （空調）「換気回数」はどのように測るか

A10 「換気回数」とは、部屋の空気が規程時間に何回入れ替わるかを表すものであるが、過剰な換気は、空調負荷を増加させるだけである。建築基準法では $20\text{m}^3/\text{h}$. 人の外気導入量が必要であり、その指標として「CO_2 濃度 1,000ppm 以下」を提示している。つまり「CO_2 濃度」で管理するのが望ましい。

下図は、「CO_2 濃度計」による 5 日間の測定事例である。時間帯により大きく変化していることがわかる。

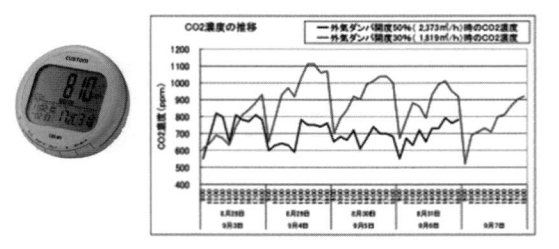

「CO_2 計」と濃度測定事例 （出典）省エネルギーセンター

Q11 「(5-2) 抵抗等による電気損失防止」設備なし？

A11 　もう一つ誤解されているのが、(5-2) 設備がないと思っているケースである。(5-2) 設備は「受変電設備」の変圧器、力率、電圧・電流管理に関する判断基準であり、これらが設置されていない事業所は、まずあり得ない（まれに共同受電もあるが、それでも配電盤などがあるはず）。

Q12 「電力回生装置」とは何か

A12 　回生装置は、以前から鉄道などで利用されてきた。電動機の制動エネルギーを電気に変換して電源に戻す（回生する）装置である。最近、エレベータ、起重機など、比較的小型の機器にも使われるようになってきた。

Q13 機械装置の損失低減とは？

> 判断基準項目番号　**(6-1) ③ア、**
> 　電動力応用設備は、負荷機械、動力伝達部及び電動機における機械損失を低減するように保守点検を行うこと。

A13 　ポンプ、ファンなど、回転機械の省エネでは、電動機の高効率化と並行して、「負荷側」の機械損失改善も必要である。この中で、圧力、温度、流量の低減などの運用改善はもとより、**図**のような保全管理が大切になる。

モータ軸受摩耗、ローター・ファン汚れ

ポンプ継手・ベルトゆるみ・摩耗、振動

配管もれ、汚れ、ストレーナつまり

ポンプ摩耗、スケール、グランドもれ大

省エネには「保全管理」が大切

電気の話題から

①「クランプメータ」とは何か

　「電流計」がない場合には、クランプメータで測定するように推奨している。本来、電流を測定するには、「回路を外し、直列に電流計をつなぐ」必要がある。そこで、簡易に「ケーブル」の外から計測する機器として「クランプメータ」が使用される。

　特徴は次のとおり

・非接触で測定できるため、簡易、かつ安全

- 「直流、交流」ともに測定できる
- 「電圧端子」を設けた、「電力」測定器もある
- 最近では「非接触型電圧クランプ」がある
- 安全上「高圧回路」には使用してはならない

② 「インバータ」導入時の注意点

近年、パワーエレクトロニクス技術の発展で、高圧大容量機器にもインバータが普及している。

図が示すように省エネ効果の大きいインバータであるが、導入時には若干注意が必要である。以下に整理してみた。

- 電動機の低速運転による「振動」「冷却」対策
- インバータ制御による「高調波」発生対策
- インバータ機器の設置環境や冷却対策
- インバータ故障時の「バックアップ」対策

このなかで、「高調波対策」には特に留意したい（**下図**）。

工場内のインバータ機器が多くなると、配電系統にフリッカートラブル（ちらつき、振動、寿命低下など）を誘発する。また、受電線を経由して、周辺地域にもこれが波及し、苦情のもとになる。

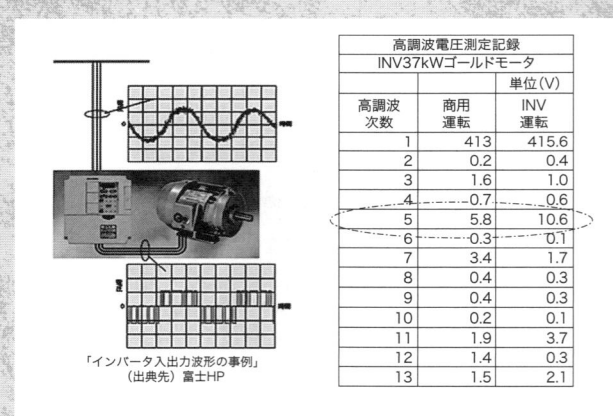

「インバータ入出力波形の事例」
（出典先）富士HP

高調波電圧測定記録		
INV37kWゴールドモータ		
		単位(V)
高調波次数	商用運転	INV運転
1	413	415.6
2	0.2	0.4
3	1.6	1.0
4	0.7	0.6
5	5.8	10.6
6	0.3	0.1
7	3.4	1.7
8	0.4	0.3
9	0.4	0.3
10	0.2	0.1
11	1.9	3.7
12	1.4	0.3
13	1.5	2.1

右表は、実際に測定した「高調波」発生事例

「交流、直流リアクトル」の設置はもとより、大型設備には、「フリッカー対策 SC」「アクティブフィルタ」などの対策が必要である。

(5) その他エネルギー管理などに関する事項

Q14 「課題発掘方法」事例を紹介してほしい
省エネ活動を活性化するには？　課題発掘方法などを知りたい。

A14　省エネ活動の基本は、すでに本書の冒頭で述べているように、まずはエネルギー使用の実態の把握であり、これをベースとして PDCA をいかに上手くルーチン化し回すかに

尽きる。エネルギー使用合理化推進のための課題発掘という視点で、その方法を６つの
ポイントとして以下に整理する。

a)「判断基準」の理解

　　「判断基準」は、省エネ活動の行動指針であることはすでに何度が述べてきている。
さらに言えば、「判断基準」には、「省エネ活動のヒント、アイデア」が満載されている。
基準の記載内容には、わかりにくい部分もあることから、組織で定期的に勉強会な
ども開き、有効に活用すべきである。

b)「設備のしくみ」がわかる人材を確保

　　特に、事務所系の事業者では、専門
家を配置しているケースは少ない。多
くの場合は、経理、総務、管財部門な
どの担当者が兼務し、対応しているの
が実態となっている。このような状況
にあって、一律に「専門家」確保を要
求するのは乱暴であるが、次のような
方法もある。

「省エネ人材」の育成方法事例

- 「エネルギー管理員」講習受講
  者の拡充
- 「設備管理委託会社」の知識を活用
- 社外「専門家」いわゆるサードパーティ等の協力を仰ぐ

c)「トップ」の積極的な参画

　　活動は号令だけでは発展しない。次のような積極的なコミットメントと、適切な
支援が不可欠である。

- 活動目標の提示とトレース
- 社外見学などによる情報収集支援
- 外部専門家による講演会企画など支援
- 提案制度など、褒賞制度の充実
- 省エネに絞った「課題提案募集」
- 関係資料、書籍など充実
- 「幹部省エネパトロール」及び当該部署以外の第３者による省エネ活動評価や
  外部専門家による省エネ診断の受診など

　　なお、平成30年３月に告示された省エネ法の改正では、エネルギー管理責任者（特
定事業者においてはエネルギー管理統括者）、責任者を補佐する者（特定事業者にお
いてはエネルギー管理企画推進者）及び現場実務を管理する者（エネルギー管理指
定工場等においてはエネルギー管理士、管理員）の役割が明記された。（P.167 参照）

d)「チェックリスト」などの活用

　　「管理標準」に準じた「チェックリスト（前記）」を常時整備しておき、定期的な
パトロールを実施すること。

e)「エネルギーフロー図」で眺める

　「フロー図」を作成し、詳細なエネルギー量を分析していくこと。エネルギー使用の全体の流れを俯瞰することで。一部分の管理だけでは見抜けない潜在する問題点が浮かび上がってくる。

　なお、工場等でこのフロー図を完成させるには個別設備に「計量器（電力計など）」を設置する必要があり、実現できる事業者は限られる。そこで、つぎの「推定方法」を紹介したい。

　エネルギー消費量（電力、燃料等）＝
　　　　　　　　設備容量（kW 等）×負荷率％×稼働率％×操業時間（h/ 年）
- 設備容量（kW）は、銘板値の定格容量（kW や kL/h）
- 負荷率（%）は、日常の運転状況から推定値する
- 稼働率（%）は、個別設備の年間稼働時間から推定する
- 操業時間は、工場全体の年間操業時間（h）

　このような推定式利用による図表であっても、ある程度の全体像が把握できることから活用したい。

f)「外部専門家」や「講演会」を活用

　　例えば、省エネルギーセンターが実施している国の支援制度「講師派遣」「省エネ診断」「節電診断」などを活用する。事務所、工場、関係団体など、主に中小設備を対象に無料で実施している。

Q15 設備の「性能監視」について知りたい

A15　設備は使用期間に応じその性能は劣化していくため、適切なメンテナンスによる効率の維持や向上が求められる。このため日常的あるいは定期的に性能の監視やチェックは欠かすことができない。

　例えば、ボイラの性能としては、
　　JIS に基づく性能試験
　　簡易効率管理法による性能傾向管理
　　FTA 解析
　などがある。

〔ボイラ性能試験・JIS〕

　JIS では、**図**に示す箇所の性能分析を行って性能評価を行う。

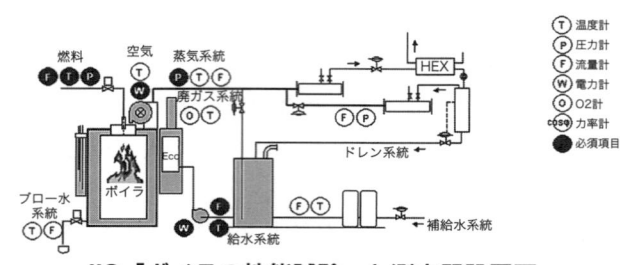

JIS「ボイラの性能試験」と測定器設置図

〔簡易効率管理法〕

当該期間の蒸発量あるいは給水量を燃料使用量で割算したもので、厳密な意味では「効率」とは異なるが、性能を傾向管理する簡便な手法である。

a)「(JIS) ボイラの性能試験」方法

●記号は必須記録、○は参考記録項目を示す。

ただし、JIS 手法で精密に測定しても、そのままでは評価できないことから注意すること。例えば、計器誤差補正、負荷率補正、気温補正、燃料熱量補正などの「基準値補正」が必要である。

b)（簡便法）「ボイラー蒸発倍数」方法

厳密な意味では「効率」と異なるが、性能を傾向管理する簡便な手法である。

c)「FTA 解析」

「性能（効率）」測定したのち、つぎにその評価をしなければならない。仮に、性能低下が大きいと、その原因解析を行い、清掃、部品交換、設備更新などの対応策を検討する必要がある。この手法として「FTA 解析」を使った事例を紹介する。

次の図は、「ボイラー性能低下解析」事例である。

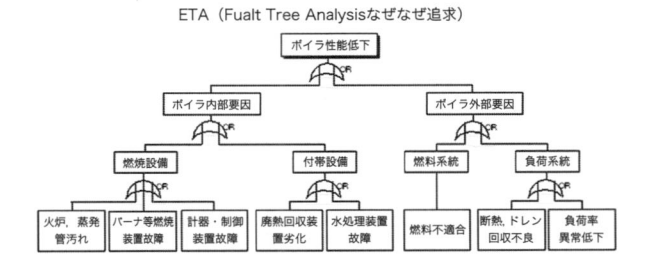

「ボイラー性能低下解析 FT 図」事例

このほか、「ポンプ」「送風機」「工業炉」「空調熱源機」など、汎用機の性能についても定期的な挙動を確認しておきたい。

事業者「クラス分け」の話題から

省エネ法では、平成 27 年度から事業者の「クラス分け制度」が導入された。これは 5 年間平均のエネルギー原単位低減が 1％以上の事業者を省エネが優秀な事業者として（S クラス）資源エネルギー庁ＨＰで公表する制度である。本制度発足により各事業者の省エネ取り組みに対する意識が変わりつつある。

具体的には、自社のエネルギー管理体制の見直しや同業他社との比較、エネルギー原単位の変動要因の分析や原単位分母のより実態に則した指標への見直しなど検討が行われるようになってきた。

資料編

1. 工場等におけるエネルギーの使用の合理化に関する事業者の判断の基準

平成 30 年 3 月 30 日経済産業省告示第 59 号

1．工場等におけるエネルギーの使用の合理化に関する事業者の判断の基準
平成 30 年 3 月 30 日経済産業省告示第 59 号（一部改正）

Ⅰ　エネルギーの使用の合理化の基準

Ⅰ-1　全ての事業者が取り組むべき事項

　工場又は事務所その他の事業場（以下「工場等」という。）においてエネルギーを使用して事業を行う者（以下「事業者」という。）は燃料並びに熱及び電気の合計のエネルギーの使用の合理化を図るため、燃料並びに熱及び電気の特性を十分に考慮するとともに、その設置している工場等（連鎖化事業者については、当該連鎖化事業者が行う連鎖化事業の加盟者が設置している当該連鎖化事業に係る工場等（以下「加盟している工場等」という。）を含む。）全体を俯瞰し、次の (1) 〜 (8) に定める取組を行うことにより、適切なエネルギー管理を行うこと。

(1) 取組方針の策定

　事業者は、その設置している全ての工場等におけるエネルギーの使用の合理化に関する取組方針（特定事業者及び特定連鎖化事業者にあっては中長期的な計画を含む。以下「取組方針」という。）を定めること。その際、取組方針には、エネルギーの使用の合理化に関する目標、当該目標を達成するための設備の運用、新設及び更新に対する方針を含むこと。

(2) 管理体制の整備

　事業者は、その設置している全ての工場等について、全体として効率的かつ効果的なエネルギーの使用の合理化を図るための管理体制を整備すること。

(3) 責任者等の配置等

　事業者は、(2) で整備された管理体制には責任者（特定事業者及び特定連鎖化事業者にあっては「エネルギー管理統括者」。以下同じ。）、責任者を補佐する者（特定事業者及び特定連鎖化事業者にあっては「エネルギー管理企画推進者」。以下同じ。）及び現場実務を管理する者（第一種エネルギー管理指定工場等及び第二種エネルギー管理指定工場等にあっては「エネルギー管理者」及び「エネルギー管理員」。以下同じ。）を配置し、以下の役割分担に基づいてそれぞれの者がエネルギーの使用の合理化に関する責務を果たすこと。

① 責任者の責務

　　ア．その設置している全ての工場等におけるエネルギーの使用の合理化に関する業務（エネルギーを消費する設備及びエネルギーの使用の合理化に関する設備の維持、新設、改造及び撤去並びにエネルギーの使用の方法の改善及び監視）の実施状況等を把握すること。

　　イ．取組方針に従い、現場実務を管理する者に対し取り組むべき業務を指示するなど、当該取組方針に掲げるエネルギーの使用の合理化に関する目標の達成に係る監督を行うこと。

　　ウ．取組方針の遵守状況や現場実務を管理する者からの報告等を踏まえ、次期の取組方針の案を取りまとめ、取締役会等の業務執行を決定する機関への報告を行うこと。

　　エ．エネルギーの使用の合理化に資する人材（現場実務を管理する者等）を育成すること。

② 責任者を補佐する者の責務

責任者と現場実務を管理する者の間の意思疎通の円滑化を図ること等により責任者の業務を補佐すること。

③ 現場実務を管理する者の責務

ア．その設置している工場等ごとにおけるエネルギーの使用の合理化に関する業務（エネルギーを消費する設備及びエネルギーの使用の合理化に関する設備の維持並びにエネルギーの使用の方法の改善及び監視）の実施状況等を把握すること。

イ．取組方針や責任者からの指示等を踏まえ、エネルギーの使用の合理化に関する業務を確実に実施すること。

ウ．ア．のエネルギー管理を踏まえた工場等のエネルギーの使用の合理化の状況に係る分析結果について責任者に対する報告を行うこと。

(4) 資金・人材の確保

事業者は、エネルギーの使用の合理化を図るために必要な資金・人材を確保すること。

(5) 従業員への周知・教育

事業者は、その設置している全ての工場等における従業員に取組方針の周知を図るとともに、工場等におけるエネルギーの使用の合理化に関する教育を行うこと。

(6) 取組方針の遵守状況の確認等

事業者は、客観性を高めるため内部監査等の手法を活用することの必要性を検討し、その設置している工場等における取組方針の遵守状況を確認するとともに、その評価を行うこと。なお、その評価結果が不十分である場合には改善を行うこと。

(7) 取組方針の精査等

事業者は、取組方針及び遵守状況の評価方法を定期的に精査し、必要に応じ変更すること。

(8) 文書管理による状況把握

事業者は、(1) 取組方針の策定、(2) 管理体制の整備、(3) 責任者等の配置等、(6) 取組方針の遵守状況の確認等及び (7) 取組方針の精査等の結果を記載した書面を作成、更新及び保管することにより、状況を把握すること。

I-2 　事業者は技術的かつ経済的に可能な範囲内で次の1の (1) ～ (6) に定める工場等単位、設備単位（個別設備ごとに分離することが適当ではない場合にあっては、設備群単位又は作業工程単位。以下同じ。）によるきめ細かいエネルギー管理を徹底するとともに、エネルギーの使用に係る各過程における主要な設備に関して 2-1 又は 2-2 に掲げる諸基準を遵守することを通じ、当該工場等におけるエネルギーの使用の合理化の適切かつ有効な実施を図るものとする。

その際、連鎖化事業者については、当該連鎖化事業者が行う連鎖化事業に係る約款の範囲内において、加盟している工場等におけるエネルギーの使用の合理化を図るものとする。

1 工場単位、設備単位での基本的実施事項

(1) 設備の運転効率化や生産プロセスの合理化等による生産性の向上を通じ、エネルギーの使用の合理化を図ること。

(2) エネルギー管理に係る計量器等の整備を行うこと。

(3) エネルギー消費量の大きい設備の廃熱等の発生状況を、優先順位等をつけて把握・分析し課題を抽出すること。

(4) 既存の設備に関し、エネルギー効率や老朽化の状況等を把握・分析し、エネルギーの使用の合理化の観点から更新、改造等の優先順位を整理すること。

(5) エネルギーを消費する設備の選定、導入においては、エネルギー効率の高い機器を優先するとともに、その能力・容量に係る余裕度の最適化に努めること。

(6) 休日や非操業時等においては、操業の開始及び停止に伴うエネルギー損失等を考慮した上でエネルギー使用の最小化に努めること。

2 エネルギー消費設備等に関する事項

2-1 専ら事務所その他これに類する用途に供する工場等におけるエネルギーの使用の合理化に関する事項

(1) 空気調和設備、換気設備に関する事項

① 空気調和設備、換気設備の管理

ア．空気調和の管理は、空気調和を施す区画を限定し、ブラインドの管理等による負荷の軽減及び区画の使用状況等に応じた設備の運転時間、室内温度、換気回数、湿度、外気の有効利用等についての**管理標準を設定**して行うこと。なお、冷暖房温度については、政府の推奨する設定温度を勘案した**管理標準**とすること。

イ．空気調和設備の熱源設備において燃焼を行う設備（吸収式冷凍機、冷温水発生器等）の管理は、空気比についての**管理標準を設定**して行うこと。

ウ．空気調和設備を構成する熱源設備、熱源設備から冷水等により空気調和機設備に熱搬送する設備（以下「熱搬送設備」という。）、空気調和機設備の管理は、外気条件の季節変動等に応じ、冷却水温度や冷温水温度、圧力等の設定により、空気調和設備の総合的なエネルギー効率を向上させるように**管理標準を設定**して行うこと。

エ．空気調和設備の熱源設備が複数の同機種の熱源機で構成され、又は使用するエネルギーの種類の異なる複数の熱源機で構成されている場合は、外気条件の季節変動や負荷変動等に応じ、稼働台数の調整又は稼働機器の選択により熱源設備の総合的なエネルギー効率を向上させるように**管理標準を設定**して行うこと。

オ．熱搬送設備が複数のポンプで構成されている場合は、季節変動等に応じ、稼働台数の調整又は稼働機器の選択により熱搬送設備の総合的なエネルギー効率を向上させるように**管理標準を設定**して行うこと。

　　カ．空気調和機設備が同一区画において複数の同機種の空気調和機で構成され、又は種類の異なる複数の空気調和機で構成されている場合は、混合損失の防止や負荷の状態に応じ、稼働台数の調整又は稼働機器の選択により空気調和機設備の総合的なエネルギー効率を向上させるように**管理標準を設定**して行うこと。

　　キ．換気設備の管理は、換気を施す区画を限定し、換気量、運転時間、温度等についての**管理標準を設定**して行うこと。これらの設定に関しては換気の目的、場所に合わせたものとすること。

② **空気調和設備、換気設備に関する計測及び記録**

　　ア．空気調和を施す区画ごとに、温度、湿度その他の空気の状態の把握及び空気調和の効率の改善に必要な事項の計測及び記録に関する**管理標準を設定**し、これに基づきこれらの事項を定期的に計測し、その結果を記録すること。

　　イ．空気調和設備を構成する熱源設備、熱搬送設備、空気調和機設備は、個別機器の効率及び空気調和設備全体の総合的な効率の改善に必要な事項の計測及び記録に関する**管理標準を設定**し、これに基づきこれらの事項を定期的に計測し、その結果を記録すること。

　　ウ．換気を施す区画ごとに、温度、二酸化炭素濃度その他の空気の状態の把握及び換気効率の改善に必要な事項の計測及び記録に関する**管理標準を設定**し、これに基づきこれらの事項を定期的に計測し、その結果を記録すること。

③ **空気調和設備、換気設備の保守及び点検**

　　ア．空気調和設備を構成する熱源設備、熱搬送設備、空気調和機設備は、保温材や断熱材の維持、フィルターの目づまり及び凝縮器や熱交換器に付着したスケールの除去等個別機器の効率及び空気調和設備全体の総合的な効率の改善に必要な事項の保守及び点検に関する**管理標準を設定**し、これに基づき定期的に保守及び点検を行い、良好な状態に維持すること。

　　イ．空気調和設備、換気設備の自動制御装置の管理に必要な事項の保守及び点検に関する**管理標準を設定**し、これに基づき定期的に保守及び点検を行い、良好な状態に維持すること。

　　ウ．換気設備を構成するファン、ダクト等は、フィルターの目づまり除去等個別機器の効率及び換気設備全体の総合的な効率の改善に必要な事項の保守及び点検に関する**管理標準を設定**し、これに基づき定期的に保守及び点検を行い、良好な状態に維持すること。

④ **空気調和設備、換気設備の新設に当たっての措置**

　　ア．空気調和設備、換気設備を新設する場合には、必要な負荷、換気量に応じた設備を選定すること。

　　イ．空気調和設備を新設する場合には、次に掲げる事項等の措置を講じることにより、エネルギーの効率的利用を実施すること。

　　　㋐ 可能な限り空気調和を施す区画ごとに個別制御ができるものとすること。

　　　㋑ ヒートポンプ等を活用した効率の高い熱源設備を採用すること。

㈡ 熱搬送設備の風道・配管等の経路の短縮や断熱等に配慮したエネルギーの損失の少ない設備とすること。

㈢ 負荷の変動が予想される空気調和設備の熱源設備、熱搬送設備は、適切な台数分割、台数制御及び回転数制御、部分負荷運転時に効率の高い機器又は蓄熱システム等効率の高い運転が可能となるシステムを採用すること。また、熱搬送設備は変揚程制御の採用を考慮すること。

㈣ 空気調和機設備を負荷変動の大きい状態で使用するときは、負荷に応じた運転制御を行うことができるようにするため、回転数制御装置等による変風量システム及び変流量システムを採用すること。

㈤ 夏期や冬期の外気導入に伴う冷暖房負荷を軽減するために、全熱交換器の採用を考慮すること。また、中間期や冬期に冷房が必要な場合は、外気冷房制御の採用を考慮すること。その際、加湿を行う場合には、冷房負荷を軽減するため、水加湿方式の採用を考慮すること。

㈥ 蓄熱システム及び地域冷暖房システムより熱を受ける熱搬送設備の揚程が大きい場合は、熱交換器を採用し揚程の低減を行うこと。

㈦ エアコンディショナーの室外機の設置場所や設置方法は、日射や通風状況、集積する場合の通風状態等を考慮し決定すること。

㈧ 空気調和を施す区画ごとの温度、湿度その他の空気の状態の把握及び空気調和の効率の改善に必要な事項の計測に必要な機器、センサー等を設置するとともに、ビルエネルギー管理システム（以下「ＢＥＭＳ」という。）等の採用により、適切な空気調和の制御、運転分析ができるものとすること。

ウ．エネルギーの使用の合理化等に関する法律第 78 条第 1 項により定められたエネルギー消費機器（以下「特定エネルギー消費機器」という。）に該当する空気調和設備、換気設備に係る機器を新設する場合は、当該機器に関する性能の向上に関する製造事業者等の判断の基準に規定する基準エネルギー消費効率以上の効率のものの採用を考慮すること。

エ．換気設備を新設する場合には、次に掲げる事項等を講じることにより、エネルギーの効率的利用を実施すること。

㈠ 負荷変動に対して適した制御方式に採用すること。

㈡ 風道等の経路の短縮や断熱等に配慮したエネルギーの損失の少ない設備とすること。

(2) ボイラー設備、給湯設備に関する事項

① ボイラー設備、給湯設備の管理

ア．ボイラー設備は、ボイラーの容量及び使用する燃料の種類に応じて空気比についての**管理標準を設定**して行うこと。

イ．ア．の管理標準は、**別表第 1 (A)** に掲げる空気比の値を基準として空気比を低下させるように設定すること。

ウ．ボイラー設備は、蒸気等の圧力、温度及び運転時間に関する**管理標準を設定**し、適

切に運転し過剰な蒸気等の供給及び燃料の供給をなくすこと。

エ．ボイラーへの給水は水質に関する**管理標準を設定**し、水質管理を行うこと。なお、給水水質の管理は、日本工業規格 B 8223（ボイラーの給水及びボイラー水の水質）に規定するところ（これに準ずる規格を含む。）により行うこと。

オ．複数のボイラー設備を使用する場合は、総合的なエネルギー効率を向上させるように**管理標準を設定**し、適切な運転台数とすること。

カ．給湯設備の管理は、季節及び作業の内容に応じ供給箇所の限定や供給期間、給湯温度、給湯圧力その他給湯の効率の改善に必要な事項についての**管理標準を設定**して行うこと。

キ．給湯設備の熱源設備の管理は、負荷の変動に応じ、熱源機とポンプ等の補機を含めた総合的なエネルギー効率を向上させるように**管理標準を設定**して行うこと。

ク．給湯設備の熱源設備が複数の熱源機で構成されている場合は、負荷の状態に応じ、稼働台数の調整により熱源設備の総合的なエネルギー効率を向上させるように**管理標準を設定**して行うこと。

② ボイラー設備、給湯設備に関する計測及び記録

ア．ボイラー設備は、燃料の供給量、蒸気の圧力、温水温度、排ガス中の残存酸素量、廃ガスの温度、ボイラー給水量その他のボイラーの効率の改善に必要な事項の計測及び記録に関する**管理標準を設定**し、これに基づきこれらの事項を定期的に計測し、その結果を記録すること。

イ．給湯設備は、給水量、給湯温度その他給湯の効率の改善に必要な事項の計測及び記録に関する**管理標準を設定**し、これに基づきこれらの事項を定期的に計測し、その結果を記録すること。

③ ボイラー設備、給湯設備の保守及び点検

ア．ボイラー設備の効率の改善に必要な事項の保守及び点検に関する**管理標準を設定**し、これに基づき定期的に保守及び点検を行い、良好な状態に維持すること。

イ．ボイラー設備の保温及び断熱の維持、スチームトラップの蒸気の漏えい、詰まりを防止するように保守及び点検に関する**管理標準を設定**し、これに基づき定期的に保守及び点検を行い、良好な状態に維持すること。

ウ．給湯設備は、熱交換器に付着したスケールの除去等給湯効率の改善に必要な事項、自動制御装置の管理に必要な事項の保守及び点検に関する**管理標準を設定**し、これに基づき定期的に保守及び点検を行い、良好な状態に維持すること。

④ ボイラー設備、給湯設備の新設に当たっての措置

ア．ボイラー設備、給湯設備を新設する場合には、必要な負荷に応じた設備を選定すること。

イ．ボイラー設備からの廃ガス温度が**別表第2(A)**に掲げる廃ガス温度を超過する場合は廃熱利用の措置を講ずること。また、蒸気ドレンの廃熱が有効利用できる場合は、回収利用の措置を講ずること。

ウ．ボイラー設備を新設する場合は、次に掲げる事項等の措置を講じることにより、エ

ネルギーの効率的利用のための措置を実施すること。

　㋐ エコノマイザー等を搭載した高効率なボイラー設備を採用すること。

　㋑ 配管経路の短縮、配管の断熱等に配慮したエネルギーの損失の少ない設備とすること。

エ．負荷の変動が予想されるボイラー設備は、適切な台数分割を行い、台数制御により効率の高い運転が可能となるシステムを採用すること。

オ．給湯設備を新設する場合には、次に掲げる事項等の措置を講じることにより、エネルギーの効率的利用のための措置を実施すること。

　㋐ 給湯負荷の変化に応じた運用が可能なものとすること。

　㋑ 使用量の少ない給湯箇所は局所式にする等の措置を講じること。

　㋒ ヒートポンプシステム、潜熱回収方式の熱源設備の採用を考慮すること。

　㋓ 配管経路の短縮、配管の断熱等に配慮したエネルギー損失の少ない設備とすること。

カ．特定エネルギー消費機器に該当するボイラー設備、給湯設備に係る機器を新設する場合は、当該機器に関する性能の向上に関する製造事業者等の判断の基準に規定する基準エネルギー消費効率以上の効率のものの採用を考慮すること。

(3) 照明設備、昇降機、動力設備に関する事項

① 照明設備、昇降機の管理

ア．照明設備は、日本工業規格Z 9110（照度基準）又はZ 9125（屋内作業場の照明基準）及びこれらに準ずる規格に規定するところにより**管理標準を設定**して使用すること。また、過剰又は不要な照明をなくすように**管理標準を設定**し、調光による減光又は消灯を行うこと。

イ．昇降機は、時間帯や曜日等により停止階の制限、複数台ある場合には稼働台数の制限等に関して**管理標準を設定**し、効率的な運転を行うこと。

② 照明設備に関する計測及び記録

照明設備は、照明を施す作業場所等の照度の計測及び記録に関する**管理標準を設定**し、これに基づき定期的に計測し、その結果を記録すること。

③ 照明設備、昇降機、動力設備の保守及び点検

ア．照明設備は、照明器具及びランプ等の清掃並びに光源の交換等保守及び点検に関する**管理標準を設定**し、これに基づき定期的に保守及び点検を行うこと。

イ．昇降機は、電動機の負荷となる機器、動力伝達部及び電動機の機械損失を低減するよう保守及び点検に関する**管理標準を設定**し、これに基づき定期的に保守及び点検を行うこと。

ウ．給排水設備、機械駐車設備等の動力設備は、負荷機械（電動機の負荷となる機械をいう。以下同じ。）、動力伝達部及び電動機における機械損失を低減するように保守及び点検に関する**管理標準を設定**し、これに基づき定期的に保守及び点検を行うこと。また、負荷機械がポンプ、ファン等の流体機械の場合は、流体の漏えいを防止し、流体を輸送する配管、ダクトの抵抗を低減するように保守及び点検に関する**管理標準を設定**し、これに基づき定期的に保守及び点検を行うこと。

④ 照明設備、昇降機、動力設備の新設に当たっての措置

ア．照明設備、昇降機を新設する場合には、必要な照度、輸送量に応じた設備を選定すること。

イ．照明設備を新設する場合には、次に掲げる事項等の措置を講じることにより、エネルギーの効率的利用を実施すること。

(ア) 電子回路式安定器（インバーター）を点灯回路に使用した蛍光ランプ（Ｈｆ蛍光ランプ）等省エネルギー型設備の導入について考慮すること。

(イ) 高輝度放電ランプ（ＨＩＤランプ）等効率の高いランプを使用した照明器具等省エネルギー型設備の導入について考慮すること。

(ウ) 清掃、光源の交換等の保守が容易な照明器具を選択するとともに、その設置場所、設置方法等についても保守性を考慮すること。

(エ) 照明器具の選択には、光源の発光効率だけでなく、点灯回路や照明器具の効率及び被照明場所への照射効率も含めた総合的な照明効率を考慮すること。

(オ) 昼光を使用することができる場所の照明設備の回路は、他の照明設備と別回路にすることを考慮すること。

(カ) 不必要な場所及び時間帯の消灯又は減光のため、人体感知装置の設置、計時装置（タイマー）の利用又は保安設備との連動等の実施を考慮すること。

ウ．特定エネルギー消費機器に該当する照明設備に係る機器を新設する場合は、当該機器に関する性能の向上に関する製造事業者等の判断の基準に規定する基準エネルギー消費効率以上の効率のものの採用を考慮すること。

エ．昇降機を新設する場合には、エネルギーの利用効率の高い制御方式、駆動方式の昇降機を採用する等の措置を講じることにより、エネルギーの効率的利用を実施すること。

オ．特定エネルギー消費機器に該当する交流電動機又は当該機器が組み込まれた動力設備を新設する場合には、当該機器に関する性能の向上に関する製造事業者等の判断の基準に規定する基準エネルギー消費効率以上の効率のものの採用を考慮すること。なお、特定エネルギー消費機器に該当しない交流電動機（籠形三相誘導電動機に限る）又は当該機器が組み込まれた動力設備を新設する場合には、日本工業規格Ｃ4212（高効率低圧三相かご形誘導電動機）に規定する効率値以上の効率のものの採用を考慮すること。

(4) 受変電設備、ＢＥＭＳに関する事項

① 受変電設備の管理

ア．変圧器及び無停電電源装置は、部分負荷における効率を考慮して、変圧器及び無停電電源装置の全体の効率が高くなるように**管理標準を設定**し、稼働台数の調整及び負荷の適正配分を行うこと。

イ．受電端における力率については、95パーセント以上とすることを基準として進相コンデンサ等を制御するように**管理標準を設定**して管理すること。

② 受変電設備に関する計測及び記録

事務所その他の事業場における電気の使用量並びに受変電設備の電圧、電流等電気の損失を低減するために必要な事項の計測及び記録に関する**管理標準を設定**し、これに基

づきこれらの事項を定期的に計測し、その結果を記録すること。

③ **受変電設備の保守及び点検**

受変電設備は、良好な状態に維持するように保守及び点検に関する**管理標準を設定**し、これに基づき定期的に保守及び点検を行うこと。

④ **受変電設備、ＢＥＭＳの新設に当たっての措置**

ア．受変電設備を新設する場合には、エネルギー損失の少ない機器を採用するとともに、電力の需要実績と将来の動向について十分な検討を行い、受変電設備の配置、配電圧、設備容量を決定すること。

イ．特定エネルギー消費機器に該当する受変電設備に係る機器を新設する場合は、当該機器に関する性能の向上に関する製造事業者等の判断の基準に規定する基準エネルギー消費効率以上の効率のものの採用を考慮すること。

ウ．電気を使用する設備や空気調和設備等を総合的に管理し評価をするためにＢＥＭＳの採用を考慮すること。

(5) 発電専用設備及びコージェネレーション設備に関する事項

① **発電専用設備及びコージェネレーション設備の管理**

ア．ガスタービン、蒸気タービン、ガスエンジン等専ら発電のみに供される設備（以下「発電専用設備」という。）にあっては、高効率の運転を維持できるよう**管理標準を設定**して運転の管理をすること。また、複数の発電専用設備の並列運転に際しては、個々の機器の特性を考慮の上、負荷の増減に応じて適切な配分がなされるように**管理標準を設定**し、総合的な効率の向上を図ること。

イ．コージェネレーション設備に使用されるガスタービン、ガスエンジン、ディーゼルエンジン等の運転の管理は、**管理標準を設定**して、発生する熱及び電気が十分に利用されるよう負荷の増減に応じ総合的な効率を高めるものとすること。また、複数のコージェネレーション設備の並列運転に際しては、個々の機器の特性を考慮の上、負荷の増減に応じて適切な配分がなされるように**管理標準を設定**し、総合的な効率の向上を図ること。

② **発電専用設備、コージェネレーション設備に関する計測及び記録**

発電専用設備及びコージェネレーション設備については、補機等を含めた総合的な効率の改善に必要な事項の計測及び記録に関する**管理標準を設定**し、これに基づき定期的に計測を行い、その結果を記録すること。

③ **発電専用設備、コージェネレーション設備の保守及び点検**

発電専用設備及びコージェネレーション設備を利用する場合には、補機等を含めた総合的な効率を高い状態に維持するように保守及び点検に関する**管理標準を設定**し、これに基づき定期的に保守及び点検を行うこと。

④ **発電専用設備、コージェネレーション設備の新設に当たっての措置**

ア．発電専用設備を新設する場合には、電力の需要実績と将来の動向について十分検討を行い、適正規模の設備容量のものとすること。

イ．発電専用設備を新設する場合には、国内の火力発電専用設備の平均的な受電端発電

175

効率と比較し、年間で著しくこれを下回らないものとすること。

ウ．コージェネレーション設備を新設する場合には、熱及び電力の需要実績と将来の動向について十分な検討を行い、年間を総合して排熱及び電力の十分な利用が可能であることを確認し、適正規模の設備容量のコージェネレーション設備の設置を行うこと。

(6) 事務用機器、民生用機器に関する事項

① 事務用機器の管理

事務用機器の管理は、不要運転等がなされないよう**管理標準を設定**して行うこと。

② 事務用機器の保守及び点検

事務用機器については、必要に応じ定期的に保守及び点検を行うこと。

③ 事務用機器、民生用機器の新設に当たっての措置

特定エネルギー消費機器に該当する事務用機器、民生用機器を新設する場合は、当該機器に関する性能の向上に関する製造事業者等の判断の基準に規定する基準エネルギー消費効率以上の効率のものの採用を考慮すること。

(7) 業務用機器に関する事項

① 業務用機器の管理

厨房機器、業務用冷蔵庫、業務用冷凍庫、ショーケース、医療機器、放送機器、通信機器、電子計算機、実験装置、遊戯用機器等の業務用機器の管理は、季節や曜日、時間帯、負荷量、不要時等の必要な事項について**管理標準を設定**して行うこと。

② 業務用機器に関する計測及び記録

業務用機器の稼働状態の把握及び改善に必要な事項の計測及び記録に関する**管理標準を設定**し、これに基づきこれらの事項を定期的に計測し、その結果を記録すること。

③ 業務用機器の保守及び点検

業務用機器は、保守及び点検に関する**管理標準を設定**し、これに基づき定期的に保守及び点検を行い、良好な状態に維持すること。

④ 業務用機器の新設に当たっての措置

ア．業務用機器の新設に当たっては、エネルギー効率の高い機器を選定すること。

イ．熱を発生する業務用機器の新設に当たっては、空調区画の限定や外気量の制限等により空気調和の負荷を増大させないように考慮すること。また、ダクトの使用や装置に熱媒体を還流させるなどをして空気調和区画外に直接熱を排出し、空気調和の負荷を増大させないように考慮すること。

ウ．特定エネルギー消費機器に該当する業務用機器を新設する場合は、当該機器に関する性能の向上に関する製造事業者等の判断の基準に規定する基準エネルギー消費効率以上の効率のものの採用を考慮すること。

(8) その他エネルギーの使用の合理化に関する事項

事業場の居室等を賃貸している事業者（以下「賃貸事業者」という。）と事業場の居室等を賃借している事業者（以下「賃借事業者」という。）は、共同してエネルギーの使用の合理化に関する活動を推進するとともに、賃貸事業者は、賃借事業者のエネルギーの使用の合理化状況が確認できるようにエネルギー使用量の把握を行い、賃借事業者に情報提供す

ること。その際、計量設備がある場合は計量値とし、計量設備がない場合は合理的な算定方法に基づいた推計値とすること。

2-2　工場等（2-1 に該当するものを除く。）におけるエネルギーの使用の合理化に関する事項

(1) 燃料の燃焼の合理化

① 燃料の燃焼の管理

ア．燃料の燃焼の管理は、燃料の燃焼を行う設備（以下「燃焼設備」という。）及び使用する燃料の種類に応じて、空気比についての**管理標準を設定**して行うこと。

イ．ア．の管理標準は、**別表第 1 (A)** に掲げる空気比の値を基準として空気比を低下させるように設定すること。

ウ．複数の燃焼設備を使用するときは、燃焼設備全体としての熱効率（投入熱量のうち対象物の付加価値を高めるために使われた熱量の割合をいう。以下同じ。）が高くなるように**管理標準を設定**し、それぞれの燃焼設備の燃焼負荷を調整すること。

エ．燃料を燃焼する場合には、燃料の粒度、水分、粘度等の性状に応じて、燃焼効率が高くなるよう運転条件に関する**管理標準を設定**し、適切に運転すること。

② 燃料の燃焼に関する計測及び記録

燃焼設備ごとに、燃料の供給量、燃焼に伴う排ガスの温度、排ガス中の残存酸素量その他の燃料の燃焼状態の把握及び改善に必要な事項の計測及び記録に関する**管理標準を設定**し、これに基づきこれらの事項を定期的に計測し、その結果を記録すること。

③ 燃焼設備の保守及び点検

燃焼設備は、保守及び点検に関する**管理標準を設定**し、これに基づき定期的に保守及び点検を行い、良好な状態に維持すること。

④ 燃焼設備の新設に当たっての措置

ア．燃焼設備を新設する場合には、必要な負荷に応じた設備を選定すること。

．燃焼設備を新設する場合には、バーナー等の燃焼機器は、燃焼設備及び燃料の種類に適合し、かつ、負荷及び燃焼状態の変動に応じて燃料の供給量及び空気比を調整できるものとすること。

ウ．燃焼設備を新設する場合には、通風装置は、通風量及び燃焼室内の圧力を調整できるものとすること。

(2) 加熱及び冷却並びに伝熱の合理化

(2-1) 加熱設備等

① 加熱及び冷却並びに伝熱の管理

ア．蒸気等の熱媒体を用いる加熱設備、冷却設備、乾燥設備、熱交換器等については、加熱及び冷却並びに伝熱（以下「加熱等」という。）に必要とされる熱媒体の温度、圧力及び量並びに供給される熱媒体の温度、圧力及び量について**管理標準を設定**し、熱媒体による熱量の過剰な供給をなくすこと。

イ．加熱、熱処理等を行う工業炉については、設備の構造、被加熱物の特性、加熱、熱

処理等の前後の工程等に応じて、熱効率を向上させるように**管理標準を設定**し、ヒートパターン（被加熱物の温度の時間の経過に対応した変化の態様をいう。以下同じ。）を改善すること。

ウ．加熱等を行う設備は、被加熱物又は被冷却物の量及び炉内配置について**管理標準を設定**し、過大負荷及び過小負荷を避けること。

エ．複数の加熱等を行う設備を使用するときは、設備全体としての熱効率が高くなるように**管理標準を設定**し、それぞれの設備の負荷を調整すること。

オ．加熱を反復して行う工程においては、**管理標準を設定**し、工程間の待ち時間を短縮すること。

カ．加熱等を行う設備で断続的な運転ができるものについては、**管理標準を設定**し、運転を集約化すること。

キ．ボイラーへの給水は、伝熱管へのスケールの付着及びスラッジ等の沈澱を防止するよう水質に関する**管理標準を設定**して行うこと。給水の水質の管理は、日本工業規格 B 8223（ボイラーの給水及びボイラー水の水質）に規定するところ（これに準ずる規格を含む。）により行うこと。

ク．蒸気を用いる加熱等を行う設備については、不要時に蒸気供給バルブを閉止すること。

ケ．加熱等を行う設備で用いる蒸気については、適切な乾き度を維持すること。

コ．その他、加熱等の管理は、被加熱物及び被冷却物の温度、加熱等に用いられる蒸気等の熱媒体の温度、圧力及び流量その他の加熱等に係る事項についての**管理標準を設定**して行うこと。

② 加熱等に関する計測及び記録

被加熱物又は被冷却物の温度、加熱等に用いられる蒸気等の熱媒体の温度、圧力及び流量その他の熱の移動の状態の把握及び改善に必要な事項の計測及び記録に関する**管理標準を設定**し、これに基づきこれらの事項を定期的に計測し、その結果を記録すること。

③ 加熱等を行う設備の保守及び点検

ボイラー、工業炉、熱交換器等の伝熱面その他の伝熱に係る部分の保守及び点検に関する**管理標準を設定**し、これに基づき定期的にばいじん、スケールその他の付着物を除去し、伝熱性能の低下を防止すること。

④ 加熱等を行う設備の新設に当たっての措置

ア．加熱等を行う設備を新設する場合には、必要な負荷に応じた設備を選定すること。

イ．加熱等を行う設備を新設する場合には、次に掲げる事項等の措置を講じることにより、エネルギーの効率的利用を実施すること。

　(ｱ)熱交換に係る部分には、熱伝導率の高い材料を用いること。

　(ｲ)熱交換器の配列の適正化により総合的な熱効率を向上させること。

(2-2) 空気調和設備、給湯設備

① 空気調和設備、給湯設備の管理

ア．製品製造、貯蔵等に必要な環境の維持、作業員のための作業環境の維持を行うための空気調和においては、空気調和を施す区画を限定し負荷の軽減及び区画の使用状況

等に応じた設備の運転時間、温度、換気回数、湿度等についての**管理標準を設定**して行うこと。

イ．工場内にある事務所等の空気調和の管理は、空気調和を施す区画を限定し、ブラインドの管理等による負荷の軽減及び区画の使用状況等に応じた設備の運転時間、室内温度、換気回数、湿度、外気の有効利用等についての**管理標準を設定**して行うこと。なお、冷暖房温度については、政府の推奨する設定温度を勘案した管理標準とすること。

ウ．空気調和設備を構成する熱源設備、熱搬送設備、空気調和機設備の管理は、外気条件の季節変動等に応じ、冷却水温度や冷温水温度、圧力等の設定により、空気調和設備の総合的なエネルギー効率を向上させるように**管理標準を設定**して行うこと。

エ．空気調和設備の熱源設備が複数の同機種の熱源機で構成され、又は使用するエネルギーの種類の異なる複数の熱源機で構成されている場合は、外気条件の季節変動や負荷変動等に応じ、稼働台数の調整又は稼働機器の選択により熱源設備の総合的なエネルギー効率を向上させるように**管理標準を設定**して行うこと。

オ．熱搬送設備が複数のポンプで構成されている場合は、負荷変動等に応じ、稼働台数の調整又は稼働機器の選択により熱搬送設備の総合的なエネルギー効率を向上させるように**管理標準を設定**して行うこと。

カ．空気調和機設備が同一区画において複数の同機種の空気調和機で構成され、又は種類の異なる複数の空気調和機で構成されている場合は、混合損失の防止や負荷の状態に応じ、稼働台数の調整又は稼働機器の選択により空気調和機設備の総合的なエネルギー効率を向上させるように**管理標準を設定**して行うこと。

キ．給湯設備の管理は、季節及び作業の内容に応じ供給箇所を限定し、給湯温度、給湯圧力その他給湯の効率の改善に必要な事項についての**管理標準を設定**して行うこと。

ク．給湯設備の熱源設備の管理は、負荷の変動に応じ、熱源機とポンプ等の補機を含めた総合的なエネルギー効率を向上させるように**管理標準を設定**して行うこと。

ケ．給湯設備の熱源設備が複数の熱源機で構成されている場合は、負荷の状態に応じ、稼動台数の調整により熱源設備の総合的なエネルギー効率を向上させるように**管理標準を設定**して行うこと。

② 空気調和設備、給湯設備に関する計測及び記録

ア．空気調和を施す区画ごとに、温度、湿度その他の空気の状態の把握及び空気調和の効率の改善に必要な事項の計測及び記録に関する**管理標準を設定**し、これに基づきこれらの事項を定期的に計測し、その結果を記録すること。

イ．空気調和設備を構成する熱源設備、熱搬送設備、空気調和機設備は、個別機器の効率及び空気調和設備全体の総合的な効率の改善に必要な事項の計測及び記録に関する**管理標準を設定**し、これに基づきこれらの事項を定期的に計測し、その結果を記録すること。

ウ．給湯設備は、給水量、給湯温度その他給湯の効率の改善に必要な事項の計測及び記録に関する**管理標準を設定**し、これに基づきこれらの事項を定期的に計測し、その結果を記録すること。

③ 空気調和設備、給湯設備の保守及び点検

ア．空気調和設備を構成する熱源設備、熱搬送設備、空気調和機設備は、保温材や断熱材の維持、フィルターの目づまり及び凝縮器に付着したスケールの除去等個別機器の効率及び空気調和設備全体の総合的な効率の改善に必要な事項の保守及び点検に関する**管理標準を設定**し、これに基づき定期的に保守及び点検を行い、良好な状態に維持すること。

イ．給湯設備は、熱交換器に付着したスケールの除去等給湯効率の改善に必要な事項の保守及び点検に関する**管理標準を設定**し、これに基づき定期的に保守及び点検を行い、良好な状態に維持すること。

ウ．空気調和設備、給湯設備の自動制御装置の管理に必要な事項の保守及び点検に関する**管理標準を設定**し、これに基づき定期的に保守及び点検を行い、良好な状態に維持すること。

④ **空気調和設備、給湯設備の新設に当たっての措置**

ア．空気調和設備、給湯設備を新設する場合には、必要な負荷に応じた設備を選定すること。

イ．空気調和設備を新設する場合には、次に掲げる事項等の措置を講じることにより、エネルギーの効率的利用を実施すること。

(ア) 熱需要の変化に対応できる容量のものとし、可能な限り空気調和を施す区画ごとに個別制御ができるものとすること。

(イ) ヒートポンプ等を活用した効率の高い熱源設備を採用すること。

(ウ) 負荷の変動が予想される空気調和設備の熱源設備、熱搬送設備は、適切な台数分割、台数制御及び回転数制御、部分負荷運転時に効率の高い機器又は蓄熱システム等効率の高い運転が可能となるシステムを採用すること。また、熱搬送設備は変揚程制御の採用を考慮すること。

(エ) 空気調和機設備を負荷変動の大きい状態で使用するときは、負荷に応じた運転制御を行うことができるようにするため、回転数制御装置等による変風量システム及び変流量システムを採用すること。

(オ) 夏期や冬期の外気導入に伴う冷暖房負荷を軽減するために、全熱交換器の採用を考慮すること。また、中間期や冬期に冷房が必要な場合は、外気冷房制御の採用を考慮すること。その際、加湿を行う場合には、冷房負荷を軽減するため、水加湿方式の採用を考慮すること。

(カ) 熱を発生する生産設備等が設置されている場合は、ダクトの使用や熱媒体を還流させるなどにより空気調和区画外に直接熱を排出し、空気調和の負荷を増大させないようにすること。

(キ) 作業場全域の空気調和を行うことが不要な場合は、作業者の近傍のみに局所空気調和を行う、あるいは放射暖房などにより空気調和に要する負荷を低減すること。また、空気調和を行う容積等を極小化すること。

(ク) 建屋に隙間が多い場合や開口部がある場合には、可能な限り閉鎖し空気調和に要する負荷を低減すること。

(ケ) エアコンディショナーの室外機の設置場所や設置方法は、日射や通風状況、集積

する場合の通風状態等を考慮し決定すること。

(ｺ) 空気調和を施す区画ごとの温度、湿度その他の空気の状態の把握及び空気調和の効率の改善に必要な事項の計測に必要な計量器、センサー等を設置するとともに、工場エネルギー管理システム等のシステムの採用により、適切な空気調和の制御、運転分析ができるものとすること。

ウ．給湯設備を新設する場合には、次に掲げる事項等の措置を講じることにより、エネルギーの効率的利用のための措置を実施すること。

(ｱ) 給湯負荷の変化に応じた運用が可能なものとすること。

(ｲ) 使用量の少ない給湯箇所は局所式にする等の措置を講じること。

(ｳ) ヒートポンプシステム、潜熱回収方式の熱源設備の採用を考慮すること。

エ．特定エネルギー消費機器に該当する空気調和設備、給湯設備に係る機器を新設する場合は、当該機器に関する性能の向上に関する製造事業者等の判断の基準に規定する基準エネルギー消費効率以上の効率のものの採用を考慮すること。

(3) 廃熱の回収利用

① 廃熱の回収利用の基準

ア．排ガスの廃熱の回収利用は、排ガスを排出する設備等に応じ、廃ガスの温度又は廃熱回収率について**管理標準を設定**して行うこと。

イ．ア．の管理標準は、**別表第２(A)** に掲げる廃ガス温度及び廃熱回収率の値を基準として廃ガス温度を低下させ廃熱回収率を高めるように設定すること。

ウ．蒸気ドレンの廃熱の回収利用は、廃熱の回収を行う蒸気ドレンの温度、量及び性状の範囲について**管理標準を設定**して行うこと。

エ．加熱された固体若しくは流体が有する顕熱、潜熱、圧力、可燃性成分等の回収利用は、回収を行う範囲について**管理標準を設定**して行うこと。

オ．排ガス等の廃熱は、原材料の予熱等その温度、設備の使用条件等に応じた適確な利用に努めること。

② 廃熱に関する計測及び記録

廃熱の温度、熱量、廃熱を排出する熱媒体の成分その他の廃熱の状況を把握し、その利用を促進するために必要な事項の計測及び記録に関する**管理標準を設定**し、これに基づきこれらの事項を定期的に計測し、その結果を記録すること。

③ 廃熱回収設備の保守及び点検

廃熱の回収利用のための熱交換器、廃熱ボイラー等（以下「廃熱回収設備」という。）は、伝熱面等の汚れの除去、熱媒体の漏えい部分の補修等廃熱回収及び廃熱利用の効率を維持するための事項に関する保守及び点検について**管理標準を設定**し、これに基づき定期的に保守及び点検を行うこと。

④ 廃熱回収設備の新設に当たっての措置

ア．廃熱を排出する設備から廃熱回収設備に廃熱を輸送する煙道、管等を新設する場合には、空気の侵入の防止、断熱の強化その他の廃熱の温度を高く維持するための措置を講ずること。

イ．廃熱回収設備を新設する場合には、廃熱回収率を高めるように伝熱面の性状及び形状の改善、伝熱面積の増加等の措置を講ずること。

(4) 熱の動力等への変換の合理化

(4-1) 発電専用設備

① 発電専用設備の管理

ア．発電専用設備にあっては、高効率の運転を維持できるよう**管理標準を設定**して運転の管理をすること。また、複数の発電専用設備の並列運転に際しては、個々の機器の特性を考慮の上、負荷の増減に応じて適切な配分がなされるように**管理標準を設定**し、総合的な効率の向上を図ること。

イ．火力発電所の運用に当たって蒸気タービンの部分負荷における減圧運転が可能な場合には、最適化について**管理標準を設定**して行うこと。

② 発電専用設備に関する計測及び記録

発電専用設備については、総合的な効率の計測及び記録に関する**管理標準を設定**し、これに基づき定期的に計測を行い、その結果を記録すること。

③ 発電専用設備の保守及び点検

発電専用設備を利用する場合には、総合的な効率を高い状態に維持するように保守及び点検に関する**管理標準を設定**し、これに基づき定期的に保守及び点検を行うこと。

④ 発電専用設備の新設に当たっての措置

ア．発電専用設備を新設する場合には、電力の需要実績と将来の動向について十分検討を行い、適正規模の設備容量のものとすること。

イ．発電専用設備を新設する場合には、国内の火力発電専用設備の平均的な受電端発電効率と比較し、年間で著しくこれを下回らないものとすること。この際、**別表第5**に掲げる電力供給業に使用する発電専用設備を新設する場合には、**別表第2の2**に掲げる発電効率以上のものとすること。

(4-2) コージェネレーション設備

① コージェネレーション設備の管理

ア．コージェネレーション設備に使用されるボイラー、ガスタービン、蒸気タービン、ガスエンジン、ディーゼルエンジン等の運転の管理は、**管理標準を設定**して、発生する熱及び電気が十分に利用されるよう負荷の増減に応じた総合的な効率を高めるものとすること。また、複数のコージェネレーション設備の並列運転に際しては、個々の機器の特性を考慮の上、負荷の増減に応じて適切な配分がなされるように**管理標準を設定**し、総合的な効率の向上を図ること。

イ．抽気タービン又は背圧タービンをコージェネレーション設備に使用するときは、抽気タービンの抽気圧力又は背圧タービンの背圧の許容される最低値について、**管理標準を設定**して行うこと。

② コージェネレーション設備に関する計測及び記録

ア．コージェネレーション設備に使用するボイラー、ガスタービン、蒸気タービン、ガスエンジン、ディーゼルエンジン等については、負荷の増減に応じた総合的な効率の

改善に必要な計測及び記録に関する**管理標準を設定**し、これに基づき定期的に計測を行い、その結果を記録すること。

イ．抽気タービン又は背圧タービンを許容される最低の抽気圧力又は背圧に近い圧力で運転する場合には、運転時間、入口圧力、抽気圧力又は背圧、出口圧力、蒸気量等の計測及び記録に関する**管理標準を設定**し、これに基づきこれらの事項を定期的に計測し、その結果を記録すること。

③ **コージェネレーション設備の保守及び点検**

コージェネレーション設備は、総合的な効率を高い状態に維持するように保守及び点検に関する**管理標準を設定**し、これに基づき定期的に保守及び点検を行うこと。

④ **コージェネレーション設備の新設に当たっての措置**

コージェネレーション設備を新設する場合には、熱及び電力の需要実績と将来の動向について十分な検討を行い、年間を総合して排熱及び電力の十分な利用が可能であることを確認し、適正規模の設備容量のコージェネレーション設備の設置を行うこと。

(5) 放射、伝導、抵抗等によるエネルギーの損失の防止

(5-1) 放射、伝導等による熱の損失の防止

① **断熱の基準**

ア．熱媒体及びプロセス流体の輸送を行う配管その他の設備並びに加熱等を行う設備（以下「熱利用設備」という。）の断熱化の工事は、日本工業規格Ａ9501（保温保冷工事施工標準）及びこれに準ずる規格に規定するところにより行うこと。

イ．工業炉を新たに炉床から建設するときは、**別表第3(A)**に掲げる炉壁外面温度の値（間欠式操業炉又は1日の操業時間が12時間を超えない工業炉のうち、炉内温度が500℃以上のものにあっては、**別表第3(A)**に掲げる炉壁外面温度の値又は炉壁内面の面積の70パーセント以上の部分をかさ密度の加重平均値1.0以下の断熱物質によって構成すること。）を基準として、炉壁の断熱性を向上させるように断熱化の措置を講ずること。また、既存の工業炉についても施工上可能な場合には、**別表第3(A)**に掲げる炉壁外面温度の値を基準として断熱化の措置を講ずること。

② **熱の損失に関する計測及び記録**

加熱等を行う設備ごとに、炉壁外面温度、被加熱物温度、廃ガス温度等熱の損失状況を把握するための事項及び熱の損失改善に必要な事項の計測及び記録に関する**管理標準を設定**し、これに基づきこれらの事項を定期的に計測し、その結果に基づく熱勘定等の分析を行い、その結果を記録すること。

③ **熱利用設備の保守及び点検**

ア．熱利用設備は、断熱工事等熱の損失の防止のために講じた措置の保守及び点検に関する**管理標準を設定**し、これに基づき定期的に保守及び点検を行うこと。

イ．スチームトラップは、その作動の不良等による蒸気の漏えい及びトラップの詰まりを防止するように保守及び点検に関する**管理標準を設定**し、これに基づき定期的に保守及び点検を行うこと。

④ **熱利用設備の新設に当たっての措置**

　　ア．熱利用設備を新設する場合には、断熱材の厚さの増加、熱伝導率の低い断熱材の利用、断熱の二重化等断熱性を向上させること。また、耐火断熱材を使用する場合は、十分な耐火断熱性能を有する耐火断熱材を使用すること。

　　イ．熱利用設備を新設する場合には、熱利用設備の開口部については、開口部の縮小又は密閉、二重扉の取付け、内部からの空気流等による遮断等により、放散及び空気の流出入による熱の損失を防止すること。

　　ウ．熱利用設備を新設する場合には、熱媒体を輸送する配管の経路の合理化、熱源設備の分散化等により、放熱面積を低減すること。

(5-2) 抵抗等による電気の損失の防止

① **受変電設備及び配電設備の管理**

　　ア．変圧器及び無停電電源装置は、部分負荷における効率を考慮して、変圧器及び無停電電源装置の全体の効率が高くなるように**管理標準を設定**し、稼働台数の調整及び負荷の適正配分を行うこと。

　　イ．受変電設備の配置の適正化及び配電方式の変更による配電線路の短縮、配電電圧の適正化等について**管理標準を設定**し、配電損失を低減すること。

　　ウ．受電端における力率については、95パーセント以上とすることを基準として、**別表第4**に掲げる設備（同表に掲げる容量以下のものを除く。）又は変電設備における力率を進相コンデンサの設置等により向上させること。ただし、発電所の所内補機を対象とする場合はこの限りでない。

　　エ．進相コンデンサは、これを設置する設備の稼働又は停止に合わせて稼働又は停止させるように**管理標準を設定**して管理すること。

　　オ．三相電源に単相負荷を接続させるときは、電圧の不平衡を防止するよう**管理標準を設定**して行うこと。

　　カ．電気を使用する設備（以下「電気使用設備」という。）の稼働について**管理標準を設定**し、調整することにより、工場における電気の使用を平準化して最大電流を低減すること。

　　キ．その他、電気使用設備への電気の供給の管理は、電気使用設備の種類、稼働状況及び容量に応じて、受変電設備及び配電設備の電圧、電流等電気の損失を低減するために必要な事項について**管理標準を設定**して行うこと。

② **受変電設備及び配電設備に関する計測及び記録**

　　工場における電気の使用量並びに受変電設備及び配電設備の電圧、電流等電気の損失を低減するために必要な事項の計測及び記録に関する**管理標準を設定**し、これに基づきこれらの事項を定期的に計測し、その結果を記録すること。

③ **受変電設備及び配電設備の保守及び点検**

　　受変電設備及び配電設備は、良好な状態に維持するように保守及び点検に関する**管理標準を設定**し、これに基づき定期的に保守及び点検を行うこと。

④ 受変電設備及び配電設備の新設に当たっての措置

　　ア．受変電設備及び配電設備を新設する場合には、電力の需要実績と将来の動向について十分な検討を行い、受変電設備の配置、配電圧、設備容量を決定すること。

　　イ．特定エネルギー消費機器に該当する受変電設備に係る機器を新設する場合は、当該機器に関する性能の向上に関する製造事業者等の判断の基準に規定する基準エネルギー消費効率以上の効率のものの採用を考慮すること。

(6) 電気の動力、熱等への変換の合理化

(6-1) 電動力応用設備、電気加熱設備等

① 電動力応用設備、電気加熱設備等の管理

　　ア．電動力応用設備については、電動機の空転による電気の損失を低減するよう、始動電力量との関係を勘案して**管理標準を設定**し、不要時の停止を行うこと。

　　イ．複数の電動機を使用するときは、それぞれの電動機の部分負荷における効率を考慮して、電動機全体の効率が高くなるように**管理標準を設定**し、稼働台数の調整及び負荷の適正配分を行うこと。

　　ウ．ポンプ、ファン、ブロワー、コンプレッサー等の流体機械については、使用端圧力及び吐出量の見直しを行い、負荷に応じた運転台数の選択、回転数の変更等に関する**管理標準を設定**し、電動機の負荷を低減すること。なお負荷変動幅が定常的な場合は、配管やダクトの変更、インペラーカット等の対策を検討すること。

　　エ．誘導炉、アーク炉、抵抗炉等の電気加熱設備は、被加熱物の装てん方法の改善、無負荷稼働による電気の損失の低減、断熱及び廃熱回収利用（排気のある設備に限る。）に関して**管理標準を設定**し、その熱効率を向上させること。

　　オ．電解設備は、適当な形状及び特性の電極を採用し、電極間距離、電解液の濃度、導体の接触抵抗等に関して**管理標準を設定**し、その電解効率を向上させること。

　　カ．その他、電気の使用の管理は、電動力応用設備、電気加熱設備等の電気使用設備ごとに、その電圧、電流等電気の損失を低減するために必要な事項についての**管理標準を設定**して行うこと。

② 電動力応用設備、電気加熱設備等に関する計測及び記録

　　電動力応用設備、電気加熱設備等の設備については、電圧、電流等電気の損失を低減するために必要な事項の計測及び記録に関する**管理標準を設定**し、これに基づきこれらの事項を定期的に計測し、その結果を記録すること。

③ 電動力応用設備、電気加熱設備等の保守及び点検

　　ア．電動力応用設備は、負荷機械、動力伝達部及び電動機における機械損失を低減するように保守及び点検に関する**管理標準を設定**し、これに基づき定期的に保守及び点検を行うこと。

　　イ．ポンプ、ファン、ブロワー、コンプレッサー等の流体機械は、流体の漏えいを防止し、流体を輸送する配管やダクト等の抵抗を低減するように保守及び点検に関する**管理標準を設定**し、これに基づき定期的に保守及び点検を行うこと。

　　ウ．電気加熱設備及び電解設備は、配線の接続部分、開閉器の接触部分等における抵抗

損失を低減するように保守及び点検に関する**管理標準を設定**し、これに基づき定期的に保守及び点検を行うこと。

④ 電動力応用設備、電気加熱設備等の新設に当たっての措置

　　電動力応用設備であって常時負荷変動の大きい状態で使用することが想定されるような設備を新設する場合には、負荷変動に対して稼働状態を調整しやすい設備構成とすること。

　　ア．電動力応用設備は、電気加熱設備等を新設する場合には、必要な負荷に応じた設備を選定すること。

　　イ．電力応用設備であって常時負荷変動の大きい状態で使用することが想定されるような設備を新設する場合には、負荷変動に対して稼働状態を調整しやすい設備構成とすること。

　　ウ．特定エネルギー消費機器に該当する交流電動機又は当該機器が組み込まれた電動力応用設備を新設する場合には、当該機器に関する性能の向上に関する製造事業者等の判断の基準に規定する基準エネルギー消費効率以上の効率のものの採用を考慮すること。なお、特定エネルギー消費機器に該当しない交流電動機（籠形三相誘導電動機に限る）又は当該機器が組み込まれた電動力応用設備を新設する場合には、日本工業規格Ｃ 4212（高効率低圧三相かご形誘導電動機）に規定する効率値以上の効率のものの採用を考慮すること。

(6-2) 照明設備、昇降機、事務用機器、民生用機器

① 照明設備、昇降機、事務用機器の管理

　　ア．照明設備については、日本工業規格Ｚ 9110（照度基準）又はＺ 9125（屋内作業場の照明基準）及びこれらに準ずる規格に規定するところにより**管理標準を設定**して使用すること。また、調光による減光又は消灯についての**管理標準を設定**し、過剰又は不要な照明をなくすこと。

　　イ．昇降機は、時間帯や曜日等により停止階の制限、複数台ある場合には稼働台数の制限等に関して**管理標準を設定**し、効率的な運転を行うこと。

　　ウ．事務用機器については、不要時において適宜電源を切るとともに、低電力モードの設定を実施すること。

② 照明設備に関する計測及び記録

　　照明設備については、照明を施す作業場等の照度の計測及び記録に関する**管理標準を設定**し、これに基づき定期的に計測し、その結果を記録すること。

③ 照明設備、昇降機、事務用機器の保守及び点検

　　ア．照明設備は、照明器具及びランプ等の清掃並びに光源の交換等保守及び点検に関する**管理標準を設定**し、これに基づき定期的に保守及び点検を行うこと。

　　イ．昇降機は、電動機の負荷となる機器、動力伝達部及び電動機の機械損失を低減するよう保守及び点検に関する**管理標準を設定**し、これに基づき定期的に保守及び点検を行うこと。

　　ウ．事務用機器は、必要に応じ定期的に保守及び点検を行うこと。

④ 照明設備、昇降機、事務用機器、民生用機器の新設に当たっての措置

ア．照明設備、昇降機を新設する場合には、必要な照度、輸送量に応じた設備を選定すること。

イ．照明設備を新設する場合には、次に掲げる事項等の措置を講じることにより、エネルギーの効率的利用を実施すること。

　㋐ 電子回路式安定器（インバーター）を点灯回路に使用した蛍光ランプ（Ｈｆ蛍光ランプ）等省エネルギー型設備を考慮すること。

　㋑ 高輝度放電ランプ（ＨＩＤランプ）等効率の高いランプを使用した照明器具等省エネルギー型設備を考慮すること。

　㋒ 清掃、光源の交換等の保守が容易な照明器具を選択するとともに、その設置場所、設置方法等についても保守性を考慮すること。

　㋓ 照明器具の選択には、光源の発光効率だけでなく、点灯回路や照明器具の効率及び被照明場所への照射効率も含めた総合的な照明効率を考慮すること。

　㋔ 昼光を使用することができる場所の照明設備の回路は、他の照明設備と別回路にすることを考慮すること。

　㋕ 不必要な場所及び時間帯の消灯又は減光のため、人体感知装置の設置、計時装置（タイマー）の利用又は保安設備との連動等の措置を考慮すること。

ウ．昇降機を新設する場合には、エネルギーの利用効率の高い制御方式、駆動方式の昇降機を採用する等の措置を講じることにより、エネルギーの効率的利用を実施すること。

エ．特定エネルギー消費機器に該当する照明設備に係る機器、事務用機器及び民生用機器を新設する場合は、当該機器に関する性能の向上に関する製造事業者等の判断の基準に規定する基準エネルギー消費効率以上の効率のものの採用を考慮すること。

II　エネルギーの使用の合理化の目標及び計画的に取り組むべき措置

　事業者は、上記Ⅰに掲げる諸基準を遵守するとともに、その設置している工場等におけるエネルギー消費原単位及び電気の需要の平準化に資する措置を評価したエネルギー消費原単位（以下「電気需要平準化評価原単位」という。）を管理し、その設置している工場等全体として又は工場等ごとにエネルギー消費原単位又は電気需要平準化評価原単位を中長期的にみて年平均１パーセント以上低減させることを目標として、技術的かつ経済的に可能な範囲内で、１及び２に掲げる諸目標及び措置の実現に努めるものとする。

　また、**別表第５**に掲げる事業におけるエネルギーの年度（４月１日から翌年３月31日までをいう。）の使用量が原油換算エネルギー使用量の数値で1,500キロリットル以上である者は、同表に掲げる指標を向上又は低減させるよう努めるものとし、その際、各工場等における状況を把握しつつ、技術的かつ経済的に可能な範囲内において、中長期的に当該指標が同表に掲げる水準となることを目指すものとする。

資

料

編

　また、事業者は、将来に向けて、これらの措置を最大限より効果的に講じていくことを目指して、中長期的視点に立った計画的な取組に努めなければならないものとする。その際、エネルギーマネジメントシステムの規格であるISO50001の活用について検討すること。

　連鎖化事業者については、当該連鎖化事業者が行う連鎖化事業に係る約款の範囲内において、1及び2に掲げる諸目標及び措置の実現に努めるものとする。また、定型的な約款による契約に基づき、特定の商標、商号その他の表示を使用させ、商品の販売又は役務の提供に関する方法を指定し、かつ、継続的に経営に関する指導を行う事業を行う者は、当該事業に加盟する者が設置している工場等におけるエネルギーの使用の状況を把握するとともに、そのエネルギーの使用の合理化に努めるものとする。

　また、賃貸事業者と賃借事業者は、共同してエネルギーの使用の合理化に関する活動を推進するとともに、エネルギーの使用の合理化の適切かつ有効な実施を促すため、エネルギーの使用及び使用の合理化に係る費用の負担方法にその成果が反映される仕組み等を構築するように努めるものとする。

　また、事業者は、我が国全体のエネルギーの使用の合理化を図るために技術の提供、助言、事業の連携等により、他の者のエネルギーの使用の合理化の促進に寄与する取組を行うことについて検討すること。

1　エネルギー消費設備等に関する事項

1-1　専ら事務所その他これに類する用途に供する工場等におけるエネルギーの使用の合理化の目標及び計画的に取り組むべき措置

(1) 空気調和設備

　空気調和設備に関しては、次に掲げる事項等の措置を講じることにより、エネルギーの効率的利用の実施について検討すること。

　　ア．空気調和設備には、効率の高い熱源設備を使った蓄熱式ヒートポンプシステム、ガス冷暖房システム等の採用について検討すること。また、工場等に冷房と暖房の負荷が同時に存在する場合には、熱回収システムの採用について検討すること。さらに、排熱を有効に利用できる場合には、熱回収型ヒートポンプ、排熱駆動型熱源機の採用についても検討すること。

　　イ．空気調和を行う部分の壁、屋根については、厚さの増加、熱伝導率の低い材料の利用、断熱の二重化等により、空気調和を行う部分の断熱性を向上させるよう検討すること。また、窓にあっては、ブラインド、熱線反射ガラス、選択透過フィルム、二重構造による熱的緩衝帯の設置等の採用による日射遮へい対策も併せて検討すること。

　　ウ．空気調和設備については、二酸化炭素センサー等による外気導入量制御の採用により、外気処理に伴う負荷の削減を検討すること。また、夏期以外の期間の冷房については、冷却塔により冷却された水を利用した冷房を行う等熱源設備が消費するエネルギーの削減を検討すること。

188

　エ．空気調和設備については、送風量及び循環水量が低減できる大温度差システムの採
　　用について検討すること。

　オ．配管及びダクトは、熱伝導率の低い断熱材の利用等により、断熱性を向上させるよ
　　う検討すること。

(2) 換気設備

　屋内駐車場、機械室及び電気室等の換気用動力に関しては、各種センサー等による風量
制御の採用により動力の削減を検討すること。

(3) ボイラー設備

　① ボイラーについては、**別表第１(B)** の空気比の値を目標として空気比を低下させるよう
　　努めること。

　② 排ガスの廃熱の回収利用については、**別表第２(B)** に掲げる廃ガス温度の値を目標とし
　　て廃ガス温度を低下させるよう努めること。

(4) 給湯設備

　給湯設備に関しては、ヒートポンプシステムや潜熱回収方式の熱源設備を複合して使う
など、エネルギー利用効率の高い給湯設備の採用等の措置を講じることにより、エネルギー
の効率的利用の実施について検討すること。

(5) 照明設備

　照明設備に関しては、次に掲げる事項等の措置を講じることにより、エネルギーの効率
的利用の実施について検討すること。

　ア．照明設備については、昼光を利用することができる場合は、減光が可能な照明器具
　　の選択や照明自動制御装置の採用を検討すること。また、照明設備を施した当初や光
　　源を交換した直後の高い照度を適正に補正し省電力を図ることができる照明設備の採
　　用を検討すること。

　イ．ＬＥＤ（発光ダイオード）照明器具の採用を検討すること。

(6) 昇降機

　エスカレータ設備等の昇降機については、人感センサーにより通行者不在のときに設備
を停止させるなど、利用状況に応じた効率的な運転を行うことを検討すること。

(7) ＢＥＭＳ

　ＢＥＭＳについては、次に掲げる事項等の措置を講じることにより、エネルギーの効率
的利用の実施について検討すること。

　ア．エネルギー管理の中核となる設備として、系統別に年単位、季節単位、月単位、週
　　単位、日単位又は時間単位等でエネルギー管理を実施し、数値、グラフ等で過去の実
　　績と比較したエネルギーの消費動向等が把握できるよう検討すること。

　イ．空気調和設備、電気設備等について統合的な省エネルギー制御を実施することを検
　　討すること。

　ウ．機器や設備の保守状況、運転時間、運転特性値等を比較検討し、機器や設備の劣化
　　状況、保守時期等が把握できるよう検討すること。

(8) コージェネレーション設備

蒸気又は温水需要が大きく、将来、年間を総合して排熱の十分な利用が可能であると見込まれる場合には、コージェネレーション設備の設置を検討すること。

(9) 電気使用設備

① 受電端における力率を 98 パーセント以上とすることを目標として、**別表第4**に掲げる設備（同表に掲げる容量以下のものを除く。）又は変電設備における力率を進相コンデンサの設置等により向上させるよう検討すること。

② 缶・ボトル飲料自動販売機を設置する場合は、タイマー等の活用により、夜間、休日等販売しない時間帯の運転停止、庫内照明が不必要な時間帯の消灯など、利用状況に応じた効率的な運転を行うことを検討すること。

1-2　工場等（1-1 に該当するものを除く。）におけるエネルギーの使用の合理化の目標及び計画的に取り組むべき措置

(1) 燃焼設備

① 燃焼設備については、**別表第1 (B)** の空気比の値を目標として空気比を低下させるよう努めること。

② 空気比の管理標準に従い空気比を管理できるようにするため、燃焼制御装置を設けるよう検討すること。

③ バーナー等の燃焼機器は、燃焼設備及び燃料の種類に適合し、かつ、負荷及び燃焼状態の変動に応じて燃料の供給量及び空気比を調整できるものとするよう検討すること。また、バーナーの更新・新設に当たっては、リジェネレイティブバーナー等熱交換器と一体となったバーナーを採用することにより熱効率を向上させることができるときは、これらの採用を検討すること。

④ 通風装置は、通風量及び燃焼室内の圧力を調整できるものとするよう検討すること。

⑤ 燃焼設備ごとに、燃料の供給量、燃焼に伴う排ガス温度、排ガス中の残存酸素量その他の燃料の燃焼状態の把握及び改善に必要な事項について、計測機器を設置し、コンピュータを使用すること等により的確な燃焼管理を行うことを検討すること。

(2) 熱利用設備

① 冷却器及び凝縮器への入口温度については、200℃未満に下げることを目標として効率的な熱回収に努めること。ただし、固体又は汚れの著しい流体若しくは著しく腐食性のある流体及び冷却熱量が毎時 2,100 メガジュール未満又は熱回収可能量が毎時 630 メガジュール未満のものについては、この限りではない。

② 加熱等を行う設備で用いる蒸気であって、乾き度を高めることによりエネルギーの使用の合理化が図れる場合にあっては、輸送段階での放熱防止及びスチームセパレーターの導入により熱利用設備での乾き度を高めることを検討すること。

③ 工業炉の炉壁面等は、その性状及び形状を改善することにより、放射率を向上させるよう検討すること。

④ 加熱等を行う設備の伝熱面は、その性状及び形状を改善することにより、熱伝達率を

向上させるよう検討すること。

⑤ 加熱等を行う設備の熱交換に係る部分には、熱伝導率の高い材料を用いるよう検討すること。

⑥ 工業炉の炉体、架台及び冶具、被加熱物を搬入するための台車等は、熱容量を低減させるよう検討すること。

⑦ 直火バーナー、液中燃焼等により被加熱物を直接加熱することが可能な場合には、直接加熱するよう検討すること。

⑧ 多重効用缶を用い加熱等を行う場合には、効用段数の増加により総合的な熱効率が向上するよう検討すること。

⑨ 蒸留塔に関しては、運転圧力の適正化、段数の多段化等による還流比の低減、蒸気の再圧縮、多重効用化等について検討すること。

⑩ 熱交換器の増設及び配列の適正化により総合的な熱効率を向上させるよう検討すること。

⑪ 高温で使用する工業炉と低温で使用する工業炉の組合せ等により、熱を多段階に利用して、総合的な熱効率を向上させるよう検討すること。

⑫ 加熱等を行う設備の制御方法の改善により、熱の有効利用を図るよう努めること。

⑬ 加熱等の反復を必要とする工程は、連続化若しくは統合化又は短縮若しくは一部の省略を行うよう検討すること。

⑭ 工業炉の炉壁外面温度の値を、**別表第3 (B)** に掲げる炉壁外面温度の値（間欠式操業炉又は1日の操業時間が12時間を超えない工業炉のうち、炉内温度が500℃以上のものにあっては、**別表第3 (B)** に掲げる炉壁外面温度の値又は炉壁内面の面積の80パーセント以上の部分をかさ密度の加重平均値0.75以下の断熱物質によって構成すること。）を目標として炉壁の断熱性を向上させるよう努めること。

⑮ 断熱材の厚さの増加、熱伝導率の低い断熱材の利用、断熱の二重化等により、熱利用設備の断熱性を向上させるよう検討すること。

⑯ 熱利用設備の開口部については、開口部の縮小又は密閉、二重扉の取付け、内部からの空気流等による遮断等により、放散及び空気の流出入による熱の損失を防止するよう検討すること。

⑰ 熱利用設備の回転部分、継手部分等には、シールを行う等熱媒体の漏えいを防止するための措置を講ずるよう検討すること。

⑱ 熱媒体を輸送する配管の経路の合理化により、放熱面積を低減するよう検討すること。

⑲ 開放型の蒸気使用設備、開放型の高温物質の搬送設備等には、おおいを設けることにより、放散又は熱媒体の拡散による熱の損失を低減するよう検討すること。ただし、搬送しながら空冷する必要がある場合はこの限りでない。

⑳ 排ガスの廃熱の回収利用については、**別表第2 (B)** に掲げる廃ガス温度及び廃熱回収率の値を目標として廃ガス温度を低下させ廃熱回収率を高めるよう努めること。

㉑ 被加熱材の水分の事前除去、予熱、予備粉砕等、事前処理によりエネルギーの使用の合理化が図れる場合は、予備処理の方法を調査検討すること。

㉒ ボイラー、冷凍機等の熱利用設備を設置する場合において、小型化し分散配置すること又は蓄熱設備を設けることによりエネルギーの使用の合理化が図れるときは、その方法を検討すること。

㉓　ボイラー、工業炉、蒸気、温水等の熱媒体を用いる加熱設備及び乾燥設備等の設置に当たっては、使用する温度レベル等を勘案し熱効率の高い設備を採用するとともに、その特性、種類を勘案し、設備の運転特性及び稼働状況に応じて、所要能力に見合った容量のものを検討すること。

㉔ 温水媒体による加熱設備にあっては、真空蒸気媒体による加熱についても検討すること。

(3) 廃熱回収装置

① 廃熱を排出する設備から廃熱回収設備に廃熱を輸送する煙道、管等には、空気の侵入の防止、断熱の強化その他の廃熱の温度を高く維持するための措置を講ずるよう検討すること。

② 廃熱回収設備は、廃熱回収率を高めるため、伝熱面の性状及び形状の改善、伝熱面積の増加等の措置を講ずるよう検討すること。また、蓄熱設備の設置により、廃熱利用が可能となる場合には、蓄熱設備の設置についても検討すること。

③ 廃熱の排出の状況に応じ、その有効利用の方法を調査検討すること。

④ 加熱された固体又は流体が有する顕熱、潜熱、圧力、可燃性成分及び反応熱等はその排出の状況に応じ、その有効利用の方法を検討すること。

(4) コージェネレーション設備

① 蒸気又は温水需要が大きく、将来年間を総合して排熱の十分な利用が可能であると見込まれる場合には、コージェネレーション設備の設置を検討すること。

② コージェネレーション設備に使用する抽気タービン又は背圧タービンについて、抽気条件又は背圧条件の変更により効率向上が可能な場合には、抽気タービン又は背圧タービンの改造を検討すること。

(5) 電気使用設備

① 電動力応用設備を負荷変動の大きい状態で使用するときは、負荷に応じた運転制御を行うことができるようにするため、回転数制御装置等を設置するよう検討すること。

② 電動機はその特性、種類を勘案し、負荷機械の運転特性及び稼働状況に応じて所要出力に見合った容量のものを配置するよう検討すること。

③ 受電端における力率を98パーセント以上とすることを目標として、**別表第4**に掲げる設備（同表に掲げる容量以下のものを除く。）又は変電設備における力率を進相コンデンサの設置等により向上させるよう検討すること。

④ 電気使用設備ごとに、電気の使用量、電気の変換により得られた動力、熱等の状態、当該動力、熱等の利用過程で生じる排ガスの温度その他電気使用設備に係る電気の使用状態を把握し、コンピュータを使用するなどにより的確な計測管理を行うことを検討すること。

⑤ 電気加熱設備は、燃料の燃焼による加熱、蒸気等による加熱と電気による加熱の特徴

を比較勘案して導入すること。さらに電気加熱設備の導入に際しては、温度レベルにより適切な加熱方式を採用するよう検討すること。

⑥ エアーコンプレッサーを設置する場合において、小型化し、分散配置することによりエネルギーの使用の合理化が図れるときは、その方法を検討すること。また、圧力の低いエアーの用途には、エアーコンプレッサーによる高圧エアーを減圧して使用せず、低圧用のブロワー又はファンの利用を検討すること。

⑦ 缶・ボトル飲料自動販売機を設置する場合は、タイマー等の活用により、夜間、休日等販売しない時間帯の運転停止、庫内照明が不必要な時間帯の消灯など、利用状況に応じた効率的な運転を行うことを検討すること。

(6) 空気調和設備、給湯設備、換気設備、昇降機等

① 空気調和設備に関しては、次に掲げる事項等の措置を講じることにより、エネルギーの効率的利用の実施について検討すること。

　ア．空気調和設備には、効率の高い熱源設備を使った蓄熱式ヒートポンプシステム、ガス冷暖房システム等の採用について検討すること。また、工場等に冷房と暖房の負荷が同時に存在する場合には熱回収システムの採用について検討すること。さらに、排熱を有効に利用できる場合には、熱回収型ヒートポンプ、排熱駆動型熱源機の採用についても検討すること。

　イ．空気調和を行う部分の壁、屋根については、厚さの増加、熱伝導率の低い材料の利用、断熱の二重化等により、空気調和を行う部分の断熱性を向上させるよう検討すること。また、窓にあっては、ブラインド、熱線反射ガラス、選択透過フィルム、二重構造による熱的緩衝帯の設置等の採用による日射遮へい対策も併せて検討すること。

　ウ．空気調和設備については、二酸化炭素センサー等による外気導入量制御の採用により、外気処理に伴う負荷の削減を検討すること。また、夏期以外の期間の冷房については、冷却塔により冷却された水を利用した冷房を行う等熱源設備が消費するエネルギーの削減を検討すること。

　エ．空気調和設備については、送風量及び循環水量が低減できる大温度差システムの採用について検討すること。

　オ．配管及びダクトは、熱伝導率の低い断熱材の利用等により、断熱性を向上させるよう検討すること。

② 給湯設備に関しては、次に掲げる事項等の措置を講じることにより、エネルギーの効率的利用の実施について検討すること。

　ア．ヒートポンプシステムや潜熱回収方式の熱源設備を複合して使うなど、より効率の高い給湯設備の採用について検討すること。

　イ．加温、乾燥設備等に用いる給湯設備に関しては、ヒートポンプシステムや潜熱回収方式の熱源設備の採用について検討すること。

③ 屋内駐車場、機械室及び電気室等の換気用動力に関しては、各種センサー等による風量制御の採用により動力の削減を検討すること。

④エスカレータ設備等の昇降機については、人感センサーにより通行者不在のときに設備を停止させるなど、利用状況に応じた効率的な運転を行うことを検討すること。

(7) 照明設備

照明設備に関しては、次に掲げる事項等の措置を講じることにより、エネルギーの効率的利用の実施について検討すること。

　ア．照明設備については、昼光を利用することができる場合は、減光が可能な照明器具の選択や照明自動制御装置の採用を検討すること。また、照明設備を施した当初や光源を交換した直後の高い照度を適正に補正し省電力を図ることができる照明設備の採用を検討すること。

　イ．ＬＥＤ（発光ダイオード）照明器具の採用を検討すること。

(8) 工場エネルギー管理システム

工場エネルギー管理システムについては、次に掲げる事項等の措置を講じることにより、エネルギーの効率的利用の実施について検討すること。

　ア．エネルギー管理の中核となる設備として、系統別に年単位、季節単位、月単位、週単位、日単位又は時間単位等でエネルギー管理を実施し、数値、グラフ等で過去の実績と比較したエネルギーの消費動向等が把握できるよう検討すること。

　イ．燃焼設備、熱利用設備、廃熱回収設備、コージェネレーション設備、電気使用設備、空気調和設備、換気設備、給湯設備等について統合的な省エネルギー制御を実施することを検討すること。

　ウ．機器や設備の保守状況、運転時間、運転特性値等を比較検討し、機器や設備の劣化状況、保守時期等が把握できるよう検討すること。

2　その他エネルギーの使用の合理化に関する事項

(1) 熱エネルギーの効率的利用のための検討

熱の効率的利用を図るためには、有効エネルギー（エクセルギー）の観点からの総合的なエネルギー使用状況のデータを整備するとともに、熱利用の温度的な整合性改善についても検討すること。

(2) 余剰蒸気の活用等

①工場等において、利用価値のある高温の燃焼ガス又は蒸気が存在する場合には、(1)の観点を踏まえ、発電、作業動力等への有効利用を行うよう検討すること。また、複合発電及び蒸気条件の改善により、熱の動力等への変換効率の向上を行うよう検討すること。

②工場等において、利用価値のある余剰の熱、蒸気等が存在する場合には、(1)の観点を踏まえ、他工場又は民生部門において有効利用を行うよう検討すること。

(3) 未利用エネルギーの活用

①可燃性廃棄物を燃焼又は処理する際発生するエネルギーや燃料については、できるだけ回収し、利用を図るよう検討すること。

② 工場等又はその周辺において、工場排水、下水、河川水、海水等の温度差エネルギーの回収が可能な場合には、ヒートポンプ等を活用した熱効率の高い設備を用いて、できるだけその利用を図るよう検討すること。

③ 工場等の周辺の他の事業者が設置している工場等で発生する廃熱が、自らの工場等で利用が可能な場合には、できるだけその利用を図るよう検討すること。

(4) エネルギーの使用の合理化に関するサービス提供事業者の活用

エネルギーの使用の合理化を総合的に進めるために必要な措置を講ずるに当たっては、ＥＳＣＯ事業者等（エネルギーの使用の合理化に関する包括的なサービスを提供する者をいう。）によるエネルギー効率改善に関する診断、助言、エネルギーの効率的利用に係る保証の手法等の活用についても検討すること。

(5) エネルギーの地域での融通

多様なエネルギー需要が近接している街区・地区や隣接する建築物間等において、エネルギーを融通することにより総合的なエネルギーの使用の合理化を図ることができる場合には、エネルギーの面的利用について検討すること。

(6) エネルギーの使用の合理化に関するツールや手法の活用

業務用ビルのエネルギーの使用の合理化を行うに当たっては、ビルのエネルギーを試算して、省エネルギー対策適用時の削減効果を比較評価するツールや、空気調和設備等の運転プロセスデータを編集し、グラフ化して運転状態を分析しやすくするツールの活用について検討すること。

(7) エネルギーの使用の合理化に関する情報技術の活用

① 工場等において、製造設備を設置する場合には、ネットワークに接続可能な設備を採用するとともに、設備の稼働状況等に関するデータを活用し、その他の設備と合わせてネットワークを用いて制御することでエネルギーの使用の合理化を検討すること。

② 製品の開発工程におけるエネルギーの使用の合理化に当たっては、試作段階において実機を用いずにシミュレーション技術の活用を検討すること。

別表第 1 (A)　基準空気比（ⅠⅠ-2 2-1 (2) ① イ．及び ⅠⅠ-2 2-2 (1) ① イ．関係）

(1) ボイラーに関する基準空気比

区分		負荷率 （単位：%）	基準空気比				
			固体燃料		液体燃料	気体燃料	高炉ガス その他の 副生ガス
			固定床	流動床			
電気事業用（注1）		75 ～ 100	－	－	1.05 ～ 1.2	1.05 ～ 1.1	1.2
一般用ボイラー（注2）	蒸発量が毎時 30 トン 以上のもの	50 ～ 100	1.3 ～ 1.45	1.2 ～ 1.45	1.1 ～ 1.25	1.1 ～ 1.2	1.2 ～ 1.3
	蒸発量が毎時 10 トン 以上 30 トン未満のもの	50 ～ 100	1.3 ～ 1.45	1.2 ～ 1.45	1.15 ～ 1.3	1.15 ～ 1.3	－
	蒸発量が毎時 5 トン 以上 10 トン未満のもの	50 ～ 100	－	－	1.2 ～ 1.3	1.2 ～ 1.3	－
	蒸発量が毎時 5 トン 未満のもの	50 ～ 100	－	－	1.2 ～ 1.3	1.2 ～ 1.3	－
小型貫流ボイラー（注3）		100	－	－	1.3 ～ 1.45	1.25 ～ 1.4	－

(注) 1　「電気事業用」とは、電気事業者（電気事業法（昭和 39 年法律第 170 号）第 2 条第 1 項 17 号に規定する電気事業者をいう。以下同じ。）が、発電のために設置するものをいう。

2　「一般用ボイラー」とは、労働安全衛生法施行令第 1 条第 3 号に規定するボイラーのうち、同施行令第 1 条第 4 号に規定する小型ボイラーを除いたものをいう。

3　「小型貫流ボイラー」とは、労働安全衛生法施行令第 1 条第 4 号ホに規定する小型ボイラーのうち、大気汚染防止法施行令別表第 1（第 2 条関係）第 1 項に規定するボイラーに該当するものをいう。

(備考)

1　この表に掲げる基準空気比の値は、定期検査後、安定した状態で、一定の負荷で燃焼を行うとき、ボイラーの出口において測定される空気比について定めたものである。

2　負荷率は、発電のために設置されたものにあってはタービン負荷率、その他のものにあってはボイラー負荷率とする。

3　空気比の算定は次式により行い、結果は基準空気比の値の有効桁数が小数第 1 位までの場合にあっては小数第 2 位を、小数第 2 位までの場合にあっては小数第 3 位をそれぞれ四捨五入して求めるものとする。

空気比＝ 21 ／（21 －排ガス中の酸素濃度（パーセント））

4　固体燃料の固定床ボイラーのうち微粉炭焚きのものに係る基準空気比の値は、電気事業用にあっては 1.15 ～ 1.3、その他（蒸発量が毎時 30 トン以上のもの及び 10 トン以上 30 トン未満のものに限る。）にあっては 1.2 ～ 1.3 とする。

5　複数の種類の燃料の混焼を行うボイラーについては、当該燃料のうち混焼率（発熱量ベースの混焼率をいう。以下同じ。）の高い燃料に係る基準空気比の値を適用する。

6　この表に掲げる基準空気比の値は、次に掲げるボイラーの空気比については適用しない。

(1) 設置後燃料転換のための改造を行ったもの

(2) 木屑、木皮、スラッジその他の産業廃棄物と燃料との混焼を行うもの

(3) 黒液の燃焼を行うもの

(4) 廃タイヤの燃焼を行うもの

(5) 発熱量が 3,800 キロジュール毎ノルマル立方メートル以下の副生ガスを専焼させるもの

(6) 有毒ガスを処理するためのもの

(7) 廃熱を利用するもの

(8) 水以外の熱媒体を使用するもの

(9) 定期検査時その他定常操業を行っていない状態のもの又は開発、研究若しくは試作の用に供するもの

(2) 工業炉に関する基準空気比（Ⅰ Ⅰ-2 2-2 (1) ① イ. 関係）

区分	基準空気比				
	炉の形式等				
	気体燃料		液体燃料		備考
	連続式	間欠式	連続式	間欠式	
金属鋳造用溶解炉	1.25	1.35	1.30	1.40	
連続鋼片加熱炉	1.20	－	1.25	－	
連続鋼片加熱炉以外の金属加熱炉	1.25	1.35	1.25	1.35	
金属熱処理炉	1.20	1.25	1.25	1.30	
石油加熱炉	1.20	－	1.25	－	
熱分解炉及び改質炉	1.20	－	1.25	－	
セメント焼成炉	1.30	－	1.30	－	微粉炭専焼の場合は液体燃料の値
石灰焼成炉	1.30	1.35	1.30	1.35	微粉炭専焼の場合は液体燃料の値
乾燥炉	1.25	1.45	1.30	1.50	ただし、バーナー燃焼部のみ

（備考）
1　この表に掲げる基準空気比の値は、点検・修理後、定格付近の負荷で燃焼を行うとき、炉の排気出口において測定される空気比について定めたものである。
2　高炉ガスその他の副生ガスを燃焼する工業炉の空気比については液体燃料の値とする。
3　この表に掲げる基準空気比の値は、次に掲げる工業炉の空気比については適用しない。
　(1) 固体燃料を使用するもの（微粉炭を専焼させるものを除く。）
　(2) 定格容量（バーナーの燃料の燃焼性能）が毎時（原油換算）20 リットル未満のもの
　(3) 酸化又は還元のための特定の雰囲気を必要とするもの
　(4) ヒートパターンの維持又は炉内温度の均一化のために希釈空気を必要とするもの
　(5) 発熱量が 3,800 キロジュール毎ノルマル立方メートル以下の副生ガスを燃焼させるもの
　(6) 定期検査時その他定常操業を行っていない状態のもの又は開発、研究若しくは試作の用に供するもの
　(7) 高温で変質する材料を使用した工業炉で、冷却希釈用空気を必要とするもの
　(8) 可燃性廃棄物を燃焼させるもの

別表第1(B)　目標空気比（Ⅱ　1　1-1 (3) ①及びⅡ　1　1-2 (1) ①関係）

(1) ボイラーに関する目標空気比

区分		負荷率（単位：%）	目標空気比				
			固体燃料		液体燃料	気体燃料	高炉ガスその他の副生ガス
			固定床	流動床			
電気事業用（注1）		75 〜 100	–	–	1.05 〜 1.1	1.05 〜 1.1	1.15 〜 1.2
一般用ボイラー（注2）	蒸発量が毎時30トン以上のもの	50 〜 100	1.2 〜 1.3	1.2 〜 1.25	1.05 〜 1.15	1.05 〜 1.15	1.2 〜 1.3
	蒸発量が毎時10トン以上30トン未満のもの	50 〜 100	1.2 〜 1.3	1.2 〜 1.25	1.15 〜 1.25	1.15 〜 1.25	–
	蒸発量が毎時5トン以上10トン未満のもの	50 〜 100	–	–	1.15 〜 1.3	1.15 〜 1.25	–
	蒸発量が毎時5トン未満のもの	50 〜 100	–	–	1.15 〜 1.3	1.15 〜 1.25	–
小型貫流ボイラー（注3）		100	–	–	1.25 〜 1.4	1.2 〜 1.35	–

(注) 1　「電気事業用」とは、電気事業者が、発電のために設置するものをいう。
　　　2　「一般用ボイラー」とは、労働安全衛生法施行令第1条第3号に規定するボイラーのうち、同施行令第1条第4号に規定する小型ボイラーを除いたものをいう。
　　　3　「小型貫流ボイラー」とは、労働安全衛生法施行令第1条第4号ホに規定する小型ボイラーのうち、大気汚染防止法施行令別表第1（第2条関係）第1項に規定するボイラーに該当するものをいう。

(備考)
　　1　この表に掲げる目標空気比の値は、定期検査後、安定した状態で、一定の負荷で燃焼を行うとき、ボイラーの出口において測定される空気比について定めたものである。
　　2　負荷率及び空気比の算定については、別表第1（A）（1）備考2及び3による。
　　3　固体燃料の固定床ボイラーのうち微粉炭焚きのものに係る目標空気比の値は、電気事業用にあっては1.15 〜 1.25、その他（蒸発量が毎時30トン以上のもの及び10トン以上30トン未満のものに限る。）にあっては1.2 〜 1.25とする。
　　4　黒液の燃焼を行うボイラーに係る目標空気比の値は、負荷率50 〜 100パーセントにおいて1.2 〜 1.3とする。
　　5　複数の種類の燃料の混焼を行うボイラーについては、当該燃料のうち混焼率（発熱量ベースの混焼率をいう。以下同じ。）の高い燃料に係る目標空気比の値を適用する。
　　6　この表に掲げる目標空気比の値は、次に掲げるボイラーの空気比については適用しない。ただし、可能なものについては、同表に準じて空気比の管理を行うよう検討するものとする。
　　(1) 設置後燃料転換のための改造を行ったもの
　　(2) 木屑、木皮、スラッジその他の産業廃棄物と燃料との混焼を行うもの
　　(3) 廃タイヤの燃焼を行うもの
　　(4) 発熱量が3,800キロジュール毎ノルマル立方メートル以下の副生ガスを燃焼させるもの
　　(5) 有毒ガスを処理するためのもの
　　(6) 廃熱を利用するもの
　　(7) 定期検査時その他定常操業を行っていない状態のもの又は開発、研究若しくは試作の用に供するもの

(2) 工業炉に関する目標空気比（II 1 1-2 (1) ①関係）

区分	目標空気比				
	炉の形式等				
	気体燃料		液体燃料		備考
	連続式	間欠式	連続式	間欠式	
金属鋳造用溶解炉	1.05〜1.20	1.05〜1.25	1.05〜1.25	1.05〜1.30	
連続鋼片加熱炉	1.05〜1.15	－	1.05〜1.20	－	
連続鋼片加熱炉以外の金属加熱炉	1.05〜1.20	1.05〜1.30	1.05〜1.20	1.05〜1.30	
金属熱処理炉	1.05〜1.15	1.05〜1.25	1.05〜1.20	1.05〜1.30	
石油加熱炉	1.05〜1.20	－	1.05〜1.25	－	
熱分解炉及び改質炉	1.05〜1.20	－	1.05〜1.25	－	
セメント焼成炉	1.05〜1.25	－	1.05〜1.25	－	微粉炭専焼の場合は液体燃料の値
石灰焼成炉	1.05〜1.25	1.05〜1.35	1.05〜1.25	1.05〜1.35	微粉炭専焼の場合は液体燃料の値
乾燥炉	1.05〜1.25	1.05〜1.45	1.05〜1.30	1.05〜1.50	ただし、バーナー燃焼部のみ

(備考)
1　この表に掲げる目標空気比の値は、点検・修理後、定格付近の負荷で燃焼を行うとき、炉の排気出口において測定される空気比について定めたものである。
2　高炉ガスその他の副生ガスを燃焼する工業炉の空気比については液体燃料の値とする。
3　この表に掲げる目標空気比の値は、次に掲げる工業炉の空気比については適用しない。ただし、可能なものについては、同表に準じて空気比の管理を行うよう検討するものとする。
(1) 定格容量（バーナーの燃料の燃焼性能）が毎時（原油換算）20 リットル未満のもの
(2) 酸化又は還元のための特定の雰囲気を必要とするもの
(3) ヒートパターンの維持又は炉内温度の均一化のために希釈空気を必要とするもの
(4) 発熱量が 3,800 キロジュール毎ノルマル立方メートル以下の副生ガスを燃焼させるもの
(5) 定期検査時その他定常操業を行っていない状態のもの又は開発、研究若しくは試作の用に供するもの
(6) 高温で変質する材料を使用した工業炉で、冷却希釈用空気を必要とするもの

別表第2(A)　基準廃ガス温度及び基準廃熱回収率（ⅠⅠ-2 2-1 (2) ④ イ. 及びⅠⅠ-2 2-2 (3) ① イ. 関係）
(1) ボイラーに関する基準廃ガス温度

区分		基準廃ガス温度（単位：℃）				
		固体燃料		液体燃料	気体燃料	
		固定床	流動床			高炉ガス その他の 副生ガス
電気事業用（注1）		－	－	145	110	200
一般用ボイラー（注2）	蒸発量が毎時30トン以上のもの	200	200	200	170	200
	蒸発量が毎時10トン以上30トン未満のもの	250	200	200	170	－
	蒸発量が毎時5トン以上10トン未満のもの	－	－	220	200	－
	蒸発量が毎時5トン未満のもの	－	－	250	220	－
小型貫流ボイラー（注3）		－	－	250	220	－

(注) 1　「電気事業用」とは、電気事業者が、発電のために設置するものをいう。
　　　2　「一般用ボイラー」とは、労働安全衛生法施行令第1条第3号に規定するボイラーのうち、同施行令第1条第4号に規定する小型ボイラーを除いたものをいう。
　　　3　「小型貫流ボイラー」とは、労働安全衛生法施行令第1条第4号ホに規定する小型ボイラーのうち、大気汚染防止法施行令別表第1（第2条関係）第1項に規定するボイラーに該当するものをいう。

(備考)
　　1　この表に掲げる基準廃ガス温度の値は、定期検査後、ボイラー通風装置入口空気温度20℃の下で、負荷率（発電のために設置されたものにあってはタービンの負荷率、その他のものにあってはボイラー負荷率）100パーセントで燃焼をおこなうとき、ボイラーの出口（廃熱を回収利用する設備が設置されている場合又は環境対策のための排煙処理装置が設置されている場合にあっては、当該設備の出口）において測定される廃ガスの温度について定めたものである。
　　2　固体燃料の固定床ボイラーのうち微粉炭焚きのものに係る基準廃ガス温度の値は、電気事業用にあっては150℃、その他（蒸発量が毎時30トン以上のもの及び10トン以上30トン未満のものに限る。）にあっては200℃とする。
　　3　この表に掲げる基準廃ガス温度の値は、次に掲げるボイラーの廃ガス温度については適用しない。
　　　(1) 設置後燃料転換のための改造を行ったもの
　　　(2) 木屑、木皮、スラッジその他の産業廃棄物と燃料との混焼を行うもの
　　　(3) 黒液の燃焼を行うもの
　　　(4) 有毒ガスを処理するためのもの
　　　(5) 廃熱又は余熱を利用するもの
　　　(6) 水以外の熱媒体を使用するもの
　　　(7) 定期検査時その他定常操業を行っていない状態のもの又は開発、研究若しくは試作の用に供するもの

(2) 工業炉に関する基準廃熱回収率（ⅠⅠ-2 2-2 (3) ① イ．関係）

排ガス温度 （単位：℃）（注1）	容量区分 （注2）	基準廃熱回収率 （単位：%）
500 未満	A・B	25
500 以上 600 未満	A・B	25
600 以上 700 未満	A B C	35 30 25
700 以上 800 未満	A B C	35 30 25
800 以上 900 未満	A B C	40 30 25
900 以上 1,000 未満	A B C	45 35 30
1,000 以上	A B C	45 35 30

(注) 1 「排ガス温度」は、炉室から排出される排ガスの炉出口又はレキュペレータ入口における温度をいう。
　　　2 工業炉の容量区分は次のとおりとする。
　　　A 定格容量が毎時 84,000 メガジュール以上のもの
　　　B 定格容量が毎時 21,000 メガジュール以上 84,000 メガジュール未満のもの
　　　C 定格容量が毎時 840 メガジュール以上 21,000 メガジュール未満のもの

(備考)
　　1 この表に掲げる基準廃熱回収率の値は、定格付近の負荷で燃焼を行うとき、炉室から排出される排ガスの顕熱量に対する回収熱量の比率について定めたものである。
　　2 この表に掲げる基準廃熱回収率の値は、次に掲げる工業炉の廃熱回収率については適用しない。
　　(1) 定格容量が毎時 840 メガジュール未満のもの
　　(2) 酸化又は還元のための特定の雰囲気を必要とするもの
　　(3) 発熱量が 3,800 キロジュール毎ノルマル立方メートル以下の副生ガスを燃焼させるもの
　　(4) 定期検査時その他定常操業を行っていない状態のもの又は開発、研究若しくは試作の用に供するもの

別表第2(B)　目標廃ガス温度及び目標廃熱回収率（Ⅱ 1 1-1 (3) ②及びⅡ 1 1-2 (2) ⑳関係）

(1) ボイラーに関する目標廃ガス温度

区分		目標廃ガス温度（単位：℃）				
		固体燃料		液体燃料	気体燃料	
		固定床	流動床			高炉ガス その他の 副生ガス
電気事業用（注1）		−	−	135	110	190
一般用ボイラー（注2）	蒸発量が毎時30トン以上のもの	180	170	160	140	190
	蒸発量が毎時10トン以上30トン未満のもの	180	170	160	140	−
	蒸発量が毎時5トン以上10トン未満のもの	−	300	180	160	
	蒸発量が毎時5トン未満のもの	−	320	200	180	
小型貫流ボイラー（注3）		−	−	200	180	

（注）1　「電気事業用」とは、電気事業者が、発電のために設置するものをいう。

　　　2　「一般用ボイラー」とは、労働安全衛生法施行令第1条第3号に規定するボイラーのうち、同施行令第1条第4号に規定する小型ボイラーを除いたものをいう。

　　　3　「小型貫流ボイラー」とは、労働安全衛生法施行令第1条第4号ホに規定する小型ボイラーのうち、大気汚染防止法施行令別表第1（第2条関係）第1項に規定するボイラーに該当するものをいう。

（備考）

　　　1　この表に掲げる目標廃ガス温度の値は、定期検査後、ボイラー通風装置入口空気温度20℃の下で、負荷率（発電のために設置されたものにあってはタービンの負荷率、その他のものにあってはボイラー負荷率）100パーセントで燃焼を行なうとき、ボイラーの出口（廃熱を回収利用する設備が設置されている場合又は環境対策のための排煙処理装置が設置されている場合にあっては、当該設備の出口）において測定される廃ガスの温度について定めたものである。

　　　2　固体燃料の固定床ボイラーのうち微粉炭焚きのものに係る目標廃ガス温度の値は、電気事業用にあっては140℃、その他（蒸発量が毎時30トン以上のもの及び10トン以上30トン未満のものに限る。）にあっては160℃とする。

　　　3　黒液の燃焼を行うボイラーに係る目標廃ガス温度の値は、180℃とする。

　　　4　複数の種類の燃料の混焼を行うボイラーについては、当該燃料のうち混焼率の高い燃料に係る目標廃ガス温度の値を適用する。

　　　5　この表に掲げる目標廃ガス温度の値は、次に掲げるボイラーの廃ガス温度については適用しない。

　　　(1) 木屑、木皮、スラッジその他の産業廃棄物と燃料との混焼を行うもの

　　　(2) 有毒ガスを処理するためのもの

　　　(3) 廃熱又は余熱を利用するもの

　　　(4) 定期検査時その他定常操業を行っていない状態のもの又は開発、研究若しくは試作の用に供するもの

(2) 工業炉に関する目標廃熱回収率（II 1 1-2 (2) ⑳関係）

排ガス温度 （単位：℃）（注1）	容量区分 （注2）	目標廃熱回収率 （単位：%）	（参考）	
			廃ガス温度 （単位：℃）	予熱空気温度 （単位：℃）
500 未満	A・B	35	275	190
500 以上 600 未満	A・B	35	335	230
600 以上 700 未満	A B C	40 35 30	365 400 435	305 270 230
700 以上 800 未満	A B C	40 35 30	420 460 505	350 310 265
800 以上 900 未満	A B C	45 40 35	435 480 525	440 395 345
900 以上 1,000 未満	A B C	55 45 40	385 485 535	595 490 440
1,000 以上	A B C	55 45 40	－ 	－

(注) 1 「排ガス温度」は、炉室から排出される排ガスの炉出口又はレキュペレータ入口における温度をいう。

　　 2 工業炉の容量区分は次のとおりとする。

　　 A 定格容量が毎時 84,000 メガジュール以上のもの

　　 B 定格容量が毎時 21,000 メガジュール以上 84,000 メガジュール未満のもの

　　 C 定格容量が毎時 840 メガジュール以上 21,000 メガジュール未満のもの

(備考)

　 1 この表に掲げる目標廃熱回収率の値は、定格付近の負荷で燃焼を行うとき、炉室から排出される排ガスの顕熱量に対する回収熱量の比率について定めたものである。

　 2 この表に掲げる目標廃熱回収率の値は、次に掲げる工業炉の廃熱回収率については適用しない。ただし、可能なものについては、同表に準じて廃熱回収率を高めるよう検討するものとする。

　 (1) 定格容量が 840 メガジュール未満のもの

　 (2) 酸化又は還元のための特定の雰囲気を必要とするもの

　 (3) 発熱量が 3,800 キロジュール毎ノルマル立方メートル以下の副生ガスを燃焼させるもの

　 (4) 定期検査時その他定常操業を行っていない状態のもの又は開発、研究若しくは試作の用に供するもの

　 3 参考として掲げる廃ガス温度及び予熱空気温度の値は、目標廃熱回収率の廃熱回収を行った場合の廃ガス温度及び当該回収熱によって空気予熱を行った場合の予熱空気温度を次の条件の下で算出した値である。

　 (1) 炉の出口から空気予熱用の熱交換器までの放散熱損失等による温度低下 60℃

　 (2) 熱交換器からの放散熱 5 パーセント

　 (3) 燃料は液体燃料 (重油相当)

　 (4) 外気温度 20℃

　 (5) 空気比 1.2

別表第2の2　基準発電効率（ⅠⅠ-2 2-2（4-1）④ イ．関係）

発電方式	基準発電効率 （単位：％）
石炭による火力発電	42.0
可燃性天然ガス及び都市ガスによる火力発電	50.5
石油その他の燃料による火力発電	39.0

（備考）
1　この表に掲げる基準発電効率の値は、定格時の高位発熱量基準による発電端効率について定めたものである。
2　この表に掲げる基準発電効率の値は、離島（電気事業法第2条第1項第8号イに規定する離島をいう。別表第5において同じ。）に設置するものについては適用しない。
3　この表に掲げる基準発電効率の値は、次に掲げる条件を全て満たす、設備容量が20万kW未満の可燃性天然ガス及び都市ガスによる火力発電設備の発電効率については適用しない。
　(1) 発電の開始から最大出力状態までに、平均で毎分15％以上の出力変化が可能であること。
　(2) 定格時の高位発熱量基準による発電端効率が44.5％以上であること。

別表第3(A)　基準炉壁外面温度（ⅠⅠ-2 2-2（5-1）① イ．関係）

炉内温度（単位：℃）	基準炉壁外面温度（単位：℃）		
	天井	側壁	外気に接する底面
1,300℃ 以上	140	120	180
1,100℃ 以上 1,300℃未満	125	110	145
900℃ 以上 1,100℃未満	110	95	120
900℃ 未満	90	80	100

（備考）
1　この表に掲げる基準炉壁外面温度の値は、外気温度20℃の下での定常操業時における炉の外壁面（特異な部分を除く。）の平均温度について定めたものである。
2　この表に掲げる基準炉壁外面温度の値は、次に掲げる工業炉の炉壁外面温度については適用しない。
　(1) 定格容量（バーナーの燃料の燃焼性能）が毎時（原油換算）20リットル未満のもの
　(2) 強制的に冷却するもの
　(3) ロータリーキルン
　(4) 開発、研究又は試作の用に供するもの

別表第3(B)　目標炉壁外面温度（Ⅱ　1　1-2 (2) ⑭関係）

炉内温度（単位：℃）	目標炉壁外面温度（単位：℃）		
	天井	側壁	外気に接する底面
1,300℃ 以上	120	110	160
1,100℃ 以上 1,300℃未満	110	100	135
900℃ 以上 1,100℃未満	100	90	110
900℃ 未満	80	70	90

（備考）
1　この表に掲げる目標炉壁外面温度の値は、外気温度20℃の下での定常操業時における炉の外壁面（特異な部分を除く。）の平均温度について定めたものである。
2　この表に掲げる目標炉壁外面温度の値は、次に掲げる工業炉の炉壁外面温度については適用しない。ただし、可能なものについては、同表に準じて炉壁の断熱性を向上させるよう検討すること。
(1) 定格容量（バーナーの燃料の燃焼性能）が毎時（原油換算）20リットル未満のもの
(2) 強制的に冷却するもの
(3) ロータリーキルン
(4) 開発、研究又は試作の用に供するもの

別表第4　力率を向上すべき設備（Ⅰ　Ⅰ-2　2-2 (5-2) ① ウ.、Ⅱ　1　1-1 (9) ①及びⅡ　1　1-2 (5) ③関係）

設備名	容量（単位：kW）
かご形誘導電動機	75
巻線形誘導電動機	100
誘導炉	50
真空溶解炉	50
誘導加熱装置	50
アーク炉	－
フラッシュバット溶接機（携帯型のものを除く）	10
アーク溶接機（携帯型のものを除く）	10
整流器	10,000

（備考）　防爆形等安全性の面から適用が難しい設備を除く。

別表第5　ベンチマーク指標及び中長期的に目指すべき水準

区分	事業	ベンチマーク指標	目指すべき水準
1 A	高炉による製鉄業 （高炉により銑鉄を製造し、製品を製造する事業）	高炉による鉄鋼業におけるエネルギー使用量を粗鋼量にて除した値	0.531kl/t 以下
1 B	電炉による普通鋼製造業 （電気炉により粗鋼を製造し、圧延鋼材を製造する事業（高炉による製鉄業を除く））	①と②の合計量 ① 電気炉により粗鋼を製造する過程におけるエネルギー使用量を粗鋼量にて除した値 ② 鋼片から普通鋼圧延鋼材を製造する過程におけるエネルギー使用量を圧延量にて除した値	0.143kl/t 以下
1 C	電炉による特殊鋼製造業 （電気炉により粗鋼を製造し、特殊鋼製品（特殊鋼圧延鋼材、特殊鋼熱間鋼管、冷けん鋼管、特殊鋼冷間仕上鋼材、特殊鋼鍛鋼品、特殊鋼鋳鋼品）を製造する事業（高炉による製鉄業を除く））	①と②の合計量 ① 電気炉により粗鋼を製造する過程におけるエネルギー使用量を粗鋼量にて除した値 ② 鋼片から特殊鋼製品（特殊鋼圧延鋼材、特殊鋼熱間鋼管、冷けん鋼管、特殊鋼冷間仕上鋼材、特殊鋼鍛鋼品、特殊鋼鋳鋼品）を製造する過程におけるエネルギー使用量を出荷量（販売量）にて除した値	0.36kl/t 以下
2	電力供給業 （電気事業法第2条第1項第14号に定める発電事業のうち、エネルギーの使用の合理化等に関する法律第2条第1項の電気を発電する事業の用に供する火力発電設備を設置して発電を行う事業））	当該事業を行っている工場の火力発電設備（離島に設置するものを除く。）における①から③の合計量（火力発電効率A指標） ① 石炭による火力発電（以下この表において「石炭火力発電」という。）の効率を石炭火力発電の効率の目標値（41.00%）で除した値と、火力発電量のうち石炭火力発電量の比率との積 ② 可燃性天然ガス及び都市ガスによる火力発電（以下この表において「ガス火力発電」という。）の効率をガス火力発電の効率の目標値（48.00%）で除した値と、火力発電量のうちガス火力発電量の比率との積 ③ 石油その他の燃料による火力発電（以下この表において「石油等火力発電」という。）の効率を石油等火力発電の効率の目標値（39.00%）で除した値と、火力発電量のうち石油等火力発電量の比率との積 当該事業を行っている工場の火力発電設備（離島に設置するものを除く。）における①から③の合計量（火力発電効率B指標） ① 石炭火力発電の効率と火力発電量のうち石炭火力発電量の比率との積 ② ガス火力発電の効率と火力発電量のうちガス火力発電量の比率との積 ③ 石油等火力発電の効率と火力発電量のうち石油等火力発電量の比率との積	火力発電効率A指標においては1.00 以上 火力発電効率B指標においては44.3%以上

区分	事業	ベンチマーク指標	目指すべき水準
3	セメント製造業 （ポルトランドセメント（JIS R 5210）、高炉セメント（JIS R 5211）、シリカセメント（JIS R 5212）、フライアッシュセメント（JIS R 5213）を製造する事業）	① から④の合計量 ① 原料工程におけるエネルギー使用量を原料部生産量にて除した値 ② 焼成工程におけるエネルギー使用量を焼成部生産量にて除した値 ③ 仕上げ工程におけるエネルギー使用量を仕上げ部生産量にて除した値 ④ 出荷工程等におけるエネルギー使用量を出荷量にて除した値	3739MJ/ t 以下
4 A	洋紙製造業 （主として木材パルプ、古紙その他の繊維から洋紙（印刷用紙（塗工印刷用紙及び微塗工印刷用紙を含み、薄葉印刷用紙を除く）、情報用紙、包装用紙及び新聞用紙）を製造する事業（雑種紙等の特殊紙及び衛生用紙を製造する事業を除く））	洋紙製造工程におけるエネルギー使用量を洋紙生産量にて除した値	6626MJ/t 以下
4 B	板紙製造業 （主として木材パルプ、古紙その他の繊維から板紙（段ボール原紙（ライナー及び中しん紙）及び紙器用板紙（白板紙、黄板紙、色板紙及びチップボールを含む））を製造する事業（建材原紙、電気絶縁紙、食品用原紙その他の特殊紙を製造する事業を除く））	板紙製造工程におけるエネルギー使用量を板紙生産量にて除した値	4944MJ/t 以下
5	石油精製業 （石油の備蓄の確保等に関する法律第 2 条第 5 項に定める石油精製業）	石油精製工程におけるエネルギー使用量を、当該工程に含まれる装置ごとの通油量に当該装置ごとの世界平均等を踏まえて適切であると認められる係数を乗じた値の総和として得られる標準エネルギー使用量にて除した値	0.876 以下
6 A	石油化学系基礎製品製造業 （一貫して生産される誘導品を含む）	エチレン等製造設備におけるエネルギー使用量をエチレン等の生産量（エチレンの生産量、プロピレンの生産量、ブタン－ブテン留分中のブタジエンの含有量及び分解ガソリン中のベンゼンの含有量の和）にて除した値	11.9 GJ/t 以下
6 B	ソーダ工業	① と②の合計量 ① 電解工程におけるエネルギー使用量を電解槽払出力カセイソーダ重量にて除した値 ② 濃縮工程における蒸気使用熱量を液体カセイソーダ重量にて除した値	3.22 GJ/t 以下

区分	事業	ベンチマーク指標	目指すべき水準
7	コンビニエンスストア業 （統計法（平成19年法律第53号）第2条第9項に規定する統計基準である日本標準産業分類に掲げる細分類5891に定めるコンビニエンスストアを営業する事業）	当該事業を行っている店舗における電気使用量の合計量を当該店舗の売上高の合計量にて除した値	845kWh／百万円以下
8	ホテル業 （旅館業法においてホテル営業を行うものとして許可を受けているもののうち、15平方メートル以上のシングルルームと22平方メートル以上のツインルーム（ダブルルーム等2人室以上の客室を含む）の合計が客室総数の半数以上であり、朝食，昼食及び夕食を提供できる食堂を有するホテルを営業する事業）	当該事業を行っているホテルにおけるエネルギー使用量（単位 ギガジュール）を①から⑦の合計量（単位 ギガジュール）にて除した値を、ホテルごとのエネルギー使用量により加重平均した値 ① 宿泊・共用部門の面積（単位 平方メートル）に2.238を乗じた値 ② 食堂・宴会場の面積（単位 平方メートル）に6.060を乗じた値 ③ 屋内駐車場の面積（単位 平方メートル）に0.831を乗じた値 ④ 収容人数（単位 人）に−48.241を乗じた値 ⑤ 従業員数（単位 人）に32.745を乗じた値 ⑥ 年間の宿泊客数（単位 人）に0.152を乗じた値 ⑦ 年間の飲食・宴会利用客数（単位 人）に0.030を乗じた値	0.723以下
9	百貨店業 （商業統計で掲げる業態分類表における百貨店を営業する事業）	当該事業を行っている店舗におけるエネルギー使用量（単位 キロリットル）を①と②の合計量（単位 キロリットル）にて除した値を、店舗ごとのエネルギー使用量により加重平均した値 ① 延床面積（単位 平方メートル）に0.0531を乗じた値 ② 売上高（単位 百万円）に0.0256を乗じた値	0.792以下
10	食料品スーパー業 （商業統計で掲げる業態分類表における食料品スーパーを営業する事業）	当該事業を行っている店舗におけるエネルギー使用量（単位 ギガジュール）を①から③の合計量（単位 ギガジュール）にて除した値を、店舗ごとのエネルギー使用量により加重平均した値 ① 延床面積（単位 平方メートル）に2.543を乗じた値 ② 年間営業時間（単位 時間）に0.684を乗じた値 ③ 店舗に設置されている冷蔵用又は冷凍用のショーケースの外形寸法の幅の合計（単位 尺）に5.133を乗じた値	0.799以下

区分	事業	ベンチマーク指標	目指すべき水準
11	ショッピングセンター業 （統計法（平成 19 年法律第 53 号）第 2 条第 9 項に規定する統計基準である日本標準産業分類に掲げる細分類 6911 に定める貸事務所業のうち貸事務所業又は貸店舗業に該当し、かつ次の①から③を満たす施設を営業する事業） ① 小売業の店舗面積が 1,500 平方メートル以上であり、主たる貸店舗を除く 10 店舗以上の貸店舗を有する ② 主たる貸店舗の面積が施設全体の 8 割を超える場合は、その他の小売業の店舗面積が 1,500 平方メートル未満である ③ 共用部の大部分が屋外にある施設及び地下街に該当しない	当該事業を行っている施設におけるエネルギー使用量（単位 キロリットル）を延床面積（単位 平方メートル）にて除した値を、施設ごとのエネルギー使用量により加重平均した値	0.0305kl/m^2 以下
12	貸事務所業 （統計法（平成 19 年法律第 53 号）第 2 条第 9 項に規定する統計基準である日本標準産業分類に掲げる細分類 6911 に定める貸事務所業のうち貸店舗業及び貸倉庫業を除く事業）	ビルのエネルギーを試算して省エネルギー対策適用時の削減効果を比較評価するツールによって算出される、当該事業を行っている事業所におけるエネルギーの削減余地（単位 パーセント）を、事業所ごとのエネルギー使用量により加重平均した値	16.3%以下

２．工場等判断基準の項目番号記載例

※本表は、工場等判断基準の項目の記載例である。

ここでは、標準的な設備を想定しているため、設備によっては該当しないものや追加する必要のある場合がある。設置している設備の内容により実際に該当する項目を確認のこと。

2　工場等（専ら事務所を除く）に係る例

(1) 共通的設備の該当番号

管理区分、設備又は設備群名	判断基準項目	管理・基準	計測・記録	保守・点検	新設措置	備考
蒸気ボイラー（プロセス用）	(1)燃料の燃焼の合理化	①ア.イ.ウ.エ.	②	③	④ア.イ.	• (2-1)①ア.は燃料加熱等で蒸気使用の場合、コは製造する蒸気について設定。 • (3)①エ.は、連続ブローが対象。 •小型貫流ボイラーは焚量50L/H以上が該当。
	(2-1)加熱設備等	①ア.キ.コ.	②	③	④ア.イ.	
	(3)廃熱の回収利用	①ア.イ.ウ.エ.	②	③	④ア.イ.	
	(5-1)放射、伝導等による熱の損失の防止	－	－	③ア.イ.	④ア.イ.ウ.	
	(6-1)電動力応用設備、電気加熱設備等	①ア.ウ.カ.	②	③ア.イ.	④	
蒸気ボイラー（空調用）	(1)燃料の燃焼の合理化	①ア.イ.ウ.エ.	②	③	④ア.イ.	• (3)①エ.は、連続ブローが対象。
	(2-2)空気調和設備、給湯設備	①ウ.エ.	②イ.	③ア.ウ.	④ア.	
	(3)廃熱の回収利用	①ア.イ.ウ.エ.	②	③	④ア.イ.	
	(5-1)放射、伝導等による熱の損失の防止	－	－	③ア.イ.	④ア.イ.ウ.	
	(6-1)電動力応用設備、電気加熱設備等	①ア.ウ.カ.	②	③ア.イ.	④	
空気調和機設備（エアハン等）	(2-2)空気調和設備、給湯設備	①ア.イ.ウ.カ.	②ア.イ.	③ア.ウ.	④ア.ウ.	• (3)は蒸気ドレーンが対象。 • (5-1)は冷温水、蒸気等の熱媒体の配管に適用。 •熱媒体の搬送ポンプの付属を想定。
	(3)廃熱の回収利用	①ウ.	②	③	④ア.イ.	
	(5-1)放射、伝導等による熱の損失の防止	－	－	③ア.イ.	④ア.ウ.	
	(6-1)電動力応用設備、電気加熱設備等	①ア.イ.ウ.カ.	②	③ア.イ.	④	
空気調和の熱搬送設備	(2-2)空気調和設備、給湯設備	①ウ.オ.	②イ.	③ア.ウ.	④ア.ウ.	
	(5-1)放射、伝導等による熱の損失の防止	－	－	③ア.	④ア.ウ.	
	(6-1)電動力応用設備、電気加熱設備等	①ア.イ.ウ.カ.	②	③ア.イ.	④	
空調用吸収式冷凍機（蒸気等）	(2-2)空気調和設備、給湯設備	①ウ.エ.オ.	②イ.	③ア.ウ.	④ア.ウ.	•冷却水ポンプの付属を想定。 • (3)は蒸気ドレーンが対象。
	(3)廃熱の回収利用	①ウ.	②	③	④ア.イ.	
	(5-1)放射、伝導等による熱の損失の防止	－	－	③ア.イ.	④ア.ウ.	
	(6-1)電動力応用設備、電気加熱設備等	①ア.ウ.カ.	②	③ア.イ.	④	
空調用吸収式冷凍機（燃料）	(1)燃料の燃焼の合理化	①ア.ウ.エ.	②	③	④ア.イ.	•冷却塔と冷却水ポンプの付属を想定。
	(2-2)空気調和設備、給湯設備	①ウ.エ.オ.	②イ.	③ア.ウ.	④ア.ウ.	
	(3)廃熱の回収利用	①ア.	②	③	④ア.イ.	
	(5-1)放射、伝導等による熱の損失の防止	－	－	③ア.	④ア.ウ.	
	(6-1)電動力応用設備、電気加熱設備等	①ア.ウ.カ.	②	③ア.イ.	④	

管理区分、設備又は設備群名	判断基準項目	管理・基準	計測・記録	保守・点検	新設措置	備考
空調用電動ターボ冷凍機、チラー	(2-2) 空気調和設備、給湯設備	①ウ.エ.オ.	②イ.	③ア.ウ.	④ア.ウ.	●冷却水ポンプの付属を想定。
	(5-1) 放射、伝導等による熱の損失の防止	−	−	③ア.	④ア.ウ.	
	(6-1) 電動力応用設備、電気加熱設備等	①ア.イ.ウ.カ.	②	③ア.イ.	④	
プロセス用電動ターボ冷凍機、チラー	(2-1) 加熱設備等	①ア.ウ.エ.コ.	②	③	④ア.イ.	
	(5-1) 放射、伝導等による熱の損失の防止	−	−	③ア.	④ア.ウ.	
	(6-1) 電動力応用設備、電気加熱設備等	①ア.イ.ウ.カ.	②	③ア.イ.	④	
ヒートポンプ式エアコン（電動式）	(2-2) 空気調和設備、給湯設備	①ア.イ.カ.	②ア.イ.	③ア.ウ.	④ア.ウ.	●パッケージエアコン、ビルマルチエアコンの場合を想定。
	(5-1) 放射、伝導等による熱の損失の防止	−	−	③ア.	④ア.ウ.	
	(6-1) 電動力応用設備、電気加熱設備等	①ア.カ.	②	③ア.イ.	④	
ヒートポンプ式エアコン（エンジン駆動式）	(1) 燃料の燃焼の合理化	①ウ.エ.	②	③	④ア.イ.	
	(2-2) 空気調和設備、給湯設備	①ア.イ.カ.	②ア.イ.	③ア.ウ.	④ア.ウ.	
	(3) 廃熱の回収利用	①ア.	②	③		
	(5-1) 放射、伝導等による熱の損失の防止	−	−	③ア.	④ア.ウ.	
	(6-1) 電動力応用設備、電気加熱設備等	①ア.カ.	②	③ア.イ.	④	
給湯設備	(2-2) 空気調和設備、給湯設備	①キ.ク.ケ.	②ウ.	③イ.ウ.	④イ.	●地域熱供給など外部から熱源を受ける場合を想定。
	(5-1) 放射、伝導等による熱の損失の防止	−	−	③ア.	④ア.ウ.	
	(6-1) 電動力応用設備、電気加熱設備等	①ア.イ.ウ.カ.	②	③ア.イ.	④	
給湯設備（電気温水器）	(2-2) 空気調和設備、給湯設備	①キ.ク.ケ.	②ウ.	③イ.ウ.	④イ.ウ.	
	(5-1) 放射、伝導等による熱の損失の防止	−	−	③ア	④ア.イ.ウ.	
	(6-1) 電動力応用設備、電気加熱設備等	①ア.イ.ウ.カ.	②	③ア.イ.	④	
給湯設備（燃料焚温水ヒーター）	(1) 燃料の燃焼の合理化	①ア.イ.ウ.エ.	②	③	④ア.イ.	●換算蒸気量で (1)①イ.の該当有無を確認。 ●真空式温水ヒーターの場合は、(1)①イ.は該当しない。
	(2-2) 空気調和設備、給湯設備	①キ.ク.ケ.	②ウ	③イ.ウ.	④イ.ウ.	
	(3) 廃熱の回収利用	①ア.	②	③	④ア.イ.	
	(5-1) 放射、伝導等による熱の損失の防止	−	−	③ア.	④ア.ウ.	
	(6-1) 電動力応用設備、電気加熱設備等	①ア.イ.ウ.カ.	②	③ア.イ.	④	
給湯設備（蒸気熱源温水器）	(2-2) 空気調和設備、給湯設備	①キ.ク.ケ.	②ウ.	③イ.ウ.	④イ.	
	(3) 廃熱の回収利用	①ウ.	②	③	④ア.イ.	
	(5-1) 放射、伝導等による熱の損失の防止	−	−	③ア.イ.	④ア.ウ.	
	(6-1) 電動力応用設備、電気加熱設備等	①ア.ウ.カ.	②	③ア.イ.	④	

管理区分、設備又は設備群名	判断基準項目	管理・基準	計測・記録	保守・点検	新設措置	備考
照明設備	(6-2)照明設備、昇降機、事務用機器、民生機器	①ア．	②	③ア．	④ア．ウ．	
昇降機	(6-2)照明設備、昇降機、事務用機器、民生機器	①イ．	―	③イ．	④イ．	
受変電設備、配電設備	(5-2)抵抗等による電気の損失の防止	①ア．イ．ウ．エ．オ．カ．キ．	②	③	④ア．イ．	
自家発電設備（蒸気タービン、復水型）	(2-1)加熱設備等	①ア．コ．	②	③	④ア．イ．	●蒸気の供給を受けている場合を想定。 ●(2-1)は復水器、軸の冷却に係る事項。
	(3)廃熱の回収利用	①ウ．	②	③	④ア．イ．	
	(4-1)発電専用設備	①ア．イ．	②	③	④ア．イ．	
	(5-1)放射、伝導等による熱の損失の防止	―	―	③ア．イ．	④ア．ウ．	
	(6-1)電動力応用設備、電気加熱設備等	①ア．イ．ウ．カ．	②	③ア．イ．	④	
自家発電設備（ディーゼルエンジン、ガスタービン型）	(1)燃料の燃焼の合理化	①ウ．エ．	②	③		●(2-1)エンジン冷却や潤滑油冷却がある場合を想定。 ●(3)①エ．はエンジン冷却水が対象。
	(2-1)加熱設備等	①コ．	②	③	④ア．イ．	
	(3)廃熱の回収利用	①ア．エ．	②	③	④ア．イ．	
	(4-1)発電専用設備	①ア．	②	③	④ア．イ．	
	(5-1)放射、伝導等による熱の損失の防止	―	―	③ア．	④ア．ウ．	
	(6-1)電動力応用設備、電気加熱設備等	①ア．イ．ウ．カ．	②	③ア．イ．	④	
コージェネレーション（蒸気タービン、抽気・背圧型）	(2-1)加熱設備等	①ア．コ．	②	③		●(2-1)①ア．は、注入蒸気、また、(2-1)①コ．は抽気蒸気に対するものを想定。
	(3)廃熱の回収利用	①ウ．	②	③	④ア．イ．	
	(4-2)コージェネレーション設備	①ア．イ．	②ア．イ．	③	④	
	(5-1)放射、伝導等による熱の損失の防止	―	―	③ア．イ．	④ア．ウ．	
	(6-1)電動力応用設備、電気加熱設備等	①ア．ウ．カ	②	③ア．イ．	④	
コージェネレーション（ディーゼルエンジン、ガスタービン型）	(1)燃料の燃焼の合理化	①ウ．エ．	②	③		●(2-1)①コ．は発生蒸気に対するものを想定。
	(2-1)加熱設備等	①キ．コ．	②	③	④ア．イ	
	(3)廃熱の回収利用	①ア．ウ．エ．	②	③	④ア．イ	
	(4-2)コージェネレーション設備	①ア	②ア．	③	④	
	(5-1)放射、伝導等による熱の損失の防止	―	―	③ア．イ．	④ア．ウ．	
	(6-1)電動力応用設備、電気加熱設備等	①ア．ウ．カ	②	③ア．イ．	④	
空気圧縮機	(6-1)電動力応用設備、電気加熱設備等	①ア．イ．ウ．カ．	②	③ア．イ．	④	
蒸気駆動のコンプレッサー等	(3)廃熱の回収利用	①ウ．	②	③	④ア．イ	●電動機を駆動用に使用しない流体機械を想定。 ●(6-1)は補機として電動機がある場合に該当。
	(5-1)放射、伝導等による熱の損失の防止	―	―	③ア．イ．	④ア．ウ．	
	(6-1)電動力応用設備、電気加熱設備等	①ア．イ．ウ．カ．	②	③ア．イ．	④	
ポンプ、ファン	(6-1)電動力応用設備、電気加熱設備等	①ア．イ．ウ．カ．	②	③ア．イ．	④	●換気装置、給排設備を想定。
排水処理	(6-1)電動力応用設備、電気加熱設備等	①ア．イ．ウ．カ．	②	③ア．イ．	④	
構内車両	(1)燃料の燃焼の合理化	①ウ．エ．	②	③		

(2) 製造業に係る生産工程設備 / 熱エネルギーを使用した生産設備及び電気応用設備

（2-1）熱エネルギーと電動力応用設備

使用温度範囲　500℃以上の工程に関する該当項目番号の例

工程又は設備	熱エネルギー源	判断基準項目	管理・基準	計測・記録	保守・点検	新設措置	備考
加熱（溶解、熱処理、加熱）	燃料	(1) 燃料の燃焼の合理化	①ア.イ.ウ.エ.	②	③	④ア.イ.	● (1)①ア.は燃焼管理方法を設定。 ● (3)①ア.は回収する、又はしないが明確であること。
		(2-1) 加熱設備等	①イ.ウ.エ.オ.カ.コ.	②	③	④ア.イ.	
		(3) 廃熱の回収利用	①ア.イ.エ.	②	③	④ア.イ.	
		(5-1) 放射、伝導等による熱の損失の防止	－	②	③ア.	④ア.イ.ウ.	
		(6-1) 電動力応用設備、電気加熱設備等	①ア.ウ.カ.	②	③ア.イ.	④	
加熱	電気	(2-1) 加熱設備等	①イ.ウ.エ.オ.カ.コ	②	③	④ア.イ.	● (3) は排ガスがある場合を想定。 ● 加熱コイル冷却水用ポンプの付属を想定。
		(3) 廃熱の回収利用	①ア.エ	②	③	④ア.イ.	
		(5-1) 放射、伝導等による熱の損失の防止	－	②	③ア.	④ア.イ.ウ.	
		(6-1) 電動力応用設備、電気加熱設備等	①ア.ウ.エ.カ.	②	③ア.イ.ウ.	④	

使用温度範囲　500℃未満～常温の工程に関する該当項目番号の例

工程又は設備	熱エネルギー源	判断基準項目	管理・基準	計測・記録	保守・点検	新設措置	備考
加熱／乾燥、熱処理	燃料	(1) 燃料の燃焼の合理化	①ア.イ.ウ.エ.	②	③	④ア.イ.	● ラジアントチューブ方式による間接加熱を想定。 ● 循環ファンの付属を想定。
		(2-1) 加熱設備等	①イ.ウ.エ.オ.カ.コ.	②	③	④ア.イ.	
		(3) 廃熱の回収利用	①ア.イ.エ.	②	③	④ア.イ.	
		(5-1) 放射、伝導等による熱の損失の防止	－	－	③ア.	④ア.イ.ウ.	
		(6-1) 電動力応用設備、電気加熱設備等	①ア.ウ.カ.	②	③ア.イ.	④	
加熱／乾燥、熱処理（炉が大気開放）	燃料	(1) 燃料の燃焼の合理化	①ア.ウ.エ.	②	③	④ア.イ.	
		(2-1) 加熱設備等	①ウ.エ.オ.カ.コ.	②	③	④ア.イ.	
		(5-1) 放射、伝導等による熱の損失の防止	－	－	③ア.	④ア.イ.ウ.	
		(6-1) 電動力応用設備、電気加熱設備等	①ア.ウ.カ.	②	③ア.イ.	④	
加熱／乾燥	蒸気	(2-1) 加熱設備等	①ア.ウ.エ.オ.カ.コ.	②	③	④ア.イ.	● 一般工場のプロセス用蒸気として0.7MPaの蒸気を想定。 ● 加熱温度は200℃以下を想定。
		(3) 廃熱の回収利用	①ウ.	②	③	④ア.イ.	
		(5-1) 放射、伝導等による熱の損失の防止	－	－	③ア.イ.	④ア.イ.ウ.	
		(6-1) 電動力応用設備、電気加熱設備等	①ア.ウ.カ.	②	③ア.イ	④	
加熱／乾燥	電気	(2-1) 加熱設備等	①ウ.エ.オ.カ.コ.	②	③	④ア.イ.	● 排ガスなしを想定。
		(5-1) 放射、伝導等による熱の損失の防止	－	－	③ア.	④ア.イ.ウ.	
		(6-1) 電動力応用設備、電気加熱設備等	①ア.ウ.エ.カ.	②	③ア.イ.ウ.	④	

工程又は 設備	熱 エネルギー源	判断基準項目	管理・基準	計測・ 記録	保守・点検	新設措置	備考
加熱成形	蒸気	(2-1)加熱設備等	①ア.ウ.エ.オ.カ.コ.	②	③	④ア.イ.	
		(3)廃熱の回収利用	①ウ.	②	③	④ア.イ.	
		(5-1)放射、伝導等による熱の損失の防止	—	—	③ア.イ.	④ア.イ.ウ.	
		(6-1)電動力応用設備、電気加熱設備等	①ア.ウ.カ.	②	③ア.イ.	④	
加熱成形	電気	(2-1)加熱設備等	①ウ.エ.オ.カ.コ.	②	③	④ア.イ.	
		(5-1)放射、伝導等による熱の損失の防止	—	—	③ア.	④ア.イ.ウ.	
		(6-1)電動力応用設備、電気加熱設備等	①ア.ウ.エ.カ	②	③ア.イ.ウ.	④	
表面処理、洗浄、脱脂、中和等	蒸気	(2-1)加熱設備等	①ア.ウ.エ.オ.カ.コ.	②	③	④ア.イ.	
		(3)廃熱の回収利用	①ウ.	②	③	④ア.イ.	
		(5-1)放射、伝導等による熱の損失の防止	—	—	③ア.イ.	④ア.イ.ウ.	
		(6-1)電動力応用設備、電気加熱設備等	①ア.イ.ウ.カ.	②	③ア.イ.	④	
電解設備	電気	(6-1)電動力応用設備、電気加熱設備等	①ア.オ.カ	②	③ウ.	④	

使用温度範囲　常温以下の工程に関する該当項目番号の例							
冷蔵・冷凍	電気	(2-1)加熱設備等	①ア.ウ.エ.オ.カ.コ.	②	③	④ア.イ.	
		(5-1)放射、伝導等による熱の損失の防止	—	—	③ア.	④ア.イ.ウ.	
		(6-1)電動力応用設備、電気加熱設備等	①ア.イ.ウ.カ.	②	③ア.イ.	④	

(2-2) 電気及び電動力応用設備

工程又は 設備	熱 エネルギー源	判断基準項目	管理・基準	計測・ 記録	保守・点検	新設措置	備考
製品製造	電気	(6-1)電動力応用設備等	①ア.イ.ウ.カ.	②	③ア.イ.	④	
製品製造 (溶接機を含む)	電気	(6-1)電動力応用設備等	①ア.イ.ウ.エ.カ.	②	④ア.イ.ウ.	④	●電気溶接とハンドリング装置等の設備を想定。

索 引

新版　攻めの『管理標準』の作り方

2018 年 7 月 31 日　第 1 版　第 1 刷発行

編　者／一般財団法人省エネルギーセンター
発行者／奥村和夫
発行所／一般財団法人省エネルギーセンター
　　　　〒 108-0023　東京都港区芝浦 2-11-5　五十嵐ビルディング
　　　　　　　　TEL03-5439-9775　FAX03-5439-9779
　　　　　　　　https://www.eccj.or.jp/book/
印刷・製本／康印刷株式会社
編集・デザイン協力／アドパ株式会社
ⓒ 2018　Printed in Japan
ISBN978-4-87973-472-3　C2032